La fabrication de

JH Gardiner

Writat

Cette édition parue en 2023

ISBN : 9789359250410

Publié par
Writat
email : info@writat.com

Contenu

PRÉFACE

Le but de ce livre est de présenter un cours d'écriture d'arguments qui soit assez simple pour des cours qui ne consacrent qu'une partie de l'année au travail, et pourtant suffisamment complet pour des cours spéciaux sur le sujet. Cependant, il s'adresse particulièrement aux intérêts et aux besoins du corps étudiant dans son ensemble, plutôt qu'à ceux des étudiants qui effectuent des travaux avancés en argumentation. Bien que peu d'hommes aient la capacité ou le besoin de devenir des spécialistes hautement qualifiés dans l'élaboration d'arguments, tous les hommes ont besoin d'une certaine connaissance de cet art. L'expérience à Harvard a montré que la quasi-totalité de la classe de première année travaillera avec enthousiasme sur un seul argument ; et ils reçoivent de ce travail une formation à la pensée exacte et une discipline qu'ils ne reçoivent d'aucun autre type d'écriture.

En conséquence , j'ai conçu ce livre afin de familiariser les étudiants le plus tôt possible avec le même type d'arguments qu'ils sont susceptibles de développer dans la vie pratique. Je me suis efforcé tout au long de garder à l'esprit les intérêts et les besoins de ces individus moyens, qui, ensemble, emprunteront des chemins si divers au cours de leur passage à travers le monde. Peu d'entre eux iront au Congrès pour y faire de grands discours sur le règlement des tarifs douaniers, et la grande majorité d'entre eux n'entreront pas dans la loi ; et même parmi les avocats, nombreux sont ceux qui se soucient peu de l'assemblage complexe de preuves circonstancielles pour fonder un verdict. Mais tous auront tôt ou tard besoin de pouvoir s'attaquer à des questions plus ou moins compliquées, dans lesquelles ils devront rallier à leurs vues des hommes aux préoccupations et aux intérêts pratiques variés ; et tous, toute leur vie, auront besoin du pouvoir de voir au cœur de telles questions et de saisir l'essentiel, même s'il est séparé par l'épaisseur d'un cheveu de l'inessentiel qui doit être mis de côté. C'est pour cet entraînement des facultés de pensée qu'un cours d'argumentation est profitable, même s'il est poursuivi pendant une période aussi courte qu'il est possible de le donner dans la plupart des écoles et collèges.

En élaborant ce livre, j'ai eu ces trois objectifs à l'esprit : premièrement, que l'étudiant se mette sans perdre de temps à explorer son sujet et à approfondir les problèmes exacts sur lesquels sa question portera ; deuxièmement, au fur et à mesure qu'il rassemble ses éléments, il sera amené à considérer quelle partie de ceux-ci constitue une bonne preuve pour son objectif, et comment tester son raisonnement à partir des faits ; troisièmement, qu'une fois son matériel rassemblé et trié et son plan établi, il s'efforcera de le présenter de la manière la plus efficace possible pour l'occasion particulière.

Tout au long de mon parcours, j'ai essayé de mettre l'accent sur la formulation d'arguments, non pas comme une fin en soi et d'adapter certaines formules plus ou moins arbitraires, mais comme une sorte d'appel pratique que tout jeune homme lance déjà à ses camarades sur des questions qui l'intéressent. l'intéresser, et qu'il gagnera de plus en plus sérieusement à mesure qu'il sortira dans le monde. La tendance de certains ouvrages à traiter l'argumentation, notamment sous forme de débat, comme une nouvelle variété de sport, avec des règles aussi élaborées et techniques que celles du football, détourne du sujet bon nombre de jeunes hommes auxquels la formation en soi, il serait très précieux. L'avenir de la matière dépendra étroitement de la capacité des enseignants à la maintenir flexible et en contact étroit avec les affaires réelles. J'ai fait quelques suggestions dans ce sens dans l'Annexe II.

Mes obligations envers les anciens travailleurs dans ce domaine seront évidentes pour tous ceux qui connaissent le sujet. En particulier, comme tous les autres auteurs sur le sujet, je me suis appuyé sur les fondations posées par le professeur George Pierce Baker, de l'Université Harvard.

Pour l'autorisation d'utiliser les articles de *The Outlook* , je suis redevable à la courtoisie des éditeurs de cette revue ; pour l'article sur "La transmission de la fièvre jaune par les moustiques", grâce à l'amabilité du général Sternberg et du rédacteur en chef du *Popular Science Monthly* .

JH GARDINER

CHAPITRE I

DE QUOI NOUS DISCUTONS ET POURQUOI

1. Quel est l'argument. Lorsque nous discutons, nous écrivons ou parlons dans le but actif d'inciter les autres à adopter notre point de vue sur une affaire ; c'est la seule différence essentielle entre l'argumentation et les autres modes d'écriture. Entre l'exposé et l'argumentation, il n'y a pas de frontière précise. Dans l'excellent petit livre du professeur Lamont, « Specimens of Exposition », il y a deux exemples qui pourraient être utilisés dans ce livre comme exemples d'argumentation ; dans l'un d'eux, l'essai de Huxley sur « Les bases physiques de la vie », Huxley lui-même utilise vers la fin les mots « comme j'ai essayé de vous le prouver » ; et l'essai de Matthew Arnold sur « Wordsworth » est un effort élaboré pour prouver que Wordsworth est le plus grand poète anglais après Shakespeare et Milton. Ou, pour prendre des exemples tout à fait différents, dans toute question de droit sur laquelle les juges du tribunal sont en désaccord, comme dans l'affaire de l'impôt sur le revenu, ou dans les affaires insulaires qui ont décidé du statut de Porto Rico et des Philippines, l'opinion majoritaire et l'opinion dissidente les opinions des juges sont de forme argumentative ; bien que l'opinion majoritaire, en tout cas, soit en théorie un exposé du droit. La vraie différence entre argumentation et exposition réside dans la différence d'attitude envers le sujet en question : lorsque nous expliquons, nous supposons tacitement qu'il n'y a qu'un seul point de vue à adopter sur le sujet ; lorsque nous discutons, nous reconnaissons que d'autres personnes voient les choses différemment. Et les différences de forme ne sont que celles qui sont nécessaires pour mettre en relief les points critiques d'un argument et pour réchauffer les sentiments des lecteurs.

2. Conviction et persuasion. Cet objectif actif consistant à amener d'autres personnes à adopter votre point de vue sur le cas en question est donc l'essence distinctive de l'argumentation. Pour atteindre cet objectif, vous disposez de deux outils ou armes, ou peut-être devrait-on dire des deux faces d'une même arme, *la conviction* et *la persuasion* . Dans un argument, votre objectif est en premier lieu de faire comprendre à votre auditoire que votre point de vue sur l'affaire est le plus vrai ou le plus solide, ou que votre proposition est la plus opportune ; et dans la plupart de vos arguments, vous cherchez également à toucher les sentiments pratiques ou moraux de vos lecteurs afin d'en faire des partisans plus ou moins chaleureux de votre point de vue. Si vous essayez d'en faire un voyez que la forme des collines de la Nouvelle-Angleterre est due à l'action des glaciers, vous ne pensez jamais à ses sentiments ; ici, toute tentative visant à le persuader, au lieu de le convaincre, serait une impertinence. D'un autre côté, ce serait une peine de perdre son souffle que de convaincre un homme qu'il faut expulser ces fripons, s'il ne prend pas la peine, le jour de l'élection, d'aller voter ; à moins que vous n'ayez effectivement attisé ses sentiments et convaincu sa raison, vous n'avez rien gagné. Dans ce dernier cas, votre argument serait presque entièrement convaincant, dans le premier cas, presque uniquement une question de conviction.

Ces deux aspects de l'argumentation correspondent à deux grandes facultés de l'esprit humain, la pensée et le sentiment, et aux deux manières dont, sous la direction de la pensée et du sentiment, l'humanité réagit à l'expérience. Au cours de notre vie, nos actions et notre intérêt pour les personnes et les choses que nous rencontrons sont fixés en premier lieu par les mouvements spontanés de nos sentiments, et en second lieu, et de plus en plus à mesure que nous vieillissons, par notre capacité de raisonnement. Même le philosophe le plus intentionnellement sec a ses préjugés, peut-être contre les sports de compétition ou contre l'efficacité comme principal test de civisme ; et après l'enfance, le plus rebelle des artistes a quelques principes généraux pour le guider sur son chemin de primevère. Les actions de tous les hommes sont la résultante de ces deux forces du sentiment et de la raison. Puisque dans la plupart des cas où nous discutons, nous cherchons à influencer l'action, nous devons garder les deux forces à l'esprit comme moyens possibles pour atteindre notre objectif.

3. Argument ni contentieux ni litige. La dispute n'est pas une querelle, ni la dispute bon enfant et sociable dans laquelle nous passons beaucoup de temps avec nos amis. La différence est que ni dans les querelles ni dans les disputes aimables, nous n'espérons ou n'avons l'intention d'arriver à quelque chose. Il existe de nombreux discours politiques dont le seul objectif est de rendre les choses inconfortables pour l'autre camp, et certains discours lors de débats universitaires ou scolaires visent simplement à faire trébucher l'autre camp ; et aucun des deux types n'aide à clarifier les sujets qu'il traite. D'un autre côté, nous passons de nombreuses soirées agréables à débattre pour savoir si la science est plus importante dans l'éducation que la littérature, ou s'il vaut mieux passer l'été au bord de la mer ou à la montagne, ou dans des disciplines similaires, où nous savons que tout le monde sera à l'aise. à la fin, exactement là où il se trouvait au début. Ici, notre véritable objectif n'est pas tant de changer les opinions de quelqu'un que d'échanger des pensées et des goûts avec quelqu'un que nous connaissons et dont nous prenons soin. Le but de l'argumentation, tel que nous comprendrons ce mot ici, est de convaincre ou de persuader quelqu'un .

4. Arguments et public. Par conséquent, dans l'argumentation, bien plus que dans d'autres types d'écriture, il faut absolument garder le public à l'esprit. « Persuader » et « convaincre » sont pour nous des verbes actifs, et, dans la plupart des cas, leurs objets ont un effet important sur leur signification. Un argument sur un sujet donné qui aura une force convaincante auprès d'un groupe de personnes n'en touchera pas, et peut même en repousser un autre. Pour prendre un exemple simple : un argument en faveur du football actuel changerait considérablement en proportions et en ton selon qu'il s'adresserait à des étudiants, à une faculté ou à une conférence ministérielle. L'argument de Huxley sur l'évolution (p. 233), qui a été présenté à un public populaire, comporte plus d'illustrations et est moins compressé dans son raisonnement que s'il avait été présenté à l'Académie américaine des arts et des sciences. Non seulement en théorie, mais aussi en pratique, les arguments doivent varier tant dans la forme que dans le fond selon les publics auxquels ils s'adressent. Une dispute lancée dans le vide ne risque pas de faire tomber grand-chose.

5. Sujets d'argumentation rentables. Pour tirer le meilleur parti de la pratique de la rédaction d'argumentaires, vous devez choisir vos sujets avec soin et sagacité. Certaines classes de matières ont peu de valeur. Les questions qui reposent sur des différences de goût ou de tempérament de par leur nature même ne peuvent jamais être résolues. La question de savoir si un jeu est meilleur qu'un autre – le football meilleur que le baseball, par exemple – n'est pas discutable, car à la fin, l'un des deux camps se contente de dire : « Mais je préfère le baseball », et vous restez là. Une question similaire est celle de savoir si Alexandre Pope était un poète ; car le mot « poète » englobe de nombreux facteurs purement émotionnels qui touchent une personne et pas une autre. Matthew Arnold a fait une tentative courageuse pour prouver que Wordsworth occupait le troisième rang en termes d'excellence dans la longue lignée des poètes anglais, et son essai est un argument remarquable ; mais l'affirmation même de sa thèse, selon laquelle Wordsworth « a laissé un ensemble d'œuvres poétiques supérieures en puissance, en intérêt et en qualités qui donnent une fraîcheur durable, à celui que tous les autres ont laissé », montre la vanité de la tentative. Pour prendre un seul mot – « intérêt » – de sa proposition : à quoi bon discuter avec moi, s'il se trouve que Wordsworth m'ennuie, comme il ne m'ennuie pas, que je devrais le trouver intéressant. Tout ce que je pourrais faire serait d'admettre humblement ma déficience et d'aller aussi joyeusement que possible vers Burns, Coleridge ou Byron. Presque toutes les questions de critique souffrent de cette difficulté qu'en fin de compte ce sont des questions de goût. Vous ou moi étions tels au début que l'école dite romantique ou l'école dite classique nous semblent avoir atteint le sommet de l'art ; et tous les arguments du monde ne peuvent nous remettre en cause à cet égard. Toute question qui, en fin de compte, implique des questions de goût esthétique est aussi futile à discuter que les questions de palais.

D'autres questions sont impraticables en raison de leur flou. Des questions telles que : Un homme pratique doit-il lire de la poésie, Les avocats sont-ils une classe utile dans la communauté, Le peuple américain se détériore-t-il, fournissent-ils un excellent matériau pour un discours vivant et plein d'esprit, mais personne ne s'attend à ce qu'elles conduisent à une conclusion quelconque, et elles sont donc sans valeur comme base pour l'entraînement rigoureux et musclé que doit donner un argument. Il existe de nombreuses questions de ce genre qui servent admirablement à la dispute amicale qui constitue une si grande partie de notre vie quotidienne avec nos amis, mais qui se dissolvent lorsque nous essayons de les cerner.

Certaines questions qui ne peuvent pas être débattues avec profit lorsqu'elles sont formulées en termes généraux deviennent plus réalisables lorsqu'elles sont appliquées à une classe définie ou à une seule personne. Des questions telles que : Vaut- il mieux aller dans une petite ou une grande université, Vaut-il mieux vivre à la campagne ou en ville, Est-il sage de se lancer dans l'agriculture, toutes ne mènent à rien si elles sont discutées sous cette forme générale. . Mais si elles sont appliquées à une seule personne, elles changent de caractère : sous cette forme spécifique, non seulement elles sont discutables, mais elles sont constamment argumentées avec des résultats directs et pratiques, et même pour une classe restreinte et strictement définie de personnes, elles peuvent fournir bon matériel pour un argument formel. Par exemple, la question « Est-il préférable pour un garçon doté de bonnes capacités intellectuelles et capables de se faire des amis, qui vit dans une petite ville de campagne, d'aller dans une petite université ou dans une grande université » fournit un matériau moyennement bon pour un débat sur de chaque côté ; même si, même ici, les phrases limitatives ne sont pas trop précises. Dans un débat sur un tel sujet, il serait facile pour les deux parties de s'ignorer sans jamais parvenir à un problème direct, en raison d'une compréhension différente des termes. Dans l'ensemble, il semble plus sage de ne pas prendre de risques avec de telles questions, mais de choisir parmi celles qui vous donneront incontestablement la formation que vous recherchez.

En gros, les sujets d'argumentation qui sont sûrs d'être profitables peuvent être divisés en trois classes : (1) ceux pour lesquels le matériel est tiré de l'expérience personnelle ; (2) ceux pour lesquels le matériel est fourni par lecture ; et (3) ceux qui combinent les deux premiers. Parmi ceux-ci, il ne fait aucun doute que ces derniers sont les plus rentables. Concernant la première classe, nous pouvons prendre pour exemple une question telle que : Faut-il maintenir l'athlétisme interscolaire à l'école ? Voilà une question sur laquelle certains parents et enseignants seront en tout cas en désaccord avec la plupart des garçons, et une question qui doit être réglée d'une manière ou d'une autre. Le matériel de discussion doit provenir des connaissances personnelles de ceux qui présentent les arguments, renforcées par les informations et les opinions qu'ils peuvent recueillir auprès des enseignants et des citoyens. Au chapitre II, nous examinerons les sources possibles de matière pour ces arguments et d'autres. Il y a beaucoup à dire sur la pratique acquise en recherchant des éléments pertinents pour des arguments de ce type ; mais ils ont tendance à aboutir à des divergences d'opinions irréconciliables, dans lesquelles un argument n'a aucune valeur pratique.

La deuxième classe de sujets, ceux pour lesquels le matériel est entièrement tiré de la lecture, est la plus courante dans les débats intercollégiaux et interscolaires. Si la cantine militaire américaine était restaurée, si les Chinois étaient exclus des Philippines, si les États-Unis établissaient un service de colis postaux, ce sont autant de sujets avec lesquels l'étudiant ordinaire du lycée ou de l'université ne peut avoir que peu de connaissances personnelles. Les sources des arguments sur ces sujets se trouvent dans les livres, les magazines et les rapports officiels. Le bénéfice que vous retirerez des discussions sur de tels sujets réside en grande partie dans la recherche de la manière de rechercher du matériel. La difficulté avec eux réside dans leur taille et leur complexité. Quand on se souvient qu'une chronique d'un journal ordinaire compte environ quinze cents mots, et qu'un article éditorial comme celui de la page 268, qui compte trente-huit cents mots, est, en ces temps de précipitation, susceptible d'être repoussant, car de sa longueur, et d'autre part qu'un thème de mille cinq cents mots semble au premier cycle ordinaire une entreprise lourde, la nature de cette difficulté devient claire. En d'autres termes, les discours sur des sujets publics de grande importance durent généralement au moins une heure, et il n'est pas rare que cela dure plus, et en une heure, on prononce facilement six ou sept mille mots, de sorte que quinze cents mots ne rempliraient pas un discours. discours de quinze minutes. Cette difficulté est résolue dans les débats par le temps plus long accordé, car chaque camp dispose ordinairement d'une heure ; mais même dans ce cas, on ne peut prétendre à un traitement approfondi. L'argumentation écrite ordinaire d'un étudiant à l'école ou au collège ne peut donc pas faire grand-chose face aux grandes questions publiques. Le danger est qu'un bref argument sur une question importante puisse engendrer un contenu facile avec une discussion superficielle et semblable à celle d'un perroquet sur le sujet. Les discussions sur des principes vastes et abstraits sont nécessaires, mais il est préférable de les laisser au moment de la vie où l'on a une connaissance complète et intime de l'ensemble des faits concernés.

Comme nous l'avons dit, le meilleur type de sujet est de loin celui qui combine une certaine connaissance personnelle des faits et la possibilité de faire quelques recherches sur le matériel. Beaucoup de ces sujets peuvent être trouvés dans les questions pédagogiques plus larges lorsqu'ils sont appliqués à votre propre école ou collège. Le système électif devrait-il être maintenu au

Harvard College, l'Université de l'Illinois devrait-elle exiger le latin pour l'obtention du diplôme AB, les fraternités devraient- elles être abolies dans les lycées, la formation manuelle devrait-elle être introduite dans les lycées, sont autant de questions de ce genre. Une courte liste de questions similaires est imprimée à la fin de cette section, et nous espérons qu'elle s'avérera suggestive. Pour discuter de ces questions, vous trouverez une quantité considérable de documents imprimés dans des revues pédagogiques et autres, dans des rapports des présidents de collèges et de comités d'école, et dans d'autres endroits similaires, qui vous donneront l'habitude de rechercher des faits et des opinions et d'en évaluer la valeur. En même temps, votre jugement s'entraînera lorsque vous appliquerez les théories et les opinions que vous trouvez dans ces sources aux conditions locales. De plus, de telles questions vous permettront de vous entraîner à obtenir des informations brutes, pour ainsi dire, en dressant des tableaux de statistiques à partir de catalogues, en obtenant des faits par entretien personnel, et par d'autres moyens qui seront examinés au chapitre II. Enfin, ces matières sont beaucoup plus susceptibles d'être d'une ampleur telle que vous pouvez les amener à un point critique dans l'espace et le temps impartis à l'élève moyen, et elles peuvent avoir un effet immédiat et pratique sur la détermination d'une question sur laquelle votre propre école ou l'université a un intérêt. Les débats sur de tels sujets sont donc moins susceptibles d'être des discussions « académiques », dans le sens où ils n'ont aucun rapport avec des conditions réelles. Alors que chaque collège et chaque école débattent continuellement de nombreux sujets de ce type, il ne semble y avoir aucune raison d'aller plus loin et de s'en sortir moins bien.

L'essentiel est d'avoir un sujet qui vous ramènera aux faits et dans lequel vous pourrez tester votre propre raisonnement.

6. Suggestions de sujets de pratique . De nombreux sujets répertoriés ci-dessous nécessiteront une certaine adaptation pour s'adapter aux conditions locales ; et ceux-ci en suggéreront sans aucun doute bien d'autres de même nature. D'autres sujets d'intérêt immédiat et local peuvent être tirés des journaux actuels ; et les lois plus importantes et pérennes comme la prohibition, le droit de vote des femmes, les lois sur l'immigration, sont toujours à la disposition de ceux qui ont le temps et le courage pour la quantité de lecture qu'elles impliquent. La distinction entre un *sujet* et la *proposition* à argumenter sera faite au chapitre II.

SUGGESTIONS DE SUJETS D'ARGUMENTATION

À ADAPTER AUX CONDITIONS LOCALES ET ACTUELLES

1. L'admission à ce collège doit se faire uniquement sur examen.

2. Les conditions d'entrée dans ce collège établissent un bon niveau pour un cours dans un lycée public.

3. L'admission à ce collège doit se faire par certificat de l'école du candidat, comme c'est le cas actuellement au—— Collège.

4. Les normes d'admission dans cette université ou à l'Université d'État devraient être relevées.

5. Les normes d'obtention d'un diplôme de ce collège devraient être relevées.

6. La participation aux exercices de la chapelle devrait être volontaire.

7. Le nombre d'étudiants dans ce collège devrait être limité en élevant les normes d'admission.

8. La connaissance écrite du français ou de l'allemand, testée par un examen oral, devrait remplacer les conditions actuelles d'entrée dans ces langues.

9. Aucune liste de livres ne doit être prescrite pour l'examen d'entrée en anglais.

10. Les étudiants de première année devraient être tenus d'être dans les limites avant onze heures du soir.

11. Les étudiants de première année ne devraient pas être élus dans les sociétés universitaires.

12. Les étudiants qui se sont distingués dans leurs études devraient être traités comme les étudiants diplômés, en ce qui concerne l'assiduité et les congés.

13. Des dispositions devraient être prises pour que le travail effectué sur les documents universitaires soit pris en compte pour l'obtention du diplôme.

14. Le système de distinction dans les examens devrait être introduit dans ce collège.

15. Le programme d'études dans ce collège devrait être entièrement facultatif.

16. La mixité devrait être maintenue dans ce collège.

17. Les sociétés secrètes devraient être interdites au lycée.

18. Le cours de commerce au lycée devrait être abandonné.

19. L'exercice militaire obligatoire devrait être introduit dans... l'école (ou dans ce collège).

20. Le grec devrait être abandonné à l'école.

21. Tous les étudiants de l'école, qu'ils suivent ou non le cours de commerce, devraient être tenus d'étudier le latin.

22. L'athlétisme a eu un effet néfaste sur les études de ceux qui y ont participé.

23.—— L'école ne doit participer à des compétitions sportives qu'avec deux autres écoles.

24. Le comité scolaire de—— devrait être réduit à cinq membres.

25. Le comité scolaire de... est actuellement trop nombreux pour diriger efficacement les écoles.

26. Le directeur de l'école secondaire de—— devrait rendre compte directement au comité d'école et non au surintendant des écoles.

27. Cette ville devrait affecter une somme égale à —— des moulins du taux total de l'impôt au soutien des écoles publiques.

28. Le lycée de cette ville devrait avoir une seule séance chaque jour, au lieu de deux.

29. Cette ville devrait substituer au système actuel un gouvernement de commission sur le modèle général de celui de Des Moines, Iowa.

30. La forme de gouvernement par commissions a prouvé sa supériorité sur le gouvernement par un maire et deux conseils législatifs.

31. Cette ville devrait élire ses officiers municipaux par vote préférentiel.

32. Cette ville devrait établir des terrains de jeux dans les quartiers très fréquentés de la ville, notamment dans les quartiers—— et——.

33. Les garçons devraient être autorisés à jouer au ballon dans des rues peu fréquentées.

34. Cette ville devrait réserver chaque année des moulins sur le taux d'imposition pour la construction de routes permanentes.

35. Les lois et réglementations régissant l'inspection et la vente du lait devraient être rendues plus strictes.

36. Cette ville devrait acheter et gérer les installations hydrauliques.

37. Cette ville devrait construire de futures extensions du système de tramway et les louer au plus offrant.

38. Cette ville devrait acheter et exploiter le réseau ferroviaire urbain.

38. La compagnie de chemin de fer urbain de cette ville devrait être tenue de paver et d'entretenir toutes les rues qu'elle traverse.

40. Un comité d'hommes d'affaires devrait être nommé par le maire pour mener les négociations en vue de l'implantation de nouvelles industries dans la ville.

41. Cette ville devrait établir des gymnases municipaux.

42. Cette ville bénéficierait de la consolidation des deux réseaux ferroviaires urbains.

43. Cet État devrait adopter une loi sur le scrutin similaire à celle du Massachusetts.

44. Cet État devrait adopter le « scrutin court ».

45. Cet État devrait taxer les terres forestières en fonction du produit plutôt que de la valeur imposable de la terre.

46. Les règles actuelles du football sont satisfaisantes.

47. Ce collège devrait faire du football « football » l'un de ses sports majeurs.

48. Les discussions inutiles des joueurs devraient être interdites lors des matchs de baseball.

49. L'entraînement depuis les lignes de côté devrait être interdit au baseball.

50. Le « baseball d'été » doit être considéré comme une violation du statut d'amateur.

51. Un comité intercollégial de diplômés devrait être formé avec le pouvoir d'absoudre les athlètes universitaires des violations techniques et mineures des règles amateurs.

52. Ce collège devrait faire un effort de retour à l'entraînement amateur en proposant des ententes en ce sens avec ses principaux rivaux.

53. Cette université ne devrait pas permettre aux étudiants diplômés d'autres établissements de jouer dans ses équipes sportives.

54. Les dirigeants des principales équipes sportives de ce collège devraient être élus par l'ensemble des étudiants.

55. Les dépenses des équipes sportives de ce collège devraient être considérablement réduites.

7. Les deux types d'arguments. Une fois le sujet sur lequel vous allez argumenter choisi, il sera sage de vous rapprocher du processus d'argumentation. Une grande partie des bons résultats que vous obtiendrez de la pratique de la rédaction d'arguments sera le renforcement de vos facultés de pensée exacte et vive ; Je vais donc, dans les sections suivantes, essayer d'aller un peu au-delà de la surface du processus, et voir exactement ce que tout type d'argument donné vise à faire, et comment il atteint son objectif en faisant appel à des facultés et des intérêts particuliers de l'esprit. J'examinerai également brièvement les portées plus larges de quelques-uns des types d'arguments les plus courants et les plus importants, tels que les citoyens ordinaires les rencontrent dans la vie quotidienne.

Nous pouvons diviser grossièrement les arguments en deux classes, selon que la proposition qu'ils soutiennent prend la forme : « Ceci est vrai », ou la forme : « Cela devrait être fait ». Nous appellerons les premiers, par souci de brièveté, des arguments de fait, les seconds des arguments de politique. Des deux classes, la première s'adresse principalement à la raison, la faculté par laquelle nous arrangeons les faits de l'univers (qu'ils soient petits ou grands) à mesure qu'ils nous parviennent, et les rendons ainsi intelligibles. Vous pensez que l'homme qui a ramené votre chien contre une récompense l'a volé, parce que cette vision correspond le mieux aux faits que vous connaissez sur lui et sur la disparition du chien ; nous acceptons la théorie de l'évolution parce que, comme Huxley le souligne au début de son essai (voir pp. 233, 235), elle donne une place à tous les faits qui ont été collectés sur le monde des plantes et des animaux et qui en font une réalité. le tout constitue un système cohérent et harmonieux. Au chapitre III, nous examinerons plus en détail le fonctionnement de cette faculté dans la mesure où elle affecte la formulation des arguments.

Les arguments politiques, en revanche, qui débattent de ce qui devrait être fait, font appel principalement aux intérêts moraux, pratiques ou esthétiques du public. Ces intérêts ont leurs racines ultimes dans la masse profondément enracinée de motivations et de forces capricieuses héritées qui peuvent être résumées ici dans le terme vague et commode de « sentiment ». Ces motifs et ces forces, on le remarquera, se situent en dehors du champ de la raison et lui sont pour la plupart récalcitrants. Lorsque vous affirmez qu'il est « juste » que des hommes riches dotent les écoles et les collèges de ce pays, il vous sera impossible d'expliquer en détail ce que vous entendez par « juste » ; votre croyance naît de sentiments, en partie hérités, en partie inspirés de l'air du pays, qui vous rendent sûr de votre affirmation, même lorsque vous pouvez le moins en donner les raisons. Ainsi, nos intérêts pratiques tournent en fin de compte sur ce que nous voulons et ce que nous ne voulons pas, et sont donc façonnés par notre tempérament et nos goûts, qui sont évidemment des questions de ressenti. Nos intérêts esthétiques, qui incluent nos préférences dans tous les domaines de l'art et de la littérature et des choses belles ou laides de la vie quotidienne, remontent encore plus évidemment au ressenti. Or, dans la vie pratique, notre volonté de faire quoi que ce soit est latente jusqu'à ce qu'une partie de ce grand corps de sentiments soit émue ; c'est pourquoi les arguments politiques, qui visent à montrer qu'il faut faire quelque chose, ne peuvent négliger le sentiment. Vous ne me convaincrez peut-être jamais aussi complètement que je devrais voter pour le candidat républicain ou démocrate, mais je resterai assis le jour de l'élection si vous ne touchez pas à mes sentiments de droit moral ou d'opportunité pratique. La cause motrice de l'action est le sentiment, bien que le sentiment soit souvent modifié, voire transformé, par le raisonnement. Nous reviendrons sur la nature du sentiment au chapitre V, lorsque nous aborderons le sujet de la persuasion.

Une différence pratique importante entre les arguments factuels et les arguments politiques réside dans la forme et le degré de certitude différents auxquels ils conduisent. À la fin des arguments factuels , il est possible de dire, si l'on dispose de suffisamment de preuves : « Ceci est indéniablement vrai ». Dans ces arguments, nous pouvons utiliser le mot « preuve » dans son sens strict. En revanche, dans les débats politiques, où la question mérite d'être débattue, nous savons que, dans de nombreux cas, il y aura en fin de compte des hommes aussi sages et aussi intègres que nous qui continueront à ne pas être d'accord. Dans de tels cas, il est évident que nous ne pouvons utiliser le mot « preuve » qu'au sens large ; et nous parlons de droit ou d'opportunité plutôt que de vérité. Cette distinction mérite d'être gardée à l'esprit, car elle conduit à la sobriété et à une modestie convenable dans la controverse. Ce n'est que dans les salons de coiffure et les clubs de débat de deuxième année qu'une décision sur une question politique prend sa place parmi les vérités éternelles.

Ces distinctions faites, considérons maintenant quelques-unes des principales variétés de ces deux classes d'arguments, en traitant uniquement de ceux que chacun d'entre nous connaît dans les affaires pratiques de la vie. Il est évident que les divisions entre celles-ci ne sont pas fixes, et qu'elles sont loin d'épuiser le nombre total des variétés.

8. Arguments de fait. Parmi les arguments de fait les plus courants et les plus importants figurent ceux présentés devant les jurys des tribunaux. C'est un principe fondamental de la common law sous laquelle nous vivons que les questions de fait doivent être tranchées par douze hommes tirés au sort dans la communauté, et que les questions de droit qui doivent être appliquées à ces faits doivent être tranchées par les juges. En conséquence, dans les procès pénaux, les faits concernant le crime, les actes et le lieu où se trouve l'accusé font l'objet d'argumentations de la part de l'avocat. Si le prisonnier tente d'établir un alibi et que les preuves sont maigres ou contradictoires, son avocat et le procureur doivent chacun faire valoir devant le jury des arguments sur le sens réel de la preuve. De même, dans les affaires civiles, toutes les questions de fait contestées sont ordinairement soumises à un jury et font l'objet d'argumentations par les avocats adverses. Le défendeur a-t-il garanti les marchandises qu'il a vendues au demandeur ? Une influence indue a-t-elle été exercée sur le testateur ? L'accident est-il dû à la négligence des responsables des chemins de fer ? Dans de tels cas et dans les innombrables autres qui encombrent les listes des tribunaux inférieurs, des arguments de fait doivent être avancés.

D'autres arguments factuels courants sont ceux liés aux questions historiques, que ce soit dans l'histoire récente ou ancienne. L'admirable argument de Macaulay (p. 155) selon lequel Philip Francis a écrit les *Junius Letters* , qui ont si gravement irrité le gouvernement anglais à l'époque de la Révolution américaine, est un exemple d'un argument de ce genre ; la partie du discours du Lincoln's Cooper Institute qui traite des vues des fondateurs de la nation au sujet du contrôle de l'esclavage dans les territoires en est une autre. Une autre question de fait est celle qui agitait il y a quelques années les archéologues classiques, à savoir si le théâtre grec possédait ou non une scène surélevée. Dans tous ces cas, la question porte sur des faits qui, à un moment donné, du moins, auraient pu être absolument résolus. La raison pour laquelle une discussion à leur sujet devient nécessaire est que les preuves qui pourraient finalement trancher les questions ont disparu avec ceux qui les possédaient, ou ont été dissipées avec le temps. Les étudiants en histoire et en littérature sont confrontés à de nombreuses questions de fait.

Une question de fait d'un genre quelque peu différent, et souvent extrêmement difficile à résoudre, est celle qui concerne non pas un fait unique et simple, mais une situation générale. Des exemples de ces questions sont de savoir si le droit de vote des femmes a amélioré les conditions politiques au Colorado et dans d'autres États, si l'introduction de la formation manuelle dans un certain lycée a amélioré l'intelligence et la capacité de service de ses diplômés, si la corruption politique est en baisse dans les villes américaines. La difficulté à laquelle se heurte un argument dans de tels cas n'est pas la perte de la preuve, mais plutôt le fait qu'elle consiste en une multitude de petits faits et que le choix de ces détails est singulièrement sujet aux préjugés et aux sentiments partisans. Ces questions d'ordre général sont comme des questions de politique dans la mesure où, en fin de compte, leur solution dépend donc largement de préjugés capricieux et pratiques.

Une autre variété encore très importante d'arguments factuels, qui sont souvent qualifiés commodément d'arguments théoriques, englobe de grandes questions scientifiques, telles que, par exemple, l'origine de nos espèces actuelles de plantes et d'animaux, ou la constitution ultime de la matière. ou la cause de la fièvre jaune. Dans de tels arguments, nous partons de nombreux faits, déjà acquis par l'observation et l'expérience, qui nécessitent l'hypothèse d'un ou plusieurs autres faits obtenus par le raisonnement des autres, pour les faire s'emboîter dans un système cohérent et intelligible. Chaque nouvelle découverte scientifique importante apporte des arguments nécessaires de ce genre. Lorsque les minuscules formes de vie que le profane regroupe sous le nom de « germes » furent découvertes , de nombreux arguments furent invoqués pour expliquer leur mode de vie et la manière dont certaines d'entre elles provoquent des maladies et d'autres exercent des fonctions bénéfiques pour l'humanité. Un exemple notable des arguments concernant ce genre de fait est celui de la page 251 concernant la cause de la fièvre jaune ; et un autre est l'argument de Huxley sur l'évolution (p. 233), où il souligne que « la question est une question de fait historique ». L'élément d'incertitude dans le règlement de telles questions est dû au fait que les faits sont trop vastes ou trop infimes pour l'observation humaine, ou qu'ils s'étendent sur de très longues périodes de temps, de sorte que nous devons nous contenter d'une probabilité écrasante plutôt que d'une preuve absolue. En outre, les faits établis dans des arguments de ce genre pourraient devoir être modifiés par de nouvelles découvertes : pendant de nombreuses générations, on a considéré comme un fait que le paludisme était causé par un miasme ; nous savons maintenant qu'elle est causée par un germe transporté par les moustiques. Les arguments de ce type ont tendance à suivre un curieux cycle : ils commencent leur vie comme arguments, reconnus comme tels ; puis, devenant l'explication acceptée des faits connus, ils s'épanouissent pendant un temps plus ou moins long comme énoncés de la vérité ; puis, avec la découverte de nouveaux faits, elles s'effondrent ou se transforment en théories nouvelles et plus vastes. La grande théorie de Darwin sur l'origine des espèces est passée par deux de ces étapes. Il en parlait comme d'un argument, et pendant quelques années, il fut assailli par de féroces contre-arguments ; nous le considérons maintenant comme une explication magistrale d'un énorme ensemble de faits. Nous ne pouvons pas prévoir quand il passera à l'étape suivante ; mais les chimistes et les physiciens font sombrement allusion à la possibilité de l'évolution de substances inorganiques aussi bien qu'organiques.

Dans les arguments factuels, on le remarquera, il y a peu ou pas d'élément de persuasion, car nous traitons de telles questions presque entièrement par notre compréhension et notre raison. Huxley, dans son argumentation sur l'évolution, qui s'adressait à un public populaire, a pris soin de choisir des exemples qui lui seraient familiers ; mais son traitement du sujet avait un ton strictement explicatif. Dans certains arguments de ce genre, qui touchent aux grandes forces de l'univers et à la nature du monde de la vie dont nous sommes une partie infinitésimale, le ton du discours prendra de la chaleur et de l'éloquence ; tout comme Webster dans l'affaire du meurtre des Blancs, traitant d'une question de vie ou de mort, laissez l'éloquence naturelle qui couvait toujours dans son discours se consumer en une claire lueur. Mais Huxley et Webster auraient considéré comme une impertinence tout appel étudié à l'émotion.

Dans la vie ordinaire, la plupart d'entre nous avancent moins d'arguments factuels que politiques. Seule une petite minorité de nos jeunes hommes deviennent avocats, et nombre d'entre eux ne pratiquent pas devant des jurys. Il n'existe pas non plus un grand nombre d'hommes qui deviennent des érudits, des hommes de science ou des hommes publics, qui doivent traiter de questions de faits historiques ou présenter des arguments de fait sur de vastes situations. D'un autre côté, nous devons tous peser et estimer assez constamment les arguments factuels. Tôt ou tard, la plupart des hommes font partie de jurys ; et tous les étudiants doivent lire des arguments historiques et économiques. Nous accorderons donc un peu d'espace dans le chapitre III à l'examen des principes de raisonnement par lesquels nous arrivons et testons des conclusions quant à l'existence des faits et à la vérité des affirmations à leur sujet.

9. Arguments de politique. Lorsque nous passons des arguments de fait aux arguments de politique, nous remarquons qu'il y a un changement dans la phraséologie que nous utilisons : nous ne disons plus que les affirmations que nous soutenons ou rencontrons sont vraies ou fausses, mais que les propositions sont justes. ou opportun ou erroné ou inopportun ; pour l'instant , nous parlons de ce qui devrait ou ne devrait pas être fait. Nous disons, naturellement et à juste titre, qu'il est vrai ou non que le droit de vote des femmes ait amélioré les conditions politiques au Colorado, mais ce serait un abus de langage que de dire qu'il est vrai ou non que le droit de vote des femmes devrait être adopté dans l'Ohio ; et plus encore pour utiliser le mot « faux », qui a une teinte inséparable d'obliquité morale. Dans les questions de politique qui relèvent de l'opportunité, et dans d'autres, comme nous le verrons directement, qui touchent à des questions morales, nous savons d'avance qu'en fin de compte certains hommes qui connaissent le sujet aussi bien que nous et dont le jugement est aussi bon et dont les normes sont aussi élevées, seront toujours en désaccord. Il y a certaines grandes lignes de tempérament qui ont toujours divisé l'humanité : certains hommes naissent avec un esprit conservateur, d'autres avec un esprit radical : les premiers doivent nécessairement trouver les choses telles qu'elles sont dans l'ensemble bonnes, les seconds doivent voir clairement comment elles peuvent être améliorées. Pour le tempérament scientifique, le tempérament artistique est instable et irrationnel, de même que le premier est sec et peu généreux pour le second. Des types aussi vastes et reconnus, avec quelques autres semblables, se ramifient en une multitude de partis et de classes éphémères – raciaux, politiques, sociaux, littéraires, savants – et la plupart des arguments dans le monde peuvent être ramenés à ces éléments essentiels. et des différences de caractère inamovibles. Cependant, certaines questions pratiques traversent et recroisent ces lignes, et dans de tels cas , les arguments ont un effet pratique considérable en cristallisant l'opinion et le jugement ; car dans un cas compliqué, il est souvent extrêmement difficile de voir la portée réelle d'une politique proposée, et un bon argument vient comme un guide des dieux pour ceux qui sont perplexes et hésitants. Mais même si pour être efficace dans les affaires pratiques, il faut être positif, cela ne veut pas dire qu'il faut croire que les autres sont des imbéciles ou des fripons. Une telle confusion de pensée dans l'esprit de certains réformateurs, à la fois éminents et obscurs, explique le sillage d'amertume qui suit souvent les progrès de la réforme. La modestie et la tolérance sont aussi importantes que la positivité pour l'homme qui doit laisser sa marque dans le monde.

Les arguments politiques sont d'une variété infinie, car nous les formulons tous tout le temps, depuis l'heure du matin où nous discutons avec nous-mêmes, si souvent en vain, sur le fait que nous devrions vraiment nous lever quand l'horloge sonne, jusqu'aux arguments sur le choix d'une profession ou sur la contribution au lancement d'un mouvement pour la paix universelle. Ce serait une lassitude de la chair que d'en tenter une classification qui prétendrait être exhaustive ; mais il existe certains grands groupes de motivations humaines qui constitueront une bonne base pour un tri approximatif, mais pratique, des types d'arguments politiques les plus courants. Dans les affaires pratiques, nous nous demandons d'abord s'il y a un principe de bien ou de mal en jeu, puis ce qui est le mieux pour nos intérêts pratiques et ceux des autres et, dans quelques cas, lorsque ces autres considérations ne sont pas pertinentes, quelle ligne est dictée par notre politique. idées de fitness et de beauté. Je discuterai brièvement de quelques-uns des principaux types d'argumentation politique, en les regroupant selon qu'ils font principalement appel au sens du bien et du mal, aux intérêts pratiques ou aux intérêts esthétiques.

Il existe de nombreux arguments en dehors des sermons qui tournent autour des questions du bien et du mal. Il est préférable de ne pas aborder les questions de conduite personnelle individuelle ; mais chaque communauté, qu'elle soit grande ou petite, est souvent confrontée à des questions dans lesquelles le bien et le mal moraux sont essentiellement impliqués. Dans ce pays, toute la question de la vente des boissons alcoolisées est reconnue comme telle. Les partisans de la prohibition étatique déclarent qu'il est moralement mauvais de sanctionner un commerce d'où jaillit tant de misère ; les partisans de l'option locale et de la licence élevée, reconnaissant et luttant contre toute cette misère et ce crime, déclarent qu'il est moralement mauvais de fermer les yeux sur les ventes incontrôlées et la corruption politique sous l'interdiction à l'échelle de l'État. Les arguments les plus puissants en faveur d'une limitation par la loi de la durée du travail des femmes et des enfants ont toujours été fondés sur des principes moraux ; et tous les arguments en faveur d'une réforme politique renvoient aux Dix Commandements. L'argument le plus solide est celui qui peut établir le bien et le mal moral dans la question.

La difficulté réside dans la détermination du bien et du mal, car il existe de nombreux cas où des personnes tout aussi bonnes se battent à mort les unes contre les autres. La question de la prohibition, comme nous venons de le voir, est un de ces cas ; la question de l'esclavage était encore plus frappante. Avant la Révolution, le sentiment que l'esclavage était moralement répréhensible gagna lentement mais sûrement du terrain dans le Nord, jusqu'à ce qu'à partir de 1850, il devienne de plus en plus une conviction dominante et passionnée. Pourtant, dans le Sud, qui, comme nous devons maintenant l'admettre, a engendré autant d'hommes et de femmes de haute dévotion à la droite, cette vision n'avait que des adeptes dispersés. Des deux côtés, la tradition et l'environnement ont façonné le principe moral. En argumentant, il ne faut donc pas être trop prompt à demander au ciel de témoigner du bien ; nous devons reconnaître que la vision des mortels est faible et que certains des gens que nous combattons sont soutenus par des principes aussi sincèrement considérés comme justes que les nôtres.

Néanmoins, un homme doit toujours s'en tenir à ce qui lui semble juste et lutter durement contre le mal, avec tolérance et charité, mais avec un objectif clair. En politique, il existe encore de nombreuses occasions dans ce pays où le seul argument possible repose sur le droit moral. La débauche des fonctionnaires par des faveurs ou des pots-de-vin, qu'ils soient ouverts ou indirects, l'injustice de toutes sortes, l'attribution à des fonctions publiques d'hommes mentalement ou moralement inaptes, l'oppression des pauvres ou l'hémorragie injuste des riches, l'incitation à la haine de classe ou de race, sont autant de maux dont les bons citoyens doivent contribuer à sauver la république ; et partout où de tels maux se présentent, l'argument moral est le seul argument digne d'un honnête citoyen.

Mais les arguments politiques les plus nombreux sont ceux qui ne dépassent pas le niveau des intérêts pratiques. La frontière entre ces arguments et les arguments du droit moral n'est pas toujours facile à tracer, car dans l'enchevêtrement de la vie et du caractère, le droit et l'avantage vont souvent de pair. La question tarifaire en est un bon exemple. Cela repose principalement sur l'avantage matériel pratique d'une nation ; mais inévitablement, dans l'établissement des calendriers individuels, la voie s'ouvre pour qu'une industrie ou une branche d'activité s'enrichisse aux dépens d'une autre, et nous nous heurtons ainsi à la question de l'accord équitable et de la règle d'or.

Mais en général, les grandes questions sur lesquelles les partis politiques se divisent sont des questions d'opportunité pratique. Allons-nous, en tant que nation, être plus à l'aise et plus prospères si les pouvoirs du gouvernement fédéral sont renforcés et étendus ? Aurons-nous un meilleur gouvernement local sous la forme ancienne de gouvernement municipal, ou sous une forme de gouvernement par commission ? Devrions-nous avoir plus d'affaires et des affaires plus rentables si nous avions le libre-échange avec le Dominion du Canada ? Serons-nous mieux lotis sous le parti républicain ou sous le parti démocrate ? Ce sont toutes des questions dans lesquelles on ne se préoccupe guère du bien et du mal : elles tournent autour de la question très pratique de l'avantage matériel direct. Dans certains de ces cas, la plupart des hommes votent pour un côté ou pour l'autre, en grande partie par habitude de longue date ; mais il se pose constamment, surtout dans les affaires locales, des questions qui dépassent les lignes habituelles de division politique, de sorte que chacun, bon gré mal gré, doit prendre la peine de réfléchir à une décision par lui-même. Il n'est pas rare que l'on soit très perplexe quant au choix du camp à adopter, car les problèmes peuvent être complexes ; puis on lit les arguments ou on va aux réunions jusqu'à ce que l'un ou l'autre camp semble présenter les avantages les plus importants. Quand on est ainsi perplexe, un argument clair et facile à comprendre, et qui présente ses arguments de telle manière qu'ils peuvent être facilement retenus et transmis à la prochaine personne que l'on rencontre, a un merveilleux pouvoir de convaincre. à ses côtés.

Les arguments de politique qui, après les arguments politiques, sont les plus courants sont ceux portant sur des questions de droit. Comme nous l'avons vu il y a quelques pages, de tels arguments sont tranchés par les juges, tandis que les questions de fait sont laissées au jury. Dans l'affaire du meurtre de White, dans laquelle Daniel Webster a présenté un argument célèbre, c'était une question de fait pour le jury de savoir si l'accusé Knapp se trouvait dans Brown Street au moment du meurtre et s'il était là dans le but d'aider et de complicité avec Crowninshield , le véritable meurtrier ; la question de savoir si sa présence à l'extérieur de la maison le rendrait responsable en tant qu'auteur du crime était une question de droit. Cette distinction entre questions de fait et questions de droit est l'un des principes fondateurs de la common law. Depuis le tout début du système du jury, lorsque le jury était composé de voisins qui fondaient leur verdict sur leur propre connaissance de l'affaire, jusqu'à aujourd'hui où ils sont tenus de purger soigneusement leur esprit de toute connaissance personnelle de l'affaire, le principe commun le droit a toujours soutenu qu'à long terme, les questions de fait peuvent être mieux réglées par des hommes ordinaires, tirés au sort dans la communauté. Les questions de droit, en revanche, nécessitent un apprentissage et une formation spéciale au raisonnement juridique, car la common law dépend de la continuité et de la cohérence des décisions ; et un nouveau cas doit être tranché selon les principes qui ont régi des cas similaires dans le passé.

Néanmoins, ces principes, qui sont désormais incarnés dans une masse énorme de décisions rendues par les tribunaux du monde anglo-saxon, sont essentiellement une transformation en discriminations minutieuses de certains grands principes, qui à leur tour ne sont que l'incarnation des règles pratiques. sous lequel la race anglo-saxonne a trouvé le plus sûr et le plus commode de vivre ensemble. Ils décident dans chaque cas ce qui est, compte tenu des intérêts de la communauté dans son ensemble et à long terme, et pas seulement pour les parties en cause, la chose la plus commode et la plus juste à faire . Le juge Holmes, de la Cour suprême des États-Unis, a écrit avant sa nomination à cette magistrature :

"En substance, la croissance du droit est législative. Et ceci dans un sens plus profond que celui que ce que les tribunaux déclarent avoir toujours été la loi est en fait nouveau. Il est législatif dans ses fondements. Les considérations mêmes que les juges mentionnent le plus rarement , et toujours avec des excuses, sont les racines secrètes d'où le droit tire tout le jus de la vie. Je veux dire bien sûr des considérations sur ce qui est opportun pour la communauté concernée. Chaque principe important qui est développé par le litige est en fait et au fond le le résultat d'un mouvement ou de visions moins clairement comprises de la politique publique ; le plus généralement, certes, dans nos pratiques et traditions, le résultat inconscient de préférences instinctives et de convictions inarticulées, mais néanmoins imputables à des visions de la politique publique en dernière analyse. " [2]

Dans certains cas , il est évident que la question de droit est une question de politique, comme dans les soi-disant « décisions politiques » de la Cour suprême des États-Unis. Telles sont les décisions formulées par le juge en chef Marshall sur les questions constitutionnelles, qui ont fait de notre gouvernement ce qu'il est. La différence entre « la construction stricte » de la Constitution et la « construction libre » était due à une différence de tempérament qui a toujours tendu à marquer les deux grands partis politiques du pays. Ainsi en est-il des affaires Insular, qui ont déterminé le statut des possessions lointaines des États-Unis et qui ont divisé la Cour suprême en tant de morceaux : la question de savoir si la Constitution s'appliquait dans toute sa plénitude à Porto Rico et aux Philippines était essentiellement une question politique. C'est une question de grande envergure, et donc une question de politique.

Enfin, il y a les arguments politiques qui portent sur des questions de goût et de préférence esthétique. La difficulté de ces arguments est qu'ils traitent effectivement de questions de goût et relèvent donc de la maxime ancienne et incontestable : *de gustibus non est différend* . Les artistes de toutes sortes et certains critiques ont tendance à parler comme si les préférences en matière de couleur, de forme, de styles de musique étaient absolument bonnes et fausses, et comme si elles participaient d'une manière ou d'une autre à la nature des questions morales ; mais quiconque a observé ne serait-ce que vingt ans sait que ce que les architectes d'il y a vingt ans déclaraient être le seul véritable style d'art est maintenant ridiculisé par eux et leurs successeurs comme étant désespérément faux. Les formes rupestres de l'art byzantin ou roman qui ont remplacé

Le gothique en bois a à son tour cédé la place au classique de la Renaissance sous ses diverses formes, qui semblent désormais sur le point de se glisser à leur tour dans le classique rococo de l'École des Beaux Arts. En peinture, l'impressionnisme violent et tacheté d'il y a vingt ans pâlit devant l'étude des lumières froides et tranquilles des Hollandais de la grande époque. [3]Et à chaque étape, il y a des arguments acharnés selon lesquels les idées de ces années de vie particulières sont le seul espoir pour la préservation de l'art concerné.

La difficulté essentielle de tous ces arguments est que les intérêts esthétiques auxquels ils font appel sont personnels et dépendent de préférences personnelles. La plupart d'entre nous, n'ayant aucune connaissance particulière en la matière et aimant une certaine variété de styles différents, cèdent modestement à l'autorité de quiconque fait profession de cet art. Lors de l'aménagement d'un parc, un architecte paysagiste peut préférer les arbres isolés et les espaces ouverts, là où les voisins et les propriétaires préfèrent un bosquet. À la longue, son goût n'est pas meilleur que le leur, même s'il peut argumenter comme s'ils étaient ignorants et incultes parce qu'ils ne sont pas d'accord avec lui. Dans tous ces cas, à moins de tenir compte de l'opportunité pratique, comme laisser souffler le vent du sud-ouest en été, les arguments ne peuvent guère faire autre chose que de mettre et d'entretenir la colère de tout le monde. Leur valeur principale est de nous faire voir des choses auxquelles nous n'avions peut-être pas pensé.

Dans la pratique, ces trois types d'arguments, qui reposent sur des considérations morales, pratiques et esthétiques, ont tendance à se mélanger. L'esprit humain est très complexe et nos divers intérêts et préférences sont indissociables. Les trahisons de l'auto-analyse sont proverbiales et sont seulement moins dangereuses que d'essayer de découvrir les motivations des autres. En conséquence , nous devons nous attendre à constater qu'il est parfois difficile de distinguer les motivations morales et esthétiques des motivations pratiques, car la moralité et le goût d'un peuple donné naissent toujours en partie de la lente cristallisation d'opportunités pratiques, et les notions de moralité changent avec le temps. l'avancée de la civilisation.

En outre, il ne faut jamais oublier qu'un argument politique qui n'implique pas et ne repose pas sur des questions de fait subsidiaires est rare ; et les questions de fait doivent être réglées avant que nous puissions poursuivre l'argumentation politique. Avant que ce pays puisse décider intelligemment du tarif de protection et de la question de savoir si un certain taux de droit devrait être imposé sur un article donné, un ensemble de faits très complexes concernant le coût de production, tant ici qu'à l'étranger, doit être réglé, et cela ne peut être réalisé que par des hommes hautement qualifiés dans les principes des affaires et de l'économie politique. Avant de pouvoir voter intelligemment sur l'introduction d'une forme de gouvernement par commission dans la ville où il vit, il faut connaître les faits sur les lieux où cette forme a déjà été essayée. Il n'est pas exagéré de dire qu'il n'existe aucune question controversée de politique dans laquelle n'entre pas en jeu la nécessité de rechercher et de régler les faits pertinents.

D'un autre côté, il existe des cas de questions de fait dans lesquels nos intérêts pratiques affectent profondément l'opinion que nous portons sur les faits. Dans toutes les discussions de ces dernières années sur la surveillance et le contrôle fédéral des chemins de fer, il a été difficile d'obtenir des faits en raison des déclarations contradictoires faites à leur sujet par des hommes également honnêtes et bien informés. Lorsqu'il existe une honnête différence d'intérêts, comme dans chaque cas de marché, les parties opposées ne peuvent pas voir les faits de la même manière : ce qui est d'une importance cruciale pour le gestionnaire du chemin de fer semble sans grande conséquence pour l'expéditeur ; et le directeur des chemins de fer ne voit pas les lois fixes du commerce qui empêchent le chargeur de payer des tarifs de fret plus élevés et de les ajouter au prix de ses marchandises. Il n'est pas dans la nature humaine de voir toute la force des faits qui plaident en faveur de l'autre camp. Dans tous les débats, il faut donc se rappeler que nous le sommes ; oscillant constamment d'avant en arrière des questions de fait aux questions de politique. En pratique, aucune ligne définitive ne sépare les différentes classes et types ; dans les arguments de la vie réelle , nous les mélangeons naturellement et inconsciemment.

Pourtant, la distinction entre les deux classes principales est réelle, et si l'on n'y a jamais réfléchi, on peut aborder un débat avec une notion floue de ce qu'on tente de faire. Étant donné que les disputes après l'école et l'université sont une question éminemment pratique, le flou dans les objectifs est risqué. C'est l'homme qui voit exactement ce qu'il essaie de faire et sait exactement ce qu'il peut accomplir, qui est susceptible de faire valoir son point de vue. La principale valeur de la rédaction d'arguments pour la pratique réside dans le fait de cultiver un sens aigu de l'essentiel. Rédiger une bonne argumentation signifie, comme nous le verrons, que l'étudiant doit d'abord démonter consciencieusement la question, de manière à connaître exactement les enjeux et les points de divergence inévitables, puis, après avoir recherché les sources d'informations, il examinera attentivement les faits et le raisonnement tant de son côté que de l'autre. S'il accomplit ce travail sans se soustraire à la réflexion , il obtiendra une perception éclairante des obscurités et des ambiguïtés qui se cachent dans les mots, et parviendra à comprendre qu'un raisonnement clair est presque entièrement une question de discrimination plus pointue pour des distinctions inobservées.

DES EXERCICES

1. Trouvez un exemple qui pourrait être considéré comme un argument ou une exposition, et expliquez pourquoi vous pensez que c'est l'un ou l'autre.

2. Trouvez des exemples dans des magazines ou des journaux actuels d'un argument dans lequel la conviction est l'élément principal et dans lequel la persuasion compte le plus.

3. Donnez trois exemples tirés de votre discours de la semaine dernière d'une discussion qui n'était pas un argument au sens où nous utilisons le terme ici.

4. Montrez comment, dans le cas d'un sujet de discussion d'actualité, les arguments différeraient en substance et en ton pour trois publics possibles.

5. Trouvez trois exemples chacun de questions de fait et de questions de politique tirées de journaux ou de magazines actuels.

6. Trouvez trois exemples de questions de fait dans des affaires juridiques, dont pas plus d'un dans une affaire pénale.

7. Trouvez trois exemples de questions de fait en histoire ou en littérature.

8. Trouvez trois questions sur une situation générale issues des discussions politiques actuelles. 9. Trouvez trois exemples de questions de fait en science.

10. Trouvez dans l'histoire des cinquante dernières années trois exemples de questions qui tournaient autour du droit moral.

11. Donnez trois exemples de questions d'opportunité que vous avez entendu débattre au cours de la semaine dernière.

12. Donnez un exemple tiré de décisions judiciaires récentes qui, selon vous, ont trait à une question de politique.

13. Donnez deux exemples de questions de goût esthétique que vous avez récemment entendu débattre.

14. Dans un cas réel qui a été ou qui pourrait être débattu, montrez comment les deux classes d'arguments et plusieurs des types qu'elles contiennent entrent naturellement dans la discussion.

15. Nommez trois sujets dont vous avez discuté récemment et qui ne seraient pas des sujets utiles pour une discussion formelle.

16. Nommez cinq bons sujets d'argumentation dans lesquels vous vous inspireriez principalement de votre expérience personnelle.

17. Nommez cinq sujets dans lesquels vous obtiendriez du matériel en lisant.

18. Nommez cinq sujets qui combineraient votre propre expérience avec la lecture.

19. Trouvez le nombre de mots par page que vous écrivez sur le papier que vous utiliseriez pour un argument écrit. Comptez le nombre de mots dans une page de ce livre ; dans la colonne de la page éditoriale d'un journal.

CHAPITRE II

PLANIFIER L'ARGUMENTATION

10. Préparatifs de la plaidoirie . Une fois que vous avez choisi le sujet de votre argumentation, il vous reste encore beaucoup à faire avant d'être prêt à l'écrire. En premier lieu, vous devez découvrir par la recherche et la lecture ce qu'il y a à dire à la fois pour et contre le point de vue que vous soutenez ; en deuxième lieu, en gardant les faits à l'esprit, vous devez les analyser ainsi que la question pour voir exactement quel est le point sur lequel vous argumentez ; puis, en troisième lieu, vous devez disposer le matériel que vous allez utiliser de manière à ce qu'il soit le plus efficace possible pour votre objectif. Chacune de ces étapes, je les examinerai tour à tour dans ce chapitre.

Pour des raisons de commodité pratique, chaque étudiant devrait créer un cahier dans lequel il pourra conserver toutes les notes qu'il a prises au cours de sa préparation à la rédaction de son argumentation. Numérotez les pages du cahier et laissez les deux premières pages vierges pour une table des matières. Une boîte de cartes, telle que celle qui sera décrite à la page 31, fera également office de cahier et, à certains égards, est plus pratique. De temps en temps, au cours du chapitre, je mentionnerai des points qui méritent d'être notés.

Par souci de commodité dans l'exposé, j'utiliserai comme exemple les préparatifs d'un argument en faveur de l'introduction de la forme de gouvernement par commission dans une ville imaginaire, Wytown ; et chacune des instructions d'utilisation du cahier que j'illustrerai par des entrées appropriées à cet argument. L'argument, supposons, s'adresse aux citoyens du lieu, qui connaissent les faits généraux relatifs à la ville et à son gouvernement. En créant cette ville imaginaire, donnons-lui environ huit mille habitants et supposons qu'elle soit de petite superficie et que les habitants soient principalement des ouvriers d'un certain nombre de grandes usines de chaussures, d'origine américaine, bien que des citoyens nés à l'étranger et leurs la progéniture commence à gagner sur les autres. Et de plus, supposons que cette ville imaginaire de Wytown ait désormais un gouvernement municipal avec un maire aux pouvoirs limités, un petit conseil d'échevins et un conseil municipal plus large. Les autres faits nécessaires apparaîtront dans l'introduction du mémoire.

11. Lecture pour l'argumentation . La première étape pour préparer un argument est de découvrir ce qui a déjà été écrit sur le sujet général et quels faits sont disponibles pour votre propos. Pour cela, vous devez vous rendre dans la meilleure bibliothèque à portée de main. Comment y rechercher du matériel, j'en discuterai quelques pages plus loin ; ici, je ferai quelques suggestions plus générales sur la lecture et la prise de notes.

Il est presque toujours utile de consacrer deux ou trois heures à une lecture préliminaire qui vous fera voir la portée générale du sujet et les points sur lesquels il existe des désaccords. Un article dans une bonne encyclopédie ou dans un magazine peut être utile ; ou dans certains cas, vous pouvez accéder au ou aux deux premiers chapitres d'un livre . Si vous avez déjà discuté du sujet avec d'autres personnes, cette lecture préliminaire n'est peut-être pas nécessaire ; mais si vous commencez à lire sur un nouveau sujet sans avoir une idée générale de sa portée, vous risquez de perdre du temps en ne connaissant pas votre chemin et en suivant ainsi de fausses pistes.

Dans votre lecture, ne vous contentez pas de consulter les autorités de votre propre côté uniquement. Nous verrons tout à l'heure combien il est important d'être prêt à affronter les arguments de l'autre côté ; et à moins que vous n'ayez lu quelque chose de ce côté-là, vous ne saurez pas sur quels points vous devez traiter dans votre réfutation. Dans ce cas, vous pouvez laisser intacts dans l'esprit de vos lecteurs des points qui ont d'autant plus d'importance que vous les avez ignorés. L'une des premières raisons de lire largement en vue de préparer un argument est de vous assurer que vous avez une bonne connaissance de l'autre côté ainsi que du vôtre.

Lorsque vous utilisez vos sources, gardez clairement et constamment à l'esprit la différence entre les faits et les opinions. Les opinions d'un grand érudit et d'un homme d'État clairvoyant peuvent être fondées sur des faits ; mais n'étant pas des faits , ils contiennent un élément d'inférence, qui n'est jamais aussi certain. Lorsque nous aborderons le chapitre suivant , nous examinerons cette différence de plus près. En attendant , il convient de souligner l'importance de cultiver des scrupules sur le sujet et d'être attentif à l'intrusion d'opinions humaines, et donc faillibles, dans les déclarations de faits. Un auteur digne de confiance expose les faits comme des faits, en citant spécifiquement les autorités à leur sujet ; et là où il construit ses propres opinions sur les faits , il ne laisse aucun doute sur le point où finissent les faits et où commence l'opinion.

Le pouvoir d'évaluer un livre ou un article après une inspection superficielle est d'une grande valeur pratique. La table des matières d'un livre, et parfois l'index, donneront une bonne idée de sa portée ; et des échantillons de quelques pages à la fois, notamment sur les points critiques, qui peuvent être choisis au moyen de l'index, montreront son attitude et son ton général. L'index, s'il est correctement établi, fournira un guide sûr quant à sa pertinence pour le but recherché. Une demi-heure passée de cette manière, avec une attention concentrée, déterminera dans la plupart des cas si le livre vaut la peine d'être lu. Un article peut être « évalué » à peu près de la même manière : s'il est bien écrit, les premiers paragraphes donneront une idée assez précise du sujet et de la portée de l'article ; et le début, et souvent la fin, des paragraphes montreront le cours que suit la pensée. Bien qu'un tel survol ne puisse garantir une réelle connaissance du sujet, il constitue un guide inestimable pour cette lecture préliminaire.

12. Prendre des notes. En lisant pour votre argumentation, comme pour toute lecture savante, prenez tôt l'habitude de prendre des notes complètes et utiles. Rien n'est plus tentant que de se rappeler qu'on a rencontré un jour un fait très important et de ne plus pouvoir se rappeler l'endroit où il se trouve.

L'un des moyens les plus pratiques de prendre des notes lors d'un argument est d'écrire chaque fait ou citation sur une carte distincte. Des cartes pratiques à cet effet peuvent être obtenues dans n'importe quelle papeterie universitaire ou bureau de fournitures de bibliothèque. Si vous les utilisez, ayez-en une quantité suffisante, afin de ne pas avoir à mettre plus d'un fait sur chacun. Laissez de l'espace pour un titre en haut qui fera référence à un sous-titre spécifique de votre mémoire, lorsque celui-ci sera prêt. Ajoutez toujours une référence exacte à la source – titre, nom de l'auteur et, dans le cas d'un livre, lieu et date de publication, afin que si vous voulez plus de matériel, vous puissiez le retrouver sans perte de temps, et, de plus, important, afin que vous puissiez renforcer votre utilisation par une référence dans une note de bas de page. Lorsque vous trouvez un passage qui, selon vous, vaudrait la peine d'être cité dans les mots originaux, citez avec une exactitude scrupuleuse et littérale : outre l'autorité que vous gagnez en le faisant, vous n'avez pas le droit de faire dire à quelqu'un d'autre des mots qu'il n'a pas dit . Si vous omettez une partie du passage, montrez l'omission par des points ; et dans un tel cas, si vous devez fournir vos propres mots, comme par exemple un nom à la place d'un pronom, utilisez des crochets, ainsi []. Sur la page suivante, vous trouverez des exemples d'une forme pratique de telles notes.

RÉSULTATS À DES MOINES

Les rues ont été maintenues plus propres que jamais pour 35 000 $. Les tarifs de l'éclairage électrique ont été réduits de 90 $ à 65 $. Les tarifs du gaz ont encore baissé de 22 $ à 17 $. Les tarifs de l'eau ont chuté de 30" à 20" par 1000 gallons. Le quartier peu recommandable a été nettoyé et les requins des obligations chassés des affaires.

Le plan de gouvernement municipal de Des Moines, *World's Work* , Vol . XVIII, P. 11533.

L'AVIS DU PRÉSIDENT ELIOT

"Maintenant, les affaires de la ville sont presque entièrement administratives et exécutives et très peu concernées par de grands projets et une législation de grande envergure.
Il n'y a pas lieu d'avoir deux organes législatifs, ni même un, dans le
gouvernement d'une ville.... Maintenant et alors se pose une question que la volonté du peuple tout entier correctement exprimée peut mieux résoudre ; mais pour l'expression rapide et définitive de cette volonté, l'initiative et le référendum sont désormais des moyens bien reconnus.

CW Eliot, Le gouvernement municipal par moins d'hommes, *World's Work* , Vol. XIV p. 9419.

Pour prendre des notes, que ce soit pour une discussion ou pour un travail universitaire général, il est pratique, à moins que vous ne connaissiez la sténographie, d'avoir un système de signes et d'abréviations et de contractions pour les mots courants. Les symboles abrégés les plus simples peuvent être mis en service ; et l'on peut suivre la pratique de la sténographie, qui était aussi celle de l'écriture hébraïque ancienne, consistant à laisser de côté les voyelles, car il est peu de mots qu'on ne puisse reconnaître d'un seul coup d'œil à leurs consonnes. Si vous utilisez ce système lors de cours , vous pourrez rapidement vous rapprocher étonnamment d'un rapport textuel qui conservera quelque chose de plus que de simples faits.

Dans vos lectures, ne cultivez pas d'habitudes d'économie ou de parcimonie. Vous devriez toujours disposer d'une quantité considérable de faits positifs, car à moins de connaître une grande partie de la région située à la périphérie de votre argument, vous vous sentirez à l'étroit et incertain à l'intérieur de celle-ci. L'effet d'avoir quelque chose en réserve est un atout puissant, bien qu'intangible, dans un argument ; et, d'un autre côté, l'homme qui a vidé son chargeur se trouve dans une situation à risque.

13. Sources de faits . Il existe essentiellement deux types de sources de faits ; les sources dans lesquelles les faits ont déjà été collectés et digérés, et les sources où ils sont encore dispersés et doivent être rassemblés et regroupés par l'enquêteur. Il n'existe évidemment aucune distinction nette ou permanente entre ces deux classes. Passons d'abord en revue quelques-uns des livres qui sont couramment disponibles comme sources de l'une ou l'autre sorte, puis revenons à leur utilisation.

Pour trouver du matériel dans les livres et les magazines, il existe certains guides bien connus. Pour rechercher des livres, consultez d'abord le catalogue de la bibliothèque la plus proche. Ici, dans la plupart des cas, vous trouverez une sorte de catalogue thématique, dans lequel les sujets sont classés par ordre alphabétique ; et si vous pouvez facilement utiliser l'alphabet, comme tous les étudiants ne le peuvent pas, vous pourrez bientôt obtenir une liste des livres disponibles sur le sujet. Sur de nombreux sujets, il existe des bibliographies ou des listes de livres, comme celles publiées par la Bibliothèque du Congrès ; on les trouvera dans toutes les grandes bibliothèques. Pour les articles dans les magazines et les hebdomadaires, qui sur la plupart des questions actuelles contiennent des informations nouvelles, outre une grande quantité de matériel précieux sur des questions plus anciennes, consultez « l'Index de la littérature périodique » de Poole, qui est un index à la fois par titre et par sujet des articles. dans d'importants magazines anglais et américains de 1802 à 1906, ainsi qu'au « Guide du lecteur sur la littérature périodique », qui a débuté en 1901 et comprend d'autres magazines et qui est mis à jour chaque mois.

Pour les autres matériaux, les travaux énumérés ci-dessous seront utilisables ; ce sont les ouvrages de référence les plus connus, et certains d'entre eux se trouvent dans toutes les bibliothèques et tous dans les grandes bibliothèques. Les livres de cette liste n'épuisent en aucun cas le nombre de bons livres de leur genre ; ce sont de bons exemples, et d'autres se trouvent habituellement sur les mêmes étagères qu'eux.

DICTIONNAIRES

LE NOUVEAU DICTIONNAIRE ANGLAIS (MURRAY'S) Inachevé : avoir dix volumes, dont neuf sont maintenant publiés. Celui-ci donne l'histoire de chaque mot au cours des sept cents dernières années, avec de nombreuses citations datées pour montrer les changements dans son usage.

LE DICTIONNAIRE DU SIÈCLE, LA CYCLOPÉDIE DES NOMS ET L'ATLAS Nouvelle édition, 1911, en douze volumes. Celui-ci contient des informations plus complètes sur la signification des mots que celles que l'on trouve habituellement dans un dictionnaire.

LE NOUVEAU DICTIONNAIRE INTERNATIONAL (WEBSTER'S) Nouvelle édition, 1910, augmentée, avec étymologies copieuses et exactes.

THESAURUS DE ROGET DES MOTS ET EXPRESSIONS ANGLAISES Un livre standard de synonymes.

FERNALD, SYNONYMES, ANTONYMES ET PRÉPOSITIONS ANGLAIS Avec illustrations et expositions des différences de sens.

ENCYCLOPÉDIAS

ENCYCLOPAEDIA BRITANNICA Très complète ; fait très autorité; 11e édition, 1910.

NOUVELLE ENCYCLOPÉDIE INTERNATIONALE Briefer ; réédité en 1904.

LA GRANDE ENCYCLOPIDIE; BROCKHAUS, KONVERSATIONS-LEXIKON À la fois copieux et faisant autorité.

ALLUSIONS ET CITATIONS

CONCORDANCE DE CRUDEN Un index de chaque mot de la Bible.

CONCORDANCE DE BARTLETT À SHAKESPEARE Un index de chaque mot de Shakespeare.

CITATIONS FAMILIÈRES DE BARTLETT Un index d'un très grand nombre de citations les plus fréquemment rencontrées.

DICTIONNAIRE DE PHRASES ET DE FABLES DE BREWER Ceci explique une grande quantité d'allusions courantes dans les mots et les phrases.

DICTIONNAIRES DE NOMS PROPRES

CYCLOPÉDIE DE NOMS DU SIÈCLE Cela inclut non seulement les noms de personnes réelles, mais aussi ceux de nombreux personnages célèbres de fiction.

DICTIONNAIRE DE PRONONCIATION UNIVERSEL DE LIPPINCOTT SUR LA BIOGRAPHIE ET LA MYTHOLOGIE

DICTIONNAIRE DE BIOGRAPHIE NATIONALE Édition révisée. Limité à la biographie anglaise et aux personnes décédées au moment de la publication du Supplément (1909). Les articles sont complets et de la plus haute autorité. L'index et le résumé contiennent un résumé pratique des dates et des faits.

CYCLOPÉDIE D'APPLETON DE LA BIOGRAPHIE AMÉRICAINE Six volumes, 1887-1901 ; avec supplément (inachevé), le remettant au goût du jour.

WHO'S WHO Une publication annuelle; Anglais, mais avec quelques noms américains ; personnes vivantes uniquement.

QUI EST QUI EN AMÉRIQUE ; WER IST'S; QUI ÊTES-VOUS Œuvres correspondantes pour l'Amérique, l'Allemagne et la France.

DEBRETT'S PEERAGE Un référentiel d'une grande masse de faits concernant les familles anglaises de distinction historique.

POUR DES FAITS ACTUELS OU HISTORIQUES

LE LIVRE DE L'ANNÉE DE L'ÉTAT Classé par pays ; contient une grande masse de faits ; a une bibliographie à la fin de chaque pays ou état.

L'ALMANAC DU MONDE ; L'ALMANAC DE LA TRIBUNE Exemples d'annuaires publiés par de grands journaux, qui contiennent une masse énorme de faits, principalement américains.

ALMANAC DE WHITAKER Beaucoup d'informations diverses sur l'empire britannique et d'autres pays.

LE REGISTRE ANNUEL ; LE NOUVEL ANNUAIRE INTERNATIONAL ; THE AMERICAN YEARBOOK Ces trois-là donnent des informations sur les événements de l'année précédente.

INDEX DES *Horaires DE LONDRES*

TRAVAUX DIVERS

LE NOUVEAU GAZETTEER DE LIPPINCOTT Un dictionnaire géographique du monde.

L'ATLAS DU SIÈCLE Avec des références classifiées à des lieux.

L'ATLAS DE RÉFÉRENCE PRATIQUE Petit format (octavo) ; un livre très utile pour le bureau ou la table de la bibliothèque.

LE RÉSUMÉ DE L'HISTOIRE UNIVERSELLE DE PLOETZ Un résumé très compact de l'histoire, avec toutes les dates importantes.

NOTES ET REQUÊTES Un périodique consacré aux notes et aux requêtes sur une multitude de faits curieux et insolites ; des volumes d'index annuels sont publiés.

BIBLIOGRAPHIES PUBLIÉES PAR LA BIBLIOTHÈQUE DU CONGRÈS

LES MEILLEURS LIVRES DE SONNENSCHEIN Un guide d'environ cinquante mille des meilleurs livres disponibles dans une grande variété de domaines, classés par sujet.

Familiarisez-vous avec tous ces livres qui sont à votre portée. Prenez l'habitude, lorsque vous disposez de quelques minutes, de les retirer des étagères et de feuilleter les pages pour voir ce qu'elles contiennent. Et chaque fois qu'une question de fait revient dans le discours général, notez-la mentalement, ou mieux, notez-la par écrit, et la prochaine fois que vous irez à la bibliothèque, recherchez-la dans l'un de ces ouvrages de référence. Vous serez surpris de voir, une fois que vous en aurez pris l'habitude, combien de temps il faut pour régler les différends sur la plupart des faits ; et en même temps vous développerez vos connaissances générales.

En apprenant à utiliser ces livres et d'autres, n'oubliez pas la source la plus importante de toutes, le bibliothécaire. Le seul principe directeur de la bibliothéconomie moderne est de rendre les livres utiles ; et tout bibliothécaire prend un plaisir actif à vous montrer comment utiliser les livres dont il a la charge.

En utilisant des livres et des magazines, scrutez le caractère de la source. Est-ce impartial ou partisan ? Son traitement du sujet est-il exhaustif et précis, ou superficiel et superficiel ? L'auteur connaît-il le sujet de première main ou s'appuie-t-il sur d'autres hommes ? Sur de tels points, le deuxième livre ou article sera plus facile à estimer que le premier, et le troisième que le second ; car à chaque nouvelle source, vous avez les précédentes comme base de comparaison. En tout cas, ne vous fiez pas à une seule autorité : aussi autoritaire soit-elle, tôt ou tard, la base étroite de vos opinions se trahira, car un argument qui n'est qu'une reformulation des opinions de quelqu'un d'autre n'aura probablement pas grand- chose . spontanéité.

Dans de nombreux sujets, et surtout ceux d'intérêt nouveau ou local, vous ne trouverez pas les faits rassemblés et assimilés pour vous ; vous devez sortir et ramasser votre propre paille pour fabriquer vos briques. Telles sont la plupart des questions de réforme ou de changement dans les systèmes scolaires ou collégiaux, dans les sports, dans les affaires municipales, bref, la plupart des questions sur lesquelles l'homme moyen, après avoir quitté l'université, est susceptible de débattre.

Pour obtenir des faits décisifs sur de telles questions, il faut s'adresser, dans le cas de sujets locaux, aux journaux, aux rapports des villes et des villages, ou aux documents publiés par les comités intéressés ; pour les questions collégiales, on consulte les rapports des présidents et les catalogues annuels ou catalogues des diplômés, ou peut-être les *Bulletins* ou *Hebdomadaires des*

Diplômés ; pour les questions sportives, vous consultez les archives des journaux quotidiens, ou pour les archives d'ouvrages tels que le *World* ou *la Tribune Almanacs* ; pour les questions scolaires, vous consultez les catalogues scolaires ou les rapports des commissions scolaires. Vous serez surpris de constater le peu de temps que vous consacrez à rassembler des ensembles de faits et de chiffres qui pourraient faire de vous, dans une certaine mesure, une autorité originale sur le sujet dont vous discutez. Il ne faut pas longtemps pour compter quelques centaines de noms, ou pour parcourir les archives d'un journal pendant une semaine ou un mois ; et lorsque vous avez fait une telle enquête, vous obtenez un sentiment de sécurité dans le traitement de votre sujet qui renforcera votre argument. Ici, comme dans les discussions plus larges de la vie ultérieure, la volonté de prendre l'initiative et l'ingéniosité dans la réflexion sur les sources possibles sont ce qui vous fait compter.

De telles sources peuvent souvent être retracées par une enquête personnelle auprès d'hommes qui connaissent le sujet : fonctionnaires municipaux, membres des facultés, directeurs d'écoles. Si vous vous adressez à de telles personnes en espérant qu'elles feront votre travail à votre place, vous n'aurez probablement pas beaucoup de réconfort ; mais si vous êtes vous-même passionné par votre sujet et prêt à travailler, vous obtiendrez souvent non seulement des informations et des conseils précieux, mais parfois aussi l'occasion de consulter des documents inédits. Un jeune homme qui travaille dur et intelligemment est susceptible d'intéresser les hommes plus âgés qui ont fait de même toute leur vie.

DES EXERCICES

1. Nommez celles des sources des pages 34 à 36 qui sont à votre disposition. Faites rapport à la classe sur la portée et le caractère de chacun d'eux. (Le rapport sur différentes sources peut être réparti entre la classe.)

2. Nommez quelques sources de faits relatifs à votre propre école ou collège ; dans votre propre ville ou village ; à votre propre État.

3. Faites un rapport sur les sujets suivants, en cent mots maximum, en nommant la source d'où vous avez obtenu vos informations : la situation et le gouvernement des îles Fidji ; Circé ; l'auteur de « Un homme est un homme pour ça » ; Becky Sharp ; l'âge du président Taft et les fonctions qu'il a occupées ; le début de la carrière de James Madison ; le record amateur américain du demi-mile; le nom de famille de Lord Salisbury et un bref compte rendu de sa carrière ; le salaire du maire de New York ; l'île de Guam : quelques-unes des mesures importantes adoptées par le Congrès lors de la session de 1910-1911. (Cet exercice, un enseignant peut varier indéfiniment en feuilletant les pages des ouvrages de référence accessibles à sa classe ; ou les élèves peuvent être amenés à faire des exercices les uns pour les autres.)

14. Bibliographie . Avant de commencer sérieusement la lecture de votre argumentation, commencez une bibliographie, c'est-à-dire une liste des livres, des articles et des discours qui vous aideront. Cette bibliographie doit être inscrite dans votre cahier, et il est pratique d'y laisser suffisamment d'espace pour séparer les différents types de sources. En faisant votre bibliographie, vous utiliserez certaines des sources qui viennent d'être décrites, en particulier « l'Index de Poole » et le « Guide du lecteur », ainsi que le catalogue thématique de la bibliothèque. Faites vos entrées si complètes que vous puissiez aller immédiatement à la source ; c'est une mauvaise économie que de gagner une minute à copier un titre, puis d'en perdre dix ou quinze à revenir à la source d'où vous l'avez obtenu. Sur de vastes sujets, le nombre de livres et d'articles dépasse de loin les possibilités de la plupart des cours d'argumentation, et vous devez ici exercer votre jugement pour choisir les plus importants. Le nom de l'auteur est dans l'ensemble un guide sûr : si vous trouvez un article ou un livre du président Eliot sur un sujet pédagogique, ou un du président Hadley sur l'économie, ou un du président Jordan sur la zoologie, ou un de l'un des sur la politique universitaire, vous saurez immédiatement que vous ne pouvez pas vous permettre de la négliger. Au fur et à mesure de votre lecture, vous découvrirez bientôt qui font autorité sur des sujets particuliers en notant qui est cité dans le texte et les notes de bas de page. S'il s'agit d'un sujet sur lequel une bibliographie a été publiée soit par la Bibliothèque du Congrès, soit par une autre source, la création de votre propre bibliographie se réduira à une sélection dans cette liste.

Conservez votre bibliographie comme une aide pratique pour vous aider dans une tâche très pratique. Ne le gonflez pas par simple amour de l'accumulation, comme vous pourriez collectionner les timbres. La réalisation de bibliographies exhaustives est un travail pour les érudits avancés ou pour les bibliothécaires adjoints. Pour des raisons pratiques de présentation d'un argument, un nombre très modéré de titres autres que ceux que vous pouvez réellement utiliser vous fourniront suffisamment d'informations.

Carnet. *Inscrivez dans votre cahier les titres de livres, d'articles ou de discours qui portent sur votre sujet et que vous êtes susceptible de pouvoir lire* .

Illustration . Bibliographie pour un argument sur l'introduction d'un gouvernement de commission du type Des Moines à Wytown .

LIVRES

WOODRUFF, CR City Government par commission. New York, 1911. Bibliographie en annexe.

HAMILTON, JJ La détrônation du patron de la ville. New-York, 1910.

DES ARTICLES

Extrait du Guide du lecteur sur la littérature périodique, Vol. II (1905-1909). (Il y a ici trente entrées sous le titre Gouvernement municipal et le sous-titre Gouvernement par commission. Parmi celles-ci, j'omets celles qui traitent des villes du Texas, car elles ne concernent pas directement le plan de Des Moines, et j'en sélectionne sept parmi les plus récentes.)

«Une autre ville pour le gouvernement de commission», *World's Work* , Vol. XVIII (juin 1909), p. 11 639.

"Gouvernement de la ville." *Perspectives* . Vol. XCII (14 août 1909), pages 865-866.

BRADFORD, ES « Commission Government in American Cities », Conférence nationale sur le gouvernement municipal (1909), pp. 217-228.

PEARSON, PM "Commission System of Municipal Government" (bibliographie), Intercollegiate Debates, pp. 461-477.

ALLEN, SB « Des Moines Plan », Conférence nationale sur le gouvernement municipal (1907), pp. 156-165.

« Plan de gouvernement municipal de Des Moines », *World's Work* , Vol. XVIII (mai 1909), p. 11 533.

GOODYEAR, D. « L'exemple de Haverhill », *Independent* , Vol. LXVI (janvier 1909), p. 194.

Extrait du Guide du lecteur (1910). (Sept entrées, parmi lesquelles je sélectionne les suivantes.)

GOODYEAR, D. « L'expérience de Haverhill », *Independent* , Vol. LXVIII (février 1910), p. 415.

« Croissance rapide du gouvernement de commission », *Perspectives* , Vol. XCIV (avril 1910), p. 822.

TURNER, GK « Nouveau gouvernement de la ville américaine », *McClure's* , Vol. XXXV (mai 1910), pages 97-108.

« Organisation du gouvernement municipal », Gouvernement et politique américains ; pages 598 à 602.

15. Planification d'un public défini . Avant de commencer à travailler sur la planification proprement dite de votre argumentation, vous devez encore considérer deux questions préliminaires : les préjugés de votre auditoire et la charge de la preuve ; parmi ceux-ci, le dernier dépend du premier.

Lorsque vous entrez dans la vie active et que vous avez un argument à faire valoir, cette question du public s'imposera à votre attention, car vous ne présenterez pas d'argument à moins de vouloir influencer les opinions qui sont réellement défendues. Lors d'une dispute à l'école ou au collège, vous rencontrez la difficulté que votre argument n'aura dans la plupart des cas aucun effet pratique. Néanmoins, même ici, vous pouvez acquérir une meilleure pratique en vous concentrant sur un groupe de lecteurs qui pourraient être influencés par un argument sur votre sujet et en vous adressant spécifiquement à eux. Vous pouvez difficilement considérer la charge de la preuve ou définir l'espace que vous accorderez aux différents points de votre argumentation sans tenir compte des connaissances actuelles et des préjugés de votre auditoire sur le sujet.

Lorsque la question est vaste et abstraite, le public peut être si général qu'il semble n'avoir aucune caractéristique particulière ; mais si vous réfléchissez aux différences de ton et d'attitude de deux journaux différents lorsqu'ils traitent un sujet local, vous verrez que les lecteurs se séparent toujours en types. Même à une plus grande échelle, on peut dire que le peuple des États-Unis dans son ensemble est optimiste et sûr de lui, et par conséquent insouciant de nombreuses déficiences et imperfections mineures de notre système politique national. Sur bien des questions, le Sud, encore essentiellement agricole, a des intérêts et des prétentions différents de ceux du Nord ; et l'Occident, étant un pays nouveau, est enclin à avoir moins de respect pour les droits acquis de propriété par rapport aux droits des hommes, que les États de l'Est, où la richesse a longtemps été concentrée et héritée.

À mesure que l'on se limite aux questions immédiates ou locales qui constituent les meilleurs sujets de pratique, le rôle joué par le public devient plus évident. La réforme des règles du football en est un bon exemple : il y a quelques années , un public de personnes âgées aurait tenu pour acquis la brutalité du jeu et sa tendance à privilégier le jeu déloyal ; le comité des règles, composé de croyants dans le jeu, a dû être harcelé pendant plusieurs années avant d'apporter les changements qui l'ont tant amélioré. Ainsi, sur des questions d'intérêt local ou municipal, comme l'emplacement d'une nouvelle ligne de tramway ou l'aménagement d'un parc, cela fera une grande différence pour vous que vous écriviez pour des gens qui ont des terrains sur la ligne proposée ou parc, ou pour le corps général des citoyens.

Les différences dans les préférences de votre auditoire et dans sa connaissance du sujet ont donc un effet direct et pratique sur la planification de votre argumentation. Supposons que vous plaidiez en faveur d'un relèvement des normes d'admission dans votre collège ; si votre argument s'adresse à la faculté, vous accorderez peu d'espace pour expliquer quelles sont actuellement ces exigences ; mais si vous envoyez une adresse aux anciens élèves, vous devez leur laisser un peu d'espace pour leur dire clairement et sans détails techniques quelles sont les conditions actuelles et expliquer les changements que vous proposez. Théoriquement, un argument devrait changer de forme et de proportions pour chaque public auquel vous vous adressez. La théorie est peut-être poussée trop loin ; mais dans la pratique de la vie réelle , cela se révélera presque vrai. Avec des publics différents, vous ferez inconsciemment une sélection différente de matériel et vous varierez l'accent mis sur vous, le lieu de votre réfutation et la répartition de votre espace.

Carnet de notes. *Entrez le public pour lequel votre argument pourrait être écrit et notez ce que vous pensez être sa connaissance du sujet et ses prétentions à son égard .*

Illustration . Les citoyens de Wytown . Ils sont convaincus qu'il devrait y avoir un changement dans le gouvernement de la ville ; mais ils ne connaissent pas encore le plan de Des Moines.

DES EXERCICES

1. Apportez en classe des éditoriaux de différents journaux sur le même sujet local et soulignez les différences d'attitude qu'ils adoptent parmi les publics auxquels ils s'adressent.

2. Suggérez trois publics différents possibles pour votre argument et montrez les différences que vous feriez dans votre argument en abordant chacun d'eux.

16. Le fardeau de la preuve . Le principe qui sous-tend la responsabilité du fardeau de la preuve peut être résumé dans l'adage de la common law : *Celui qui affirme doit prouver* .

En droit, ce principe a été élaboré en un sujet vaste et abstrus ; dans les arguments ordinaires où il n'y a pas de juge pour faire des distinctions subtiles, vous devez l'interpréter de la manière la plus large. L'homme moyen manque à la fois de l' intérêt et de la capacité de faire des distinctions précises ; et lorsque vous écrivez pour lui, vous commettriez une erreur si vous vous en teniez aux subtilités concernant la charge de la preuve.

En général, le principe, tel qu'il s'applique aux arguments de la vie quotidienne, implique que tout argument en faveur d'un changement doit accepter la charge de la preuve. Cette application du principe est illustrée dans l'extrait suivant d'un article éditorial paru il y a quelques années dans *The Outlook* , *sur un projet de modification de la loi de New York concernant les garanties de la vivisection.*

La vraie question n'est pas celle des mérites de la vivisection, mais celle des garanties appropriées dont la loi devrait l'entourer.

À l'heure actuelle, la loi de l'État de New York applique aux expériences sur les animaux le même principe qu'elle applique aux opérations chirurgicales sur les hommes, les femmes et les enfants. Il ne tente pas de prescrire les conditions dans lesquelles les expériences ou les opérations doivent être menées ; mais il prescrit les normes d'aptitude que doit respecter toute personne autorisée à pratiquer une intervention chirurgicale et à laquelle doit satisfaire toute personne autorisée à pratiquer une expérimentation animale. Il sanctionne d'une amende ou d'une peine d'emprisonnement, ou les deux, le fait de blesser, de mutiler ou de tuer des animaux de manière injustifiable ; et il confine aux facultés de médecine et aux universités de l'État régulièrement constituées en société l'autorité sous laquelle l'expérimentation animale peut être menée.

La charge de la preuve repose sur ceux qui voudraient que l'État abandonne ce principe et lui substitue celui de prescrire les conditions de l'investigation scientifique. Il leur appartient de prouver, en premier lieu, que la loi actuelle est insuffisante. Il ne suffit pas de produire des avocats qui estiment que la loi n'est pas efficace. Il y a des avocats de la plus haute réputation dans l'État qui déclarent que c'est efficace. Le seul mode de preuve adéquat serait la poursuite d'un abus réel. D'après ce que nous avons pu savoir, un seul cas authentique d'expérimentation prétendument injustifiable a été avancé par les partisans des projets de loi. Cela ne prouve certainement pas que la loi actuelle est inadéquate.

En deuxième lieu, il leur incombe de prouver que les restrictions légales imposées aux méthodes scientifiques ne vicieraient pas les enquêtes et n'entraîneraient donc pas pour les êtres humains de plus grandes souffrances que celles qui seraient autrement infligées aux animaux.

C'est parce que *The Outlook* est convaincu par des preuves accablantes que la pratique de la vivisection n'a pas accru les souffrances mais a plutôt élargi incommensurablement les interventions miséricordieuses de la médecine et de la chirurgie qu'il considère comme une dangereuse ingérence inintelligente dans la vivisection, et préconise le maintien du principe qui sous-tend la loi actuelle de New York.

Ainsi, pour d'autres questions de politique, la charge de la preuve incomberait à quiconque proposerait un changement par rapport à une politique établie de longue date, comme le libre-échange en Angleterre, et, dans une moindre mesure, la protection dans ce pays, du système électif dans de nombreux collèges américains. , la règle amateur dans l'athlétisme scolaire et universitaire.

Il ne faut jamais oublier que la charge de la preuve dépend des préjugés du public et que, sur une même question, elle peut changer en un nombre relativement petit d'années. Il y a dix ans, sur la question de l'élection populaire des sénateurs, la charge reposait clairement sur ceux qui préconisaient une modification de la Constitution. À cette époque (1912), la charge de la preuve a probablement basculé du côté opposé pour la majorité de la population des États-Unis. Dans l'État du Maine, où la prohibition était inscrite dans la constitution de l'État depuis une génération, la charge de la preuve incombait à ceux qui, en 1911, militaient pour son abrogation ; alors que dans le Massachusetts, qui s'en sort bien depuis de nombreuses années grâce à l'option locale et à un nombre élevé de licences, le fardeau pèserait toujours sur ceux qui devraient plaider en faveur d'une interdiction étatique. Dans les débats sur le football il y a quelques années, la charge de la preuve devant un parterre d'athlètes aurait reposé sur ceux qui déclaraient que le jeu devait être modifié ; avec des professeurs d'université et des hommes partageant les mêmes idées, la charge de la preuve aurait incombé à ceux qui défendaient le vieux jeu. Dans chaque cas qui se présente, vous ne pouvez pas faire peser la charge de la preuve avant de savoir si les personnes que vous essayez de convaincre ont des préjugés en la matière : si elles en ont, la charge de la preuve incombe à celui qui tente de changer ces préjugés ; si ce n'est pas le cas, la charge incombe à celui qui propose de changer les points de vue ou les politiques existantes.

Cependant, dans aucun cas, auprès d'un public populaire, il n'est très prudent de s'en remettre à la charge de la preuve ; il est presque toujours préférable d'intervenir et de développer activement l'argumentation de votre propre côté. En argumentation comme en stratégie, passez à l'offensive chaque fois que vous le pouvez.

Carnet . Notez si la charge de la preuve incombe à vous ou à votre encontre, en tenant compte des préférences probables du public que vous avez sélectionné .

Illustration . Dans l'argumentation en faveur de l'introduction de la forme de commission de gouvernement à Wytown , la charge de la preuve incombe à l'affirmative pour montrer que le plan de gouvernement municipal de Des Moines guérira les maux du gouvernement actuel de Wytown . Avec l'audience supposée (voir p. 43), il n'y a aucune charge de preuve affirmative pour établir la nécessité d'un changement.

DES EXERCICES

1. Dans trois sujets que vous pourriez choisir pour votre argumentation, montrez où se situerait la charge de la preuve.

2. Dans le cas de l'un de ces arguments, montrez comment la charge de la preuve pourrait changer avec l'argument.

17. Le mémoire. Lorsque vous avez réglé ces questions préliminaires du public que vous souhaitez convaincre à votre avis et de la façon dont leurs préjugés et leur connaissance du sujet affecteront vos responsabilités en matière de charge de la preuve, vous êtes prêt à commencer à travailler sur le mémoire, comme on appelle le plan d'un argument. Il est préférable de considérer ce mémoire comme un énoncé du cadre logique de l'argumentation que vous construisez dans le but de clarifier votre esprit sur le sujet, et surtout de vous aider à voir comment vous pouvez organiser le plus efficacement possible votre argumentaire. matériel. Il diffère du mémoire habituel dans une affaire de droit en ce que ce dernier est généralement une série d'énoncés compacts de principes juridiques, chacun appuyé par une liste de cas déjà jugés qui portent sur ce principe. Le mémoire que vous allez rédiger maintenant comprendra une *introduction* , qui énonce tous les faits et principes nécessaires à la compréhension du mémoire, et le *mémoire* lui-même, qui consiste en une série de propositions, chacune soutenant votre argument principal, et chacune dans tour à tour pris en charge par d'autres, qui peuvent à nouveau chacun être pris en charge par une autre série. Une telle analyse exposera en détail les processus de votre raisonnement et vous permettra de les critiquer étape par étape pour leur solidité et leur caractère coercitif.

J'expliquerai d'abord les différentes étapes qui entrent dans la réalisation de l'introduction du mémoire ; puis vient la rédaction du brief lui-même.

18. La Proposition. La première étape de l'introduction de votre mémoire consiste à formuler la question ou la proposition (les deux termes sont interchangeables en pratique). Tant que vous n'avez pas cristallisé votre vision du sujet en une proposition sur laquelle vous n'avez rien à discuter. La « forme de gouvernement en commission » est un sujet, mais il n'est pas discutable, car il ne vous donne aucune prise pour affirmer ou nier. « Le gouvernement de la Commission devrait être adopté à Wytown » ou « Le gouvernement de la Commission a amélioré les conditions politiques à Des Moines », sont deux propositions défendables (bien que pas encore assez précises), car il est possible de maintenir soit l'affirmative, soit la négative. l'un d'eux.

La proposition doit être unique. S'il est double, vous avez ce que les juristes appellent « un argument qui louche », c'est-à-dire un argument qui regarde dans deux directions à la fois. Par exemple, la proposition « Un gouvernement de commission serait une bonne chose pour Wytown , mais l'initiative et le référendum sont mauvais en principe » implique deux principes distincts et sans rapport, puisque le gouvernement de commission tel qu'il a été incarné pour la première fois à Galveston n'inclut pas l'initiative et le référendum. . De nombreuses personnes, y compris celles de Galveston et d'autres localités du Texas, accepteraient la première moitié de la proposition et seraient en désaccord avec la seconde moitié. D'un autre côté, « Wytown devrait adopter un gouvernement de commission sur le plan de Des Moines » ne serait pas une double proposition, bien que ce plan comprenne l'initiative et le référendum ; car la proposition pose la question de savoir si le plan doit être adopté ou rejeté dans son ensemble.

Dans certains cas, une proposition peut être grammaticalement composée et pourtant contenir une seule assertion. "Le gouvernement municipal par commissions est plus économique et plus efficace que le gouvernement municipal avec un maire et deux chambres", est en réalité une seule affirmation de la supériorité du système de gouvernement par commissions. Dans ce cas, il n'y a aucun danger d'entrer dans une dispute divisée ; mais même ici, il est plus prudent de réduire la proposition à une seule proposition grammaticalement unique : « Le gouvernement municipal par commission s'est révélé supérieur au gouvernement municipal avec un maire et deux chambres ». Un prédicat entièrement unique est une garantie contre la signification de deux assertions.

La proposition ne doit pas être si abstraite ou vague que vous ne sachiez pas si vous êtes d'accord ou pas avec elle. Macaulay a résumé cette difficulté dans l'un de ses discours au Parlement :

Mon honorable ami ne peut sûrement pas ne pas savoir que rien n'est plus facile que d'écrire un thème pour la sévérité, pour la clémence, pour l'ordre, pour la liberté, pour une vie contemplative, pour une vie active, etc. C'était un exercice courant dans les anciennes écoles de rhétorique que de poser une question abstraite et de haranguer d'abord d'un côté, puis de l'autre. La question : Faut-il apaiser les mécontentements populaires par des concessions ou par la coercition, aurait été un très bon sujet pour un discours de ce genre. Les lieux communs ne manquent pas de part et d'autre. Mais quand nous abordons les véritables affaires de la vie, la valeur de ces lieux communs dépend entièrement des circonstances particulières du cas dont nous discutons. Rien n'est plus facile que d'écrire un traité prouvant qu'il est licite de résister à une tyrannie extrême. Rien n'est plus facile que d'écrire un traité exposant la méchanceté qu'il y a à amener sans raison sur une grande société les misères inséparables de la révolution, de l'effusion de sang, de la spoliation, de l'anarchie. Les deux traités peuvent contenir beaucoup de choses vraies ; mais ni l'un ni l'autre ne nous permettra de décider si une insurrection particulière est ou non justifiable sans un examen attentif des faits. [4]

En d'autres termes, même si le mot « insurrection » semble avoir un sens clair, quand nous en faisons l'un des termes d'un jugement dont l'autre terme est « justifiable », nous constatons que nous ne savons pas si nous sommes d'accord ou non. Les termes de la proposition sont si vagues qu'il ne peut y avoir de consensus. Si nous limitons le sujet à un cas spécifique, l'insurrection au Venezuela ou l'insurrection à Cuba, nous avons alors fait un début pour rendre la proposition défendable. Dans ces cas particuliers, cependant, il serait probablement nécessaire d'aller plus loin et de préciser quelle insurrection au Venezuela ou à Cuba était envisagée, avant que l'Américain moyen soit prêt à affirmer ou à nier. Chaque fois que les termes d'une proposition sont trop vagues pour provoquer une discussion profitable, ils doivent être réduits à un cas spécifique qui entraînera des affirmations et des refus.

Un cas courant où le flou de la proposition conduit à des difficultés dans l'argumentation est décrit dans le passage suivant :

Une forme d'argumentation tout aussi courante, étroitement liée à l'argumentation par analogie, et tout aussi vague, est celle que l'on appelle communément l'objection au bout d'un coin. Nous ne devons pas faire ceci ou cela, dit-on souvent, car si nous le faisions, nous serions logiquement obligés de faire autre chose, qui est manifestement absurde ou erroné. Si nous commençons une fois à suivre une certaine voie, nous ne savons pas où nous pourrons nous arrêter avec une quelconque démonstration de cohérence ; il n'y aurait aucune raison de s'arrêter quelque part en particulier, et nous devrions être conduits, étape par étape, vers des actions ou des opinions que nous sommes tous d'accord pour qualifier d'indésirables ou de fausses.

Car il ne faut pas oublier que dans tous les conflits de ce genre, il y a deux parties qui s'opposent et que ce qui les divise est précisément leur désaccord sur la question de savoir quel principe il s'agit réellement. Ceux qui voient une proposition comme le bout d'un fossé voient toujours le principe comme un principe plus large et plus inclusif que ceux qui font la proposition ; et ce qui leur donne la liberté de le voir ainsi, c'est simplement le fait qu'il reste indéfini. [5]

Comme exemple pratique de cette confusion, considérons l'extrait suivant d'un discours prononcé au Sénat des États-Unis contre l'élection populaire des sénateurs :

Tout étudiant intelligent de la tendance rapide actuelle vers un gouvernement populaire doit voir ce qui se passerait lorsque cette barre sentimentale des

États représentés par deux sénateurs au lieu de par le peuple du Sénat américain serait renversée. L'initiative, le référendum et la révocation ne sont que des symptômes de notre époque. Que le peuple obtienne ce qu'il veut, parce qu'il est le gouvernement, et lui seul, est l'esprit sous-jacent de nos institutions, de nos nouvelles constitutions d'État et de nos lois progressistes. Une agitation habile s'empare de tous les prétextes et saisit et élargit avec empressement chaque occasion de faire appel aux passions pour faire avancer ses objectifs. Le prochain cri sera nécessairement : « Pourquoi ne pas élire la Cour suprême des États-Unis par le vote populaire ? Pourquoi ne pas élire partout le pouvoir judiciaire fédéral par le vote populaire ? [6]

Ici, la proposition : « Que le peuple obtienne ce qu'il veut, parce qu'il est, et lui seul, le gouvernement, est l'esprit sous-jacent de nos institutions, de nos constitutions d'État les plus récentes et de nos lois progressistes », n'est pas seulement obscure dans termes, mais il est totalement vague, car il ne définit pas jusqu'où le parti progressiste propose de pousser le gouvernement populaire direct. Jusqu'à ce que les deux parties soient d'accord sur ce point , elles n'ont rien d'assez précis pour justifier un argument rentable.

Il est surprenant de constater à quelle fréquence cette erreur est commise dans les débats politiques. Il est dans la nature humaine de croire pour le moment que l'autre partie fera la pire chose que les circonstances rendent possible. Heureusement, la nature humaine réfute tout aussi constamment cette erreur.

Pour rendre plus claire cette nécessité d'avoir une proposition précise à argumenter, prenons l'un des sujets suggérés à la page 10, qui n'est pas encore sous une forme susceptible d'être argumentée de manière rentable, et modifions-le. "Les normes d'obtention d'un diplôme dans cette université devraient être relevées", est un sujet qui peut être discuté, mais dans l'état actuel, ce ne serait pas une bonne proposition d'argumentation, car il est vague. De combien faut-il relever la norme ? Par quelle méthode faut-il le relever ? Vous devrez répondre à ces questions et à d'autres avant d'avoir une proposition suffisamment précise pour être argumentée avec profit. La proposition pourrait être rendue suffisamment précise par des amendements tels que les suivants : « Le niveau d'obtention du diplôme de ce collège devrait être relevé en exigeant un huitième d'heures supplémentaires de cours ou de récitation au cours de chacune des quatre années » ; ou : « Le niveau d'obtention du diplôme de ce collège devrait être relevé en augmentant la note de passage dans tous les cours de cinquante pour cent à soixante pour cent » ; ou, "Le niveau d'obtention du diplôme de ce collège devrait être relevé en permettant à aucun étudiant d'obtenir son diplôme s'il est tombé en dessous de soixante pour cent dans un quart de son travail, et n'a pas atteint

quatre-vingts pour cent dans au moins un huitième de son collège. travail."
Dans chacun de ces cas, la proposition est si précise qu'il est possible de
déterminer exactement combien d'étudants seraient concernés. Une
proposition qui implique un ensemble défini de faits est discutable ; celle qui
implique un ensemble de faits indéfinis et incalculables ne l'est pas.

Pour prendre un autre exemple tiré du mémoire que nous allons élaborer
dans ce chapitre, la proposition selon laquelle « Wytown devrait adopter la
forme de gouvernement par commission » n'est pas assez précise, car il existe
diverses formes de gouvernement par commission, comme le plan
Galveston. le plan de Des Moines, et à cette époque une variété considérable
d'autres ; et les citoyens qui sont un tant soit peu exigeants dans leur vote
voudraient savoir exactement laquelle de ces propositions a été proposée à
leur approbation. La proposition devrait donc se limiter à : « Wytown devrait
adopter un gouvernement de commission après le plan de Des Moines ».

La forme exacte de votre proposition ne vous parviendra pas toujours du
premier coup. Il peut facilement arriver que vous ne perceviez pas le
problème exact impliqué dans l'argument jusqu'à ce que vous ayez parcouru
un certain chemin avec les processus d'analyse que nous examinerons dans le
reste de ce chapitre. Tenez-vous toujours prêt à modifier votre proposition,
si vous pouvez ainsi vous rapprocher de la question.

Carnet. *Entrez la proposition exacte que vous souhaitez argumenter.*

Par exemple , Wytown devrait adopter la forme de gouvernement par
commission, sous la forme actuellement en pratique à Des Moines, Iowa.

DES EXERCICES

1. Faites trois propositions défendables sur le sujet « Examens d'entrée à
l'université ».

2. Critiquez les propositions suivantes et modifiez-les, si nécessaire, afin
qu'elles puissent être argumentées avec profit :

un . Les étudiants de première année devraient être tenus de
respecter des horaires raisonnables.

b . Le système d'honneur devrait être introduit partout.

c . Cette ville devrait faire plus pour ses garçons.

d . Les compagnies de tramway de cette ville devraient être
mieux réglementées.

e . Les règles amateurs pour les athlètes universitaires sont
trop strictes.

f. Le football intercollégial est bénéfique.

19. Définition des termes. Définir une proposition est principalement un processus de définition des termes qui s'y trouvent ; mais lorsque ceux-ci sont définis, vous pouvez toujours dans votre argument en utiliser d'autres qui nécessitent également une définition. En général , la définition des termes, qu'ils soient ou non dans la proposition, implique de découvrir exactement ce qu'un terme signifie dans le cadre du présent propos. Presque tous les mots courants sont utilisés à des fins diverses. « Commission », par exemple, même dans le domaine gouvernemental, a deux significations très différentes :

Appliqué à l'administration d'État et nationale, le terme « gouvernement de commission » est utilisé en relation avec la pratique croissante de délégation à des conseils ou commissions administratifs nommés – l'Interstate Commerce Commission, les commissions des chemins de fer d'État, les commissions fiscales, les conseils de contrôle, etc. l'administration de certaines fonctions exécutives spéciales ou spécifiées... Du point de vue de l'organisation, le « gouvernement de commission », tel qu'appliqué à l'État, implique la décentralisation, la délégation et la division de l'autorité et des responsabilités, ainsi que la désintégration du contrôle populaire. Cependant, dans le cadre de l'administration municipale, le gouvernement par commission a une signification très différente. Contrairement à son utilisation en relation avec l'État, il est utilisé pour désigner le type d'organisation le plus concentré et le plus centralisé qui soit encore apparu dans les annales de l'histoire municipale représentative. Dans le cadre du gouvernement dit de commission pour les villes, toute l'administration des affaires de la ville est confiée à un petit conseil ou conseil - une « commission » - élu au sens large et responsable directement devant l'électorat du gouvernement de la ville. [7]

En outre, même le terme « gouvernement de commission pour les villes » n'est pas tout à fait précis, car il existe déjà plusieurs types reconnus de ce type de gouvernement, tels que le type de Galveston, le type de Des Moines et leurs modifications récentes. Si vous plaidez en faveur de l'introduction d'un gouvernement de commission, vous devez donc aller encore plus loin dans vos définitions et préciser les caractéristiques distinctives du plan particulier que vous proposez aux électeurs, comme cela est fait dans la définition de la page 59. En d'autres termes, vous devez préciser exactement le sens du terme dans le cas présent.

Votre première impulsion lorsque vous trouvez un terme à définir peut être de consulter un dictionnaire. Une petite réflexion vous montrera que dans la plupart des cas, vous n'obtiendrez que peu de réconfort si vous le faites. Le but d'un dictionnaire est de donner toutes les significations qu'un mot a eu dans un usage raisonnable ; ce dont vous avez besoin dans un argument, c'est de savoir laquelle de ces significations il a dans le cas présent. Si vous écriviez un argument sur les effets ou la justesse du changement opéré dans la constitution anglaise par la récente réduction du droit de veto de la Chambre des Lords, et que vous vouliez utiliser le mot « révolution », et l'utiliser là où cela est nécessaire. Il était important que vos lecteurs comprennent précisément ce que vous entendiez transmettre, vous ne leur imposeriez pas une définition telle que celle-ci, tirée d'un dictionnaire intégral : « Révolution : un changement fondamental dans l'organisation politique, ou dans un gouvernement ou une constitution ; le renversement ou le renoncement à un gouvernement et le remplacement d'un autre par les gouvernés. Une telle définition ne ferait que remplir votre espace et ne vous laisserait pas plus loin. Un dictionnaire est soigneusement général, car il doit couvrir toutes les significations légitimes possibles du mot ; dans un argument, vous devez être soigneusement précis, pour entraîner vos lecteurs avec vous dans le cas en discussion.

De plus, les mots sont constamment utilisés dans de nouveaux usages, comme dans le cas de « commission » (voir p. 54) ; et d'autres ont des significations locales tout à fait légitimes. Seul un dictionnaire à l'échelle du New English Dictionary et réédité tous les cinq ans pouvait prétendre suivre ces nouveaux usages. Dans un dictionnaire intégral daté de 1907, par exemple, la définition complète du terme « amateur » est la suivante : « Une personne attachée à une activité, une étude ou une science particulière, comme la musique ou la peinture ; spécialement celle qui cultive une étude ou un art quelconque, de goût ou attachement, sans le poursuivre professionnellement. À quoi vous servirait une telle définition si vous plaidiez en faveur du renforcement ou de l'assouplissement des règles amateurs dans l'athlétisme universitaire, dans lequel vous deviez suivre les subtilités du baseball d'été et des remboursements des tables d'entraînement et des frais de déplacement ? Une telle définition est à peine en vue par rapport à l'utilisation du mot qui est le plus souvent dans la bouche des étudiants américains. Les mots signifient ce que des écrivains prudents et reconnus ont utilisé pour signifier ; et le rôle d'un dictionnaire est, dans la mesure du possible, d'enregistrer ces significations. Mais le langage, étant une croissance vivante et en constante évolution, les modifie et les ajoute constamment.

Ce qu'un dictionnaire peut donc pour vous, c'est simplement vous dire si dans le passé le mot a été utilisé avec la signification que vous voulez lui donner ; mais il y a très peu de cas dans lesquels cela vous sera d'une grande aide, car dans un argument votre seul intérêt dans le sens d'un terme est dans le sens de ce terme pour le cas en discussion.

Il existe deux sortes de difficultés très différentes lorsqu'il s'agit de donner la bonne interprétation à une affirmation, et un dictionnaire ne peut en supprimer qu'une seule, et de loin la moins importante. Lorsque vous rencontrez un énoncé contenant un mot inconnu, par exemple le mot « parallaxe », ou « phanérogame », ou « brigantin », et que vous comprenez tout le reste de l'énoncé à l'exception de ce mot, alors, en règle générale, le dictionnaire aidera à clarifier le sens. Mais lorsque la difficulté vient non pas du fait qu'un mot n'est pas familier, mais du fait qu'il est utilisé dans un certain contexte, alors le meilleur dictionnaire du monde n'est, pour vous, d'aucune utilité. La nature de tout dictionnaire est nécessairement telle qu'il laisse entièrement de côté tous les doutes sur le sens qui sont de cette seconde espèce. Tout ce qu'un dictionnaire peut faire est de nous indiquer le sens d'un mot dans les cas où le contexte dans lequel il est utilisé n'est *pas* de nature à rendre le sens douteux. [8]

Dans la pratique, les mots qui nécessitent le plus souvent une définition sont ceux qui sont, pour ainsi dire, des symboles abrégés désignant peut-être un sens très étendu. À moins que les limites de ce sens étendu ne soient clairement indiquées, vous ne pouvez pas dire si l'esprit de vos lecteurs, comme le disent les avocats, court à quatre pattes avec le vôtre ou non. Ce sens étendu peut être de diverses sortes : par exemple, il peut s'agir d'un grand principe général, comme dans le cas de « évolution » ou de « culture » ; ou il peut s'agir d'un système ou d'une pratique générale, comme dans le cas du « gouvernement de commission », du « système d'honneur » ou des « normes élevées pour l'obtention du diplôme » ; ou bien il peut s'agir d'une catégorie générale de choses, de personnes ou d'événements, comme dans le cas d'une « école secondaire », d'un « entraîneur professionnel » ou d'un « meurtre ». Lorsque vous utilisez un tel terme dans un argument, il est essentiel que vos lecteurs aient à l'esprit le même ensemble de détails, de ramifications ou d'instances que vous . A cet effet, vous devez définir le terme ; ou, en d'autres termes, vous devez exposer ou afficher les ramifications et les limites du principe, les détails du système ou de la pratique, ou les types exacts de choses, de personnes ou d'événements que vous avez à l'esprit lorsque vous utilisez le terme . Quelques exemples permettront de clarifier cette signification pratique de la définition.

Parfois la définition procède par limitation minutieuse et spécifique de la signification générale d'un mot, comme dans l'exemple suivant de Bagehot :

> Je dois dire que, sauf explication contraire, j'utilise le mot «tolérance» pour désigner la tolérance par la loi. La tolérance par la société de choses non passibles de sanctions légales est un sujet voisin sur lequel, si j'ai de la place , j'ajouterai quelques mots ; mais pour l'essentiel, je propose de traiter du sujet le plus simple, la tolérance par la loi. Et par tolérance aussi, j'entends, quand on ne dit pas autrement, la tolérance dans l'expression publique des opinions ; la

tolérance des actes et des pratiques est un autre sujet connexe, sur lequel je peux, dans un article comme celui-ci, mais espérer à peine indiquer ce qui me semble être la vérité, et je dois ajouter que je ne traite que de la discussion des doctrines impersonnelles : le droit de la diffamation, qui traite des accusations portées contre des personnes vivantes, est un sujet qui mérite d'être examiné en soi. [2]

Parfois, la définition est plutôt un déploiement et une présentation des implications (du latin *implicare* , intégrer) du terme. Huxley, au début de ses trois « Conférences sur l'évolution », s'assurait, par la définition suivante, que ses auditeurs devaient avoir une idée précise de ce qu'il entendait par le terme « évolution » :

La troisième hypothèse, ou hypothèse de l'évolution, suppose qu'à une époque relativement tardive du temps passé, notre spectateur imaginaire se trouverait confronté à un état de choses très semblable à celui qui existe actuellement ; mais que la ressemblance du passé avec le présent deviendrait graduellement de moins en moins, proportionnellement à l'éloignement de sa période d'observation par rapport au présent ; que la répartition actuelle des montagnes et des plaines, des rivières et des mers, se révélerait être le produit d'un lent processus de changement naturel agissant sur des conditions antérieures de plus en plus différentes de la structure minérale de la terre ; jusqu'à ce qu'enfin, à la place de ce cadre, il ne voie plus qu'une vaste masse nébuleuse, représentant les constituants du soleil et des corps planétaires. Avant les formes de vie qui existent aujourd'hui, notre observateur verrait des animaux et des plantes non identiques à eux, mais semblables à eux ; augmentant leurs différences avec leur antiquité et, en même temps, devenant de plus en plus simples ; jusqu'à ce qu'enfin le monde de la vie ne présente plus que cette matière protoplasmique indifférenciée qui, dans la mesure où nous le savons aujourd'hui, est le fondement commun de toute activité vitale.

L'hypothèse de l'évolution suppose que dans toute cette vaste progression, il n'y aurait aucune rupture de continuité, aucun point où l'on pourrait dire : « Ceci est un processus naturel » et « Ceci n'est pas un processus naturel », mais que l'ensemble pourrait être comparé à ce merveilleux processus de développement que l'on peut voir se dérouler chaque jour sous nos yeux, en vertu duquel naît, de la substance semi-fluide et relativement homogène que nous appelons un œuf, l'organisation compliquée d'un des animaux supérieurs. . Voilà, en quelques mots, ce qu'entend l'hypothèse de l'évolution. <u>dix</u>

Ici, Huxley a exposé, sous une forme compacte, les principales ramifications du grand principe de l'évolution, en donnant à ses auditeurs quelque chose comme une carte schématique de celui-ci avec ses limites et ses principales divisions.

Lorsque vous avez une pratique ou un système à définir, vous aurez plus de chance de le faire en spécifiant les détails principaux et essentiels du système, comme dans la définition suivante du gouvernement de commission pour les villes. On remarquera que cela restreint la signification du terme à quelque chose comme le système de Des Moines, par opposition au plan Galveston.

Selon le Dr Charles W. Eliot, l'un de ses défenseurs les plus actifs, une forme de commission directe de gouvernement municipal nécessite une commission composée de cinq membres élus au sens large, dont l'un est appelé le maire, agissant en tant que président du conseil d'administration. commission, mais sans droit de veto, ni tout autre pouvoir spécial non partagé par les autres membres de la commission. La commission ainsi élue est la source de toute autorité dans la ville, rend toutes les ordonnances, nomme tous les fonctionnaires, perçoit les impôts et fait tous les crédits. Comme l'ont souligné ses partisans, les caractéristiques importantes du plan, en plus de celles déjà mentionnées, sont les suivantes :

Attribution des divisions importantes du gouvernement de la ville aux membres individuels de la commission, ou leur élection par les électeurs, chacun étant directement responsable de la conduite de son département particulier ; une compensation adéquate aux commissaires pour leur temps et leur travail, la ville employant tous les commissaires à un salaire décent, élevant ainsi la dignité du service municipal et en faisant une carrière publique, et non une simple vocation ; régularité, fréquence et publicité des réunions des commissaires ; tous les employés au-dessus de la classe des journaliers sélectionnés à partir de listes éligibles sur la base d'examens, oraux et écrits, soigneusement conçus pour développer le mérite et l'aptitude ; recommandations après examen par une commission indépendante de la fonction publique ; disposition relative au maintien en fonction de tous les salariés ainsi nommés pour bonne conduite ; le pouvoir d'initiative législative réservé au peuple, ce droit étant connu sous le nom d'initiative ; le pouvoir de convoquer au vote public toute mesure adoptée par la commission avant de devenir loi réservée au peuple, c'est ce qu'on appelle le référendum ; le pouvoir de faire à tout moment se présenter à une réélection tout membre de la commission, réservé au peuple, c'est ce qu'on appelle la révocation ;

l'octroi du suffrage public doit toujours être soumis à l'approbation des électeurs.

Il y a deux autres éléments importants : l'introduction du principe du scrutin court et la suppression des circonscriptions électorales. De l'avis mûr des étudiants municipaux, ces éléments sont considérés, avec la concentration des pouvoirs, comme les caractéristiques les plus efficaces du système. [11]

Voici un tableau assez complet de tous les détails essentiels du système que l'auteur de cette définition entendait entendre par le terme de «gouvernement de commission pour les villes».

Lorsque le terme à définir est le nom d'une classe générale, qu'il s'agisse de personnes, de choses ou d'événements, la définition doit indiquer exactement quelles personnes, choses ou événements doivent être inclus sous le terme aux fins présentes. Lincoln a donné un exemple célèbre de ce genre de définition dans l'ouverture de son discours au Cooper Institute, le 27 février 1860. Il a pris pour texte de la première partie de son discours une déclaration du sénateur Douglas.

Dans son discours de l'automne dernier à Columbus, dans l'Ohio, tel que rapporté par le New York *Times*, le sénateur Douglas a déclaré : « Nos pères, lorsqu'ils ont formé le gouvernement sous lequel nous vivons, ont compris cette question aussi bien, et même mieux, que nous. maintenant."

Je l'approuve pleinement et je l'adopte comme texte pour ce discours. Je l'adopte donc parce qu'il fournit un point de départ précis et convenu pour une discussion entre les Républicains et l'aile de la Démocratie dirigée par le sénateur Douglas. Cela laisse simplement la question suivante : quelle était la compréhension que ces pères avaient de la question évoquée ?

Quel est le cadre de gouvernement sous lequel nous vivons ? La réponse doit être : « La Constitution des États-Unis ». Cette Constitution se compose de l'original, rédigé en 1787, et sous lequel le gouvernement actuel est entré en vigueur pour la première fois, et de douze amendements rédigés par la suite, dont les dix premiers ont été rédigés en 1789.

Qui étaient nos pères qui ont rédigé la Constitution ? Je suppose que les « trente-neuf » qui ont signé l'instrument original peuvent être appelés à juste titre nos pères qui ont formé cette partie du gouvernement actuel. Il est presque exact de dire qu'ils l'ont rédigé, et il est tout à fait vrai de dire qu'ils représentaient fidèlement l'opinion et le sentiment de la nation entière à cette époque. Leurs noms étant familiers à presque tous et accessibles à tous, il n'est pas nécessaire de les répéter maintenant. Je considère ces « trente-neuf », pour le moment, comme étant « nos pères qui ont formé le gouvernement sous lequel nous vivons ». Quelle est la question que, selon le texte, ces pères ont comprise « aussi bien et même mieux que nous aujourd'hui » ? La question est la suivante : la séparation appropriée entre l'autorité locale et l'autorité fédérale, ou quoi que ce soit dans la Constitution, interdit-elle à notre gouvernement fédéral de contrôler l'esclavage dans nos territoires fédéraux ?

Sur ce, le sénateur Douglas a un avis affirmatif et les républicains un avis négatif. Cette affirmation et ce déni constituent un problème ; et cette question – cette question – est précisément ce que le texte déclare que nos pères comprenaient « mieux que nous ».

Voyons maintenant si les « trente-neuf », ou l'un d'entre eux, ont jamais agi sur cette question ; et s'ils l'ont fait, comment ils ont agi en conséquence – comment ils ont exprimé cette meilleure compréhension.

Ici, comme on le verra, Lincoln a pris chaque mot et chaque expression importante et a montré exactement quelles personnes et quelles choses y étaient incluses. Puis il a poursuivi son argumentation avec l'assurance que son auditoire et lui suivaient le même chemin.

Les définitions sont quelque peu similaires dans de nombreuses affaires juridiques, où la question est de savoir si les faits convenus dans une affaire relèvent ou non d'un certain terme. La Constitution des États-Unis prévoit que les « impôts directs » doivent être répartis entre les États proportionnellement à leur population, mais n'impose aucune restriction de ce type sur la perception des « droits », des « impôts » et des « taxes ». Ainsi, lorsque le Congrès établit une nouvelle forme d'impôt, comme l'impôt sur le revenu ou l'impôt sur les sociétés, la Cour suprême sera certainement appelée à décider à laquelle de ces grandes classes constitutionnelles il appartient. Dans des affaires telles que les affaires relatives à l'impôt sur le revenu, qui ont statué que l'impôt sur le revenu prévu par la loi de 1904 était inconstitutionnel, et dans les affaires liées à l'impôt sur les sociétés, qui ont confirmé la loi de 1909, tant les arguments des avocats que la décision du tribunal entièrement avec la définition du terme « impôt direct ». Ici, la définition prend la forme d'un examen des cas antérieurs qui impliquaient le terme, pour voir si le cas présent est comme ceux qui ont été considérés comme faisant partie de celui-ci, ou comme ceux qui ont été considérés comme en dehors. De cette comparaison des deux séries de cas ressortent les caractéristiques essentielles de l'impôt direct.

Un bon exemple des distinctions minutieuses qui doivent être faites lors de la définition d'un terme juridique se trouve dans le célèbre argument de Daniel Webster dans l'affaire du meurtre de White, dont un extrait sera trouvé ci-dessous. La question ici est de savoir jusqu'où il faut étendre le terme « meurtre ».

Il existe deux sortes de meurtres ; Il est essentiel de garder à l'esprit la distinction entre eux : (1) meurtre dans une bagarre ou sur provocation soudaine et inattendue ; (2) meurtre en secret, avec une intention délibérée et prédéterminée de commettre le crime. Dans la première classe, la question est généralement de savoir s'il s'agit d'un meurtre ou d'un homicide involontaire, chez la personne qui commet l'acte. Dans la deuxième classe, il s'agit souvent de savoir si d'autres que celui qui a effectivement commis l'acte étaient présents, aidant et assistant. Les délits de ce genre se produisent ordinairement lorsqu'il n'y a personne, sauf ceux qui suivent le même plan. S'il y a une émeute dans le palais de justice et que quelqu'un en tue un autre, cela peut être un meurtre ou non, selon l'intention avec laquelle cela a été commis ; ce qui est toujours un fait, à déterminer à partir des circonstances du moment. Mais dans les meurtres secrets, prémédités et déterminés, l'intention meurtrière ne peut faire aucun doute ; il ne peut y avoir aucun doute si une personne est présente, sachant qu'un meurtre va être commis, qu'elle concoure à l'acte. Sa présence là-bas est une preuve de son intention d'aider et d'encourager ; sinon, pourquoi est-il là ?

On a soutenu qu'il fallait prouver que la personne accusée avait effectivement apporté son aide, avait contribué au meurtre lui-même ; et sans cette preuve, bien qu'il puisse être à proximité , il peut être présumé être là dans un but innocent ; il s'y est peut-être glissé silencieusement pour entendre les nouvelles, ou par simple curiosité pour voir ce qui se passait. Absurde, absurde ! Une telle idée choque tout bon sens. Un homme est reconnu coupable de complot en vue de commettre un meurtre ; il l'a prévu ; il a aidé à arranger le temps, le lieu et les moyens ; et on le trouve à l'endroit et à ce moment-là, et pourtant il est suggéré qu'il aurait pu être là, non pas pour coopération et concurrence, mais par curiosité ! Un tel argument ne mérite aucune réponse. Il serait difficile de lui en attribuer un, en termes convenables. Ne faut-il pas tenir pour acquis qu'un homme cherche à accomplir ses propres desseins ? Lorsqu'il a projeté un meurtre et qu'il assiste à son exécution, est-il là pour faire avancer ou contrecarrer son propre dessein ? Est-il là pour aider ou pour empêcher ? Mais « curiosité » ! Il est peut-être là par simple « curiosité » ! Curiosité d'assister au succès de l'exécution de son propre plan d'assassinat ! Les murs mêmes d'un palais de justice ne devraient pas tenir debout, le soc devrait traverser le sol sur lequel il repose, là où un tel argument pourrait être toléré.

Il n'est pas nécessaire que le complice donne effectivement un coup de main, qu'il participe à l'acte lui-même ; s'il est présent et prêt à aider, c'est une assistance... La loi veut qu'être prêt à aider signifie une assistance, si la partie a le pouvoir d'aider, en cas de besoin. C'est ce que déclare Foster, qui est une haute autorité. « Si A se trouve présent à un meurtre, par exemple, et n'y prend pas part, ni ne s'efforce de l'empêcher, ni n'appréhende le meurtrier, ni ne lève des cris après lui, son comportement étrange, bien que hautement criminel, ne le rendra ni principal ni accessoire. "Mais si un fait équivalant à un meurtre devait être commis dans la poursuite d'un dessein illégal, même s'il ne s'agissait que d'une simple intrusion, à laquelle A dans le cas mentionné en dernier avait consenti, et il était allé apporter son aide, si besoin était , pour l'avoir exécuté, cela aurait équivalé à un meurtre en lui et en toute personne présente et se joignant à lui. "Si le fait a été commis dans la poursuite du but initial qui était illégal, toute la partie sera impliquée dans la culpabilité de celui qui a donné le coup. Car dans des combinaisons de ce genre, le coup mortel, bien que donné par l'un des parties , , est considéré aux yeux de la loi, et de la bonne raison aussi, tel que donné par chaque individu présent et complice. La personne qui donne réellement le coup n'est rien de plus que la main ou l'instrument avec lequel les autres frappent. L'auteur, en parlant d'être présent, veut dire présence réelle ; pas réel par opposition à constructif, car la loi ne connaît pas une telle distinction. Il n'y a qu'une seule présence, et c'est la situation à partir de laquelle l'aide, ou l'aide supposée, peut être apportée. La loi ne dit pas où la personne doit aller, ni à quelle distance elle doit s'approcher, mais qu'elle doit se trouver là où elle peut apporter son aide, ou là où l'auteur du crime peut croire qu'elle peut l'aider. Supposons qu'il connaisse le dessein du meurtrier, qu'il connaisse le moment où il doit être exécuté et qu'il sorte pour porter secours, si nécessaire ; pourquoi donc, même si le meurtrier ne le sait pas, celui qui sort ainsi sera complice du meurtre.

20. Définition à travers l'historique de l'affaire. Dans certains cas , le moyen le plus simple de présenter à vos lecteurs les détails précis ou les limitations impliquées dans un terme consiste à passer en revue brièvement l'historique de la question. Dans les débats Lincoln-Douglas, Lincoln ne cessait de montrer que l'utilisation par Douglas du terme « souveraineté populaire » devait être comprise à la lumière de toute l'histoire de la question de l'esclavage ; que cela signifiait une chose – ce que Douglas voulait dire – si l'histoire de la question avant 1850 était laissée de côté ; mais que cela signifiait une tout autre chose si l'on prenait en compte l'empiétement constant du pouvoir esclavagiste à partir du compromis du Missouri de 1820. Et Lincoln a montré qu'en réalité la « souveraineté populaire » en était venue à signifier le pouvoir de la population d'un territoire d'introduire l'esclavage, mais non de l'exclure. [12] De nos jours, « progressiste » a un sens différent lorsqu'il est appliqué à un républicain du Kansas et à un républicain du Massachusetts ou de New York. Pour savoir exactement ce qu'implique l'application de ce terme à un homme public donné, il faut remonter à l'histoire récente de son parti dans son propre État et aux discours qu'il a prononcés. Dans les débats politiques, les expressions populaires perdent constamment leur sens parce qu'elles sont utilisées comme mots-clés du parti ; et pour les utiliser avec certitude dans un argument, il faut donc remonter à leur origine, puis disséquer, pour ainsi dire, les implications ambiguës qui les ont donnés.

Si vous débattiez d'une question concernant le système d'élections ou les conditions d'admission dans votre propre collège, vous feriez souvent bien d'esquisser l'histoire du système actuel afin de le définir, avant de demander instamment qu'il soit modifié ou conservé tel quel. Ainsi, si vous plaidiez en faveur d'un nouveau changement dans les règles du football, votre meilleure définition du jeu actuel serait, pour votre propos, une esquisse de la manière dont le jeu a été modifié au cours des dernières années, à la demande urgente du public. avis. Vous pourriez facilement obtenir un tel croquis en parcourant les anciens numéros d'un magazine tel que *Outing* ou les chroniques sportives de certains des plus grands hebdomadaires. Ou encore, si vous souteniez que les réseaux de tramways de votre ville devraient pouvoir se combiner, votre meilleure description ou définition de la situation actuelle pourrait bien être une esquisse des étapes successives par lesquelles elle est devenue ce qu'elle est. Ici, vous iriez chercher votre matériel dans les archives des journaux locaux ou, si vous pouviez y accéder, dans des séries de rapports des compagnies de chemin de fer.

La définition des termes à travers l'histoire de la question présente l'avantage que, en plus d'aider vos lecteurs à comprendre pourquoi les termes que vous utilisez ont le sens que vous leur donnez pour le cas présent, elle les rend également de meilleurs juges de la question en leur donnant une fond complet.

Les définitions ambiguës, qui ne font pas de distinction entre deux ou plusieurs sens d'un terme pour le cas en discussion, sont généralement évitées en remontant à l'historique du cas. Au chapitre III, nous examinerons plus en détail les erreurs qui découlent de l'utilisation ambiguë des mots. J'insisterai ici brièvement sur la nécessité de rechercher la manière dont les termes ont fini par être utilisés dans des discussions spécifiques.

Le premier d'entre eux est le danger qui surgit lorsqu'un mot d'usage général prend une signification particulière, presque technique, en relation avec un sujet particulier. Ici, vous devez prendre soin de veiller à ce que vos lecteurs le comprennent dans le sens spécial et non dans le sens populaire. Un exemple grossier, dans lequel il y a peu de possibilité réelle de confusion, est l'utilisation de mots comme « démocrate » ou « républicain » pour nommer des partis politiques ; même avec ces mots, les locuteurs de souche tentent parfois de jouer sur les sentiments d'un public non instruit en important l'association de l'usage original du mot dans son usage ultérieur. Il existe de nombreux mots utilisés dans l'étude scientifique du gouvernement qui sont également utilisés de manière vague dans le discours général. « Fédéral » a un sens précis lorsqu'il est utilisé pour distinguer la forme de gouvernement des

États-Unis de celle qui lie habituellement les comtés d'un État ; mais nous l'utilisons constamment dans un sens difficilement distinguable de celui de « National ». L'extrait suivant d'un éditorial sur la question philippine illustre bien cet usage précis et semi-technique des mots, et cet usage vague et peu précis du langage courant :

D'un autre côté, on dit que cette politique des États-Unis à l'égard de leurs dépendances n'est pas sincère ; qu'il s'agit d'un plan secret d'exploitation ; que, tel qu'il est pratiqué, c'est un démenti en acte d'une simple promesse faite à l'oreille ; et que si cela était authentique, les États-Unis accorderaient l'autonomie gouvernementale à leurs dépendances en accordant l'indépendance.

Cette critique repose évidemment sur une confusion entre indépendance et autonomie gouvernementale. La Russie est indépendante, mais son peuple n'est autonome que dans une très faible mesure. La Turquie est indépendante depuis longtemps, mais jusqu'à la récente révolution, le peuple turc n'était en aucun cas autonome. D'un autre côté, le Canada, même s'il n'est pas indépendant, est autonome. [13]

De nombreux arguments échouent à cause de la négligence dans l'utilisation de mots de ce genre. Partout où le sujet en discussion est devenu partiellement propriétaire d'un domaine particulier, mais utilise encore des mots tirés de la vie quotidienne, vous devez veiller à ce que non seulement vous, mais aussi votre public, compreniez vos termes de manière plus précise.

Étroitement liée à ce type d'ambiguïté, et en pratique encore plus insidieuse, est l'ambiguïté qui naît de la connotation ou des implications émotionnelles des mots. L'emploi des mots « républicain » et « démocrate » cité plus haut aboutit à ce genre de confusion. Dans l'athlétisme collégial, le terme « professionnel » en est venu à avoir presque une implication d'infériorité morale, alors qu'il dépend souvent de considérations d'opportunité assez techniques. En politique, pour une classe de tempéraments « conservateurs », pour une autre « radicale », ou en tout cas « libérale » ou « progressiste », cela implique le salut ou la ruine du pays. Tous ces mots introduisent un certain élément d'obscurité et de confusion dans un argument. Si un mot émeut vos sentiments d'une manière et ceux de certains de vos lecteurs d'une autre, vous ne pouvez pas utiliser ce mot en toute sécurité ; Malgré les définitions et les avertissements les plus minutieux, les préjugés émotionnels s'insinueront et déformeront l'effet de vos mots dans l'esprit de certains membres de votre public. Cette ambiguïté émotionnelle est la plus insidieuse de toutes les ambiguïtés dans l'usage des mots. Le danger en est si réel que j'y reviendrai plus longuement (voir p. 158).

Dans de nombreux cas, la nécessité de définir les termes à utiliser, que ce soit dans la proposition elle-même ou dans l'argumentation, change avec le public. Si vous lancez un mouvement visant à introduire une forme de gouvernement par commission dans la ville ou la cité dans laquelle vous vivez, vous devrez d'abord répéter la définition du gouvernement par commission un bon nombre de fois, afin que la plupart des électeurs sachent exactement ce que vous voulez qu'ils fassent. Cependant, si la ville se réveille un jour et s'y intéresse, vous et tous les autres utiliserez des détails techniques tels que le « plan Galveston », le « plan Des Moines », le « rappel », « l'initiative », etc., sans aucun danger de laissant les ténèbres là où devrait être la lumière.

C'est encore plus évident pour les questions d'école et de collège : si vous envoyez des mémoires demandant l'introduction du système d'honneur ou de l'autonomie gouvernementale des étudiants, un aux administrateurs de votre collège et un autre à la faculté, et en même temps adressant un faites appel à vos camarades étudiants par le biais d'un article universitaire, dans chacun des trois cas, vos définitions peuvent différer. Vous pourriez probablement supposer que les étudiants et les professeurs seraient plus ou moins familiers avec la question, de sorte que vos définitions ressembleraient à des spécifications précises du plan que vous préconisiez. Avec les administrateurs, vos définitions devraient probablement être plus longues et vos explications plus détaillées, car un tel organisme ne disposerait au départ que d'une vague connaissance de la situation.

Comme dans toutes les autres étapes de l'argumentation, il n'existe pas de formule pour tous les cas lors de la définition. Dans chaque cas, votre connaissance de votre public doit vous guider, ainsi que votre propre sagacité. Des définitions inutiles leur feront penser que vous êtes un connard ; une définition insuffisante les fera s'éloigner de votre sens.

Carnet de notes. *Entrez tous les termes qui nécessitent une définition pour le public auquel vous vous adressez .*

Illustration . *Forme de gouvernement en commission après le plan Des Mouses. Les caractéristiques essentielles de ce plan sont les suivantes : L'ensemble des affaires de la ville est dirigé par un maire et quatre conseillers, élus en général pour deux ans ; ils sont nommés lors d'une élection primaire ; Ni lors des élections primaires ni finales, les désignations de partis ne sont autorisées sur le bulletin de vote ; ces officiers sont sujets au rappel ; le maire est président du conseil, mais n'a pas de droit de veto ; les pouvoirs exécutifs et administratifs sont répartis en cinq départements, chacun sous la charge d'un membre du conseil : (1) les affaires publiques (sous la charge du maire), (2) la comptabilité et les finances, (3) la sécurité publique, (4) les rues et aménagements publics, (5) les parcs et propriétés publiques; tous les autres postes sont pourvus et leurs fonctions prescrites par vote majoritaire du conseil ; rappel; l'octroi de franchises doit être approuvé par le vote populaire ; initiative et référendum; un résumé des affaires de la ville doit être publié et distribué une fois par mois.*

Rappelons que , à la demande de vingt-cinq pour cent des électeurs lors de la dernière élection, le maire ou l'un des conseillers doit se présenter à une réélection lors d'une élection spéciale.

Référendum . Sur requête de vingt-cinq pour cent des électeurs, toute ordonnance doit être soumise au vote populaire lors d'une élection spéciale ; aucune ordonnance n'entre en vigueur avant dix jours après avoir été votée par le conseil.

Initiative . Sur requête de vingt-cinq pour cent des électeurs, un projet de mesure doit être soit adopté par le conseil, soit soumis au vote populaire.

TROUVER LES PROBLÈMES

DES EXERCICES

1. Rédiger des définitions du système de choix d'études par les étudiants de premier cycle en vigueur dans votre collège ; des modalités d'admission au collège; des exigences du diplôme.

2. Rédigez une description ou une définition compacte de la forme de gouvernement municipal dans votre propre ville ou village, comme celle du plan de gouvernement par commission de Des Moines à la page 70.

3. Rédigez une définition des conditions d'entrée en anglais, conformément à celles énoncées par la Conférence sur les conditions d'entrée uniformes en anglais.

4. Rédigez une définition du système actuel des sociétés universitaires dans votre propre collège, en utilisant l'histoire de leur développement, pour vos camarades ; pour un article dans un magazine populaire.

5. Rédiger une définition du « baseball d'été » pour un public d'étudiants de premier cycle ; pour les administrateurs de votre collège.

6. Écrivez une définition de « coach professionnel ».

7. Écrivez une définition de la « souveraineté des squatteurs », telle qu'utilisée par Lincoln.

8. Écrivez une définition de « la théorie de la mutation ».

9. Écrivez une définition du « système de gouvernement anglais ».

10. Écrivez une définition de « l'esprit romantique dans la littérature ».

21. Trouver les problèmes. Votre préparation à votre argumentation aurait dû maintenant vous donner une idée claire des intérêts et des prétentions de vos lecteurs, elle aurait dû vous laisser une proposition précise à soutenir ou à opposer, et elle aurait dû vous assurer de la signification de tous les termes. vous devez utiliser, que ce soit dans la proposition ou dans votre argument. La prochaine étape dans l'élaboration de l'introduction de votre mémoire consiste à noter les principaux points qui peuvent être soulignés des deux côtés de la question, en préparation directe à l'étape finale, qui consistera à trouver les principaux problèmes. Ces questions principales sont les points sur lesquels reposera la décision de toute la question. Leur nombre variera selon les cas et, dans une certaine mesure, selon l'espace dont vous disposez pour votre argumentation. Dans une question de fait qui repose sur des preuves circonstancielles, il peut y en avoir plusieurs. Dans l'affaire du meurtre de White, dans laquelle, comme nous l'avons déjà vu, Webster était l'avocat principal de l'accusation, il a résumé les principaux problèmes dans le passage suivant. Les faits essentiels nécessaires pour comprendre l'affaire sont que l'accusé était Franklin Knapp, que sa belle-sœur, Mme Joseph Knapp, était la nièce du capitaine White, qu'en supprimant et en détruisant le testament du capitaine White, l'accusé et son Le frère Joseph supposait qu'ils s'étaient assurés qu'elle hériterait de lui d'une grosse somme d'argent et que Richard Crowninshield , le véritable auteur du meurtre, s'était suicidé en prison. Pour convaincre le jury de la culpabilité du prisonnier, Webster a dû les emmener avec lui sur les sept questions principales suivantes :

Messieurs, j'ai examiné les preuves dans cette affaire et je me suis efforcé de les exposer clairement et équitablement devant vous. Je pense qu'il y a des conclusions à en tirer dont vous ne pouvez pas douter de l'exactitude.

Je pense que vous ne pouvez pas douter qu'il y ait eu une conspiration formée dans le but de commettre ce meurtre, et qui étaient les conspirateurs :

Que vous ne pouvez pas douter que les Crowninshield et les Knapp aient été parties prenantes à cette conspiration :

Que vous ne pouvez douter que le détenu à la barre savait que le meurtre allait avoir lieu dans la nuit du 6 avril :

Que vous ne pouvez pas douter que les meurtriers du capitaine White soient les personnes suspectes aperçues dans et aux alentours de Brown Street cette nuit-là :

Que vous ne pouvez pas douter que Richard Crowninshield soit l'auteur de ce crime :

Que vous ne pouvez pas douter que le prisonnier au bar se trouvait dans Brown Street cette nuit-là.

Si c'est le cas, alors ce doit être par accord, pour approuver, pour aider l'auteur du crime. Et si c'est le cas, alors il est coupable en tant que « Principal ».

De même, dans la plupart des arguments politiques, un certain nombre de considérations convergent en faveur ou contre la politique proposée. Si vous écriviez un argument en faveur du maintien de l'étude du latin dans le cursus commercial d'un lycée, vous diriez probablement que le latin est essentiel à une connaissance efficace de l'anglais, qu'il est le fondement de l'espagnol et du français, langues qui revêtira une importance sans cesse croissante pour les hommes d'affaires américains à l'avenir, et que les jeunes hommes et femmes qui se lancent dans les affaires auront un droit encore plus fort à des études qui élargiront leurs horizons et ouvriront leur esprit à des influences purement agricoles que ceux qui poursuivent leurs études. collège. En fait, dans très peu de questions de politique suffisamment douteuses pour nécessiter un débat, il existe une seule considération sur laquelle reposera toute l'affaire. Les affaires humaines sont très compliquées par des intérêts croisés, et de nombreuses influences modifient même les décisions quotidiennes.

Trouver les questions principales – qui sont en réalité les questions critiques sur lesquelles votre public se prononcera – est en grande partie une question de sagacité et de pénétration natives ; mais une connaissance approfondie de l'ensemble de votre sujet est essentielle si vous voulez frapper infailliblement au cœur du sujet et en repérer les points essentiels.

Un moyen simple et très pratique pour aborder les principales questions consiste à mettre sur papier les principaux arguments qui pourraient être avancés par les deux parties. Ensuite, avec ces éléments devant vous, vous pourrez bientôt, en les énonçant et en les réorganisant, résumer votre cas sous une forme défendable.

Dans l'argumentation sur l'introduction d'une forme de gouvernement par commission à Wytown , cette note des principaux points qui pourraient être défendus par les deux côtés serait à peu près la suivante :

Conflits des deux côtés. En cas de réponse affirmative, les points suivants pourraient être soulignés :

1. Le plan rendrait les individus qui détiennent le pouvoir directement responsables à tout moment envers les citoyens.

2. Cela permettrait de retracer facilement la responsabilité de toutes les actions municipales.

3. Cela permettrait à des hommes plus compétents de servir la ville.

4. Cela retirerait le gouvernement municipal de la politique.

5. Cela obligerait l'administration municipale à respecter les mêmes normes d'honnêteté et d'efficacité que les entreprises privées.

6. Cela rendrait difficile l'élection de représentants d'intérêts corrompus.

7. Cela permettrait des relations avantageuses avec les entreprises de service public.

8. Cela permettrait la destitution immédiate d'un fonctionnaire infidèle.

9. Cela tendrait à intéresser intelligemment les citoyens aux affaires municipales.

10. Cela a bien fonctionné partout où cela a été essayé.

Du côté négatif, les points suivants pourraient être soulignés :

1. Le plan s'écarte complètement de la théorie américaine traditionnelle du gouvernement.

2. Cela fait perdre une chance de formation aux affaires publiques à un nombre considérable de jeunes hommes.

3. Cela pourrait mettre un très grand pouvoir entre les mains d'hommes indignes.

4. Les intérêts corrompus, ayant des enjeux plus importants, travailleraient plus dur pour contrôler la ville.

5. L'expérience passée ne permet pas d'espérer l'intérêt constant des citoyens, nécessaire pour assurer la sécurité d'une si grande concentration du pouvoir.

6. Avec une nouvelle augmentation de la population étrangère dans la ville, le danger de clanisme racial et religieux apparaîtra.

7. Un retour au gouvernement municipal à l'ancienne mode, ou à une modification de celui-ci, comme celle qui a été tentée à Newport, susciterait l'intérêt actif d'un plus grand nombre de citoyens.

8. Le système est encore une expérience.

9. Le succès actuel du plan dans diverses régions doit en grande partie à sa nouveauté.

10. Le système actuel a permis dans le passé d'assurer une bonne gouvernance.

11. La possibilité de révocation empêchera les agents publics de lancer des politiques avantageuses si elles seraient préjudiciables à une partie de la ville ou si elles seraient impopulaires en raison de leur nouveauté.

Dans la plupart des cas, comme ici, vous aurez trop de points à discuter dans l'espace dont vous disposez. Quinze cent ou deux mille mots sont très vite consommés lorsque vous commencez à exposer des preuves en détail, et les arguments écrits à l'école ou au collège peuvent rarement être plus longs. Vous ne devez donc pas vous attendre à plus de quatre ou cinq questions principales. En reprenant et en comparant les points que vous avez notés dans cette déclaration préliminaire, vous devez donc être prêt à écarter tout ce qui n'est pas manifestement important. Même lorsque vous aurez fait cela, il vous restera généralement plus qu'assez de points pour remplir votre espace, et vous devrez prendre des décisions serrées avant d'arriver à celles que vous déciderez finalement de contester.

Vous devez également être prêt à reformuler et à reformuler certains points afin d'aborder les aspects les plus importants de l'affaire. Cette notation des points qui pourraient être invoqués, vous devez donc la considérer entièrement comme une étape préliminaire et non comme une fixation des points dans la forme dans laquelle vous les argumenterez.

Dans les principales questions de l'argumentation sur l'introduction du gouvernement de commission à Wytown , telles qu'elles sont développées ci-dessous, on verra que la question principale 4 pour l'affirmative découle en partie des points marqués 1, 2, 6 et 8 de ceux-ci. pour l'affirmatif, et ceux marqués 3, 4 et 5 pour le négatif.

En outre, il est évident que les principales questions que vous choisirez varieront quelque peu selon le côté de la question que vous défendez. Vous devrez presque sûrement laisser de côté certains des points qui pourraient être invoqués, et cela n'a aucun sens de laisser l'autre partie choisir votre terrain à votre place. Des points qui, d'un côté, peuvent être sans grande importance, ou peu pratiques à argumenter, peuvent, de l'autre, être très efficaces ; et en discutant, vous devez toujours tirer parti de l'avantage que l'on peut raisonnablement tirer de votre position.

La formulation des principales questions variera également selon le camp avec lequel vous les défendez. Ici encore, vous devez profiter de tous les avantages équitables que vous pouvez tirer de votre position. Dans les principaux points de la question que j'ai utilisés comme exemple, tels qu'ils sont indiqués ci-dessous, on verra que le point principal 1 sur l'affirmative et le point principal 3 sur le négatif couvrent à peu près le même motif ; mais si vous argumentiez par l'affirmative, vous attireriez l'attention sur les défauts inhérents au système de gouvernement, si vous raisonniez par la négative, sur leurs causes temporaires et amovibles. Quel que soit le côté sur lequel vous argumentez, il n'y a aucune raison pour que vous perdiez l'avantage de formuler le problème de manière à pouvoir passer directement à votre travail d'établissement de votre argument.

Dans l'argumentation sur l'introduction d'un gouvernement de commission à Wytown , les principaux problèmes pourraient être les suivants :

Les principales questions choisies par l'affirmative :

1. L'inefficacité reconnue du gouvernement municipal à l'heure actuelle est-elle due au système de gouvernement ?

2. L'adoption du plan entraînera-t-elle une administration plus économique ?

3. L'adoption du plan se traduira-t-elle par un service plus efficace à la ville ?

4. La responsabilité directe du maire et des conseillers envers les citoyens constituera-t-elle une garantie suffisante pour le pouvoir accru qui leur est accordé ?

Les principales questions choisies par la négative :

1. Y a-t-il un danger à confier des pouvoirs aussi vastes à si peu d'hommes ?

2. Le nouveau plan, s'il est adopté, élèvera-t-il de manière permanente le niveau des fonctionnaires ?

3. L'inefficacité actuelle du gouvernement municipal est-elle due à des causes temporaires et remédiables ?

4. Le plan a-t-il réussi ailleurs en grande partie grâce à sa nouveauté ?

5. La possibilité de révocation empêchera-t-elle les responsables de lancer de nouvelles politiques par crainte de l'impopularité ?

Dans certains cas, il sera difficile de réduire le nombre de problèmes à un nombre gérable ; dans d'autres, pour des raisons particulières, il peut être possible d'en traiter longuement seulement une partie. Dans de tels cas, on peut toujours adopter le dispositif d'un « prochain chapitre » imaginaire ou d'un « à suivre dans le prochain ». Cependant, en considérant combien de questions vous pouvez traiter de manière satisfaisante, vous ne devez pas laisser de côté les arguments de l'autre côté qui doivent être réfutés ; et en choisissant parmi les principales questions possibles , vous devez toujours faire preuve de jugement. De nombreux points qui pourraient être discutés ne valent pas l'espace qu'il faudrait pour les traiter ; mais il n'est pas rare que vous deviez laisser les points qui ont un certain poids céder la place à d'autres qui en ont plus.

Il ne faut pas s'attendre à ce que les arguments avancés par les deux parties concordent toujours exactement, car les considérations qui plaident en faveur d'une ligne d'action peuvent être de nature différente de celles qui s'y opposent. Parfois, une partie contribuera davantage au nombre final de questions principales, parfois l'autre. Habituellement, votre camp vous donnera le plus grand nombre de points qui, selon vous, valent la peine d'être débattus, car un argument affirmatif et constructif fait généralement plus d'impression qu'un argument négatif.

Carnet de notes. *Inscrivez les principaux points qui pourraient être avancés des deux côtés de votre question. Ensuite, après les avoir étudiés et comparés, indiquez les principales questions sur lesquelles vous décidez d'argumenter .*

(Les arguments des deux côtés et les principales questions liées à l'argumentation du modèle se trouvent aux pages 74 à 77.)

EXERCICE

Prenez l'une des questions des pages 10 à 12, que vous connaissez, et obtenez les principaux problèmes en notant d'abord les points qui pourraient être avancés de part et d'autre.

NOTE. Cet exercice est un bon exercice pour le travail en classe. Laissez la classe suggérer les points et écrivez-les au fur et à mesure au tableau. Appelez ensuite à les critiquer et à les discuter, afin d'en arriver aux enjeux principaux.

22. L'exposé conjoint des faits. Maintenant que vous avez comparé les points sur lesquels les deux parties sont en désaccord, vous pouvez repérer les points sur lesquels elles sont d'accord et décider lequel d'entre eux entrera dans la discussion. Vous êtes donc en mesure de rédiger l'exposé conjoint des faits, dans lequel vous résumerez de manière compacte une grande partie de l'historique de l'affaire, de l'origine de la présente question, ainsi que d'autres faits pertinents et définitions nécessaires, comme il le sera. nécessaire pour comprendre le mémoire. Le style de cette déclaration doit être strictement explicatif et il ne doit rien y avoir sur lequel les deux parties ne puissent s'entendre. Il devrait être similaire aux exposés de faits devant les tribunaux, qui sont envoyés avec les mémoires lorsqu'une affaire fait l'objet d'un appel sur une question de principe juridique.

Puisque cet exposé commun des faits n'est pas un argument, il fera peu appel à des conjonctions telles que « parce que », « pour », « par conséquent » et « donc ». Si vous en trouvez dans votre déclaration commune, il est préférable de la réorganiser, de manière à ne pas donner l'impression de donner des raisons avant d'avoir commencé votre argumentation.

Lors de l'élaboration de cette déclaration préliminaire et, dans une certaine mesure, lors de la formulation des questions principales, il est commode et conseillé, partout où les deux côtés de la question doivent être présentés dans des arguments, que ce soit par écrit ou lors d'un débat, pour les deux parties pour travailler ensemble. Dans cette collaboration, ils devraient s'efforcer de se mettre d'accord sur autant de points que possible. S'ils se réunissent dans un esprit critique et inflexible, la patience du public sera finalement mise à l'épreuve et son attention dispersée par de longues discussions sur des détails préliminaires. En argumentant, il ne faut jamais oublier, même à l'école et au collège, que le but de toute argumentation est de produire un accord. Peu de gens s'intéressent beaucoup à un concours d'intelligence ; et c'est une mauvaise habitude de trop se soucier du simple fait de battre un adversaire sur une question où il y a des problèmes réels et sérieux. Toute question qui mérite d'être discutée aura bien plus de sujet à couvrir, même lorsque tout le possible a été accordé par les deux parties, que l'étudiant moyen ne peut en couvrir avec minutie.

Carnet de notes. *Inscrivez ceux des faits essentiels et des définitions du cas qui seraient convenus par les deux parties et qui sont nécessaires à la compréhension du mémoire.*

Illustration. *Exposé conjoint des faits.* Pendant de nombreuses années, le taux d'imposition à Wytown a été élevé et, au cours des dix dernières années, il n'est pas tombé en dessous de vingt-quatre dollars sur mille dollars. L'approvisionnement en eau de la ville est d'une pureté douteuse et rien n'a été fait pour l'améliorer, principalement parce que la dette de la ville est désormais proche de la limite autorisée par la loi. Le service de police est inadéquat, surtout dans la région connue sous le nom de South Corner. Bien que deux cent mille dollars aient été dépensés dans les rues au cours des cinq dernières années, la rue principale de la ville n'est toujours pas pavée et aucune des autres rues n'est macadamisée. Bien qu'en vertu de la loi sur les options locales, la ville ait voté de manière uniforme pour l'absence de permis, la vente d'alcool est pourtant importante. Les fonctionnaires de la ville ont régulièrement été nommés lors des conventions démocrates et républicaines.

La question se pose actuellement en raison de querelles entre le bourgmestre et les échevins, en raison de la demande de la municipalité au Parlement d'émettre des obligations pour de nouvelles installations hydrauliques au-dessus du plafond d'endettement autorisé, parce que le taux d'imposition de l'année dernière était plus élevé que jamais. auparavant dans l'histoire de la ville, et en raison de la formation d'une association de citoyens qui a joué un rôle déterminant dans l'obtention du corps législatif d'un projet de loi autorisant les citoyens à voter sur l'adoption du plan proposé.

Les points qui ne sont pas abordés ici seront repris dans les articles suivants.

Les définitions de la page 70 doivent être considérées comme faisant partie de cette déclaration commune.

DES EXERCICES

1. Critiquez les phrases suivantes pour leur pertinence dans le cadre des introductions aux mémoires :

> *un* . Il est admis que la forme de gouvernement par commission a réussi à Des Moines parce qu'elle est simple et facilement contrôlée par le peuple.

> *b* . Le baseball d'été doit être compris comme le fait de jouer au baseball pour de l'argent, car un homme qui reçoit sa pension et son logement dans un hôtel pour jouer prend l'équivalent de l'argent.

> *c* . (C'est l'un des arguments en faveur de l'affirmative sur la question de savoir si un chemin de fer urbain devrait être obligé de construire une certaine nouvelle ligne, qui ne serait pas immédiatement rentable.) La commodité du public doit être considérée avant les gros dividendes, puisque les subventions publiques la franchise.

2. Faites un exposé conjoint des faits pour un argument sur l'un des sujets de la liste aux pages 10 à 12.

NOTE. C'est un bon exercice à utiliser en classe : laissez les différents membres de la classe proposer des faits sur lesquels ils doivent se mettre d'accord, puis soumettez-les au reste de la classe pour critique.

23. Disposition du matériel . Concernant la disposition du matériel dans un mémoire, il n'est pas possible de donner beaucoup de conseils généraux, car cette disposition changerait avec l'espace alloué à l'argumentation, et surtout avec le public. Sur ce point, la connaissance de vos lecteurs, de leur connaissance du sujet et de leurs préjugés comptera autant que la connaissance du sujet lorsque vous aborderez les arguments de la vie pratique.

En général, si votre auditoire est susceptible d'être tiède ou indifférent, commencez par un point qui va l'émouvoir. Dans l'argumentation sur l'introduction d'un gouvernement de commission à Wytown , pour lequel j'ai rédigé un mémoire, j'ai supposé que les citoyens étaient déjà conscients de la nécessité d'un changement, et j'ai donc commencé par montrer que les maux de l'administration actuelle pouvaient être retracés. principalement au système de gouvernement actuel. Si j'avais supposé qu'il fallait d'abord inciter les gens à croire qu'un changement était nécessaire, j'aurais d'abord exposé la corruption et l'inefficacité du gouvernement municipal actuel, avec des cas spécifiques pour établir ce point.

De même, pour conclure votre argumentation, assurez-vous d'avoir un argument solide et efficace. Dans le cas du gouvernement par commission pour Wytown , en réfutant l'objection selon laquelle trop de pouvoir est donné aux conseillers municipaux, j'offre l'occasion de montrer en même temps à quel point le gouvernement par commission maintient complètement le contrôle entre les mains du peuple ; et ce dernier point est le plus fort qui puisse être avancé en faveur de la forme de gouvernement par commission.

24. Le lieu de la réfutation. Le lieu de la réfutation et son étendue diffèrent également beaucoup selon le public. Parfois, il peut occuper pratiquement tout l'espace. Il y a quelques années *The Outlook* a publié un éditorial s'opposant à un changement des lois de New York relatives à la vivisection (pour une partie, voir p. 44), dans lequel il réfutait les deux arguments avancés en faveur du changement, puis soulignait que le fardeau de la preuve restait encore de l'autre côté. Ici, la réfutation occupait presque tout le débat. Huxley, dans ses trois « Conférences sur l'évolution », dont la première est imprimée à la page 233, a consacré l'intégralité de cette première conférence à une réfutation des théories alternatives sur l'origine des plantes et des animaux ; comme il était nécessaire d'éliminer les théories acceptées avant que la nouvelle théorie puisse être entendue, il a mis sa réfutation en premier.

Lorsqu'il n'existe pas de telles raisons particulières, il est prudent de suivre le principe selon lequel vous ne devez pas attirer plus d'attention que nécessaire sur les arguments de l'autre partie. La réfutation des déclarations et affirmations moins importantes viendra naturellement au point de l'argumentation qui traite de cette partie du sujet. Énoncez-les toujours assez, mais n'exagérez pas leur importance en les traitant trop longuement.

Il n'est pas souvent judicieux de regrouper la réfutation à la fin de votre argument. La dernière impression sur votre public est la plus forte : c'est une bonne stratégie de la conserver pour vos propres points forts. Parfois, comme dans le mémoire élaboré à la page 90, il est possible de combiner la réfutation avec un argument positif qui sera efficace ; mais n'oubliez pas que l'argumentation négative fait beaucoup moins d'impression que celle qui est positive et constructive.

25. Le mémoire proprement dit . Nous avons vu à la page 47 que le mémoire est essentiellement un énoncé du cadre logique de votre argumentation. Son objectif est d'exposer votre raisonnement de manière à ce que vous puissiez scruter chaque lien et vous assurer que chaque assertion et chaque groupe d'assertions est attaché à un support solide. Pour cette raison , il est préférable de présenter le résumé d'un argument écrit ou oral sous la forme de déclarations tabulées marquées d'une série de chiffres et de lettres qui montreront d'un coup d'œil la place exacte de chaque déclaration ou affirmation dans l'ensemble du système de raisonnement. Lorsque vous pouvez ainsi, pour ainsi dire, dépouiller votre argument jusqu'à ses os et ses tendons, vous pouvez avancer avec la certitude que votre raisonnement est logiquement cohérent.

Lorsque vous sortirez dans le monde, vous élaborerez votre propre façon de présenter vos arguments pour tous les arguments que le destin vous imposera. La valeur de la pratique maintenant est de pouvoir se mettre au travail sans perdre de temps. Les règles ci-dessous vous sont proposées comme résultat d'une longue expérience et étude des meilleures autorités. De plus, si vous travaillez dans une classe , n'oubliez pas que vous obtiendrez beaucoup plus de votre professeur si vous lui faites gagner du temps en respectant strictement l'uniformité dans la forme extérieure.

Je montrerai d'abord comment se construit un mémoire, en suivant une partie du processus de l'argumentation sur l'introduction de la commission à Wytown ; je donnerai ensuite les règles, avec quelques explications sur leur fonctionnement et leur opportunité pratique.

Nous venons de voir que le mémoire est essentiellement une présentation du cadre logique de l'argumentation : il doit donc comprendre les principales affirmations à l'appui de la proposition, avec les raisons avancées à l'appui de ces affirmations, ainsi que les faits et raisons avancées à l'appui de ces motifs, ces justifications successives étant ramenées aux faits ultimes, autant que possible.

Lorsque vous commencez à élaborer votre mémoire, vous commencez par vos principaux problèmes, présentés maintenant sous forme d'affirmations. Ensuite, pour chacun d'eux, vous donnez une ou plusieurs raisons.

Dans le mémoire visant à introduire le gouvernement de commission à Wytown , commençons par les principaux enjeux affirmatifs, en les transformant de questions en affirmations. Le premier problème principal se lirait alors :

L'inefficacité reconnue du gouvernement municipal à l'heure actuelle est due au système de gouvernement.

L'étape suivante consiste à donner les raisons de cette affirmation. En conséquence, nous devrions ajouter un « depuis » ou un « pour » à l'affirmation, puis classer ces raisons dans l'ordre. Supposons que nous invoquions trois raisons :

I. L'inefficacité reconnue du gouvernement municipal à l'heure actuelle est due au système de gouvernement ; pour

Un. La politique partisane détermine les nominations aux postes ;

B. _ Des contrats avantageux ne peuvent être conclus ;

C. _ La responsabilité des dépenses est dispersée.

Chacune de ces affirmations doit clairement être étayée avant d'être acceptée. Suivons l'appui de la première, et exposons ici les raisons et les faits qui la rendront incontestable.

Un. La politique partisane détermine les nominations aux postes ; pour

1. L'organisation des partis nationaux est permanente.

2. Il y a eu des négociations entre les partis pour récompenser les services politiques par des bureaux municipaux.

De ces points, le premier est un fait évident ; Dans l'argumentation, il suffira de légers développements et précisions pour que son influence sur l'affaire soit efficace. La seconde, en revanche, doit être étayée par des preuves ; et dans le mémoire, en conséquence, nous devrions nous référer aux faits tels qu'ils ont été rapportés dans les journaux de dates spécifiées à partir desquels une citation complète serait faite dans l'argumentation. Ici donc, dans les deux cas, bien que de manière différente, nous abordons le fondement des faits sur lequel le raisonnement est construit. Dans le même temps, chaque jointure du raisonnement a été mise à nu, de sorte qu'aucun point faible ne puisse échapper à la détection. Ce sont toujours les deux objectifs principaux de la rédaction d'un mémoire : descendre aux faits sur lesquels le raisonnement est construit et montrer chaque étape essentielle du raisonnement.

26. Règles de briefing. Les règles données ci-dessous sont divisées en deux groupes : celles du premier groupe portent principalement sur la forme du mémoire ; ceux du second vont davantage au fond ; mais la distinction entre les deux groupes est loin d'être absolue.

je

1. *Un mémoire peut être divisé en trois parties : l'introduction, la preuve, la conclusion. Parmi ceux-ci, l'introduction doit contenir des éléments non controversés et la conclusion doit être une reformulation de la proposition, avec un simple résumé des principales questions sous forme affirmative (ou négative) .*

L'introduction a déjà été longuement traitée (voir pp. 48-81). La conclusion rassemble les principaux points de l'argumentation et donne un effet d'exhaustivité au mémoire. Il ne faut jamais introduire de nouveaux points.

2. *Dans l'introduction, conservez chaque étape de l'analyse séparément et indiquez les différentes parties par des titres tels que « Les termes suivants nécessitent une définition », « Les faits suivants sont convenus », « Les points suivants seront laissés de côté. dans cet argument" "Les principaux arguments sur le " Les deux côtés sont les suivants : " Les principales questions sur lesquelles l'argumentation sera présentée sont les suivantes . »*

Il ne faut pas s'attendre à ce que toutes ces étapes, accompagnées des titres appropriés, soient nécessaires dans chaque mémoire. La seule utilité d'un mémoire est de vous aider à construire un argument spécifique, et vous devez considérer chaque cas individuellement.

3. *Suivez un système de numérotation uniforme partout, de sorte que chaque chiffre ou lettre utilisé indique si la déclaration est l'un des principaux supports de votre cause, ou dans quelle mesure elle est subordonnée .*

En d'autres termes, la numérotation doit montrer d'un seul coup d'œil si une affirmation donnée est une raison principale, une raison pour une raison ou un degré de soutien encore plus secondaire. Le système de numérotation du mémoire de la page 90 est pratique. Quel que soit le système adopté, il doit être suivi par toute la classe.

4. *La réfutation doit avoir un ensemble distinct de symboles .*

Ces symboles peuvent bien être uniformes avec les autres, mais avec la marque prime pour les distinguer (voir p. 93).

5. *Dans le briefing, la réfutation énonce toujours en premier l'affirmation qui doit être réfutée, avec des liens tels que : « Bien qu'il soit insisté..., l'affirmation n'est pourtant pas fondée, car... », « Bien que l'affaire soit citée, ... et pourtant l'affaire n'est pas pertinente, car ... "*

Ces connecteurs varieront selon la nature de l'affirmation à réfuter ; l'important est d'énoncer l'affirmation de manière si claire que votre critique puisse juger de la pertinence et de la force de votre réfutation. (Pour des exemples, voir pages 91 à 93.)

II

6. Un mémoire dans toutes ses parties doit être formulé en phrases complètes ; de simples sujets n'ont aucune valeur .

Dans le mémoire de la page 90, si les titres sous I étaient « *A*. Politique des partis, *B.* Gaspillage dans les contrats, *C.* Aucune responsabilité pour les dépenses », ni l'auteur du mémoire ni celui qui le critique ne pourraient savoir avec certitude déroulement du raisonnement. Il est sans aucun doute vrai que de nombreux avocats et autres hommes d'affaires n'utilisent que des titres de sujets lorsqu'ils préparent un débat ; mais il ne faut pas oublier que ce sont des hommes qui ont travaillé durement et sérieusement leurs capacités de pensée, et que leur capacité à élaborer et à s'en tenir à un raisonnement avec si peu d'aide écrite n'a pas beaucoup d'incidence sur ce qui est la meilleure pratique. pour les jeunes hommes qui sont en train d'acquérir cette capacité. Donner un aperçu complet du raisonnement en quelques arguments est le meilleur moyen de comprendre une structure logique et cohérente.

7. Chaque titre ne doit contenir qu'une seule affirmation.

La raison de cette règle est évidente : si sous chaque affirmation vous exposez les raisons de cette affirmation, vous aurez des ennuis si votre affirmation est à deux têtes, car ce qui est une raison pour une partie de celle-ci peut ne pas être une raison pour une partie de celle-ci. raison pour une autre. Si, dans le mémoire de la page 90, le titre I *B* devait lire : « Des contrats avantageux ne peuvent être conclus et la responsabilité des dépenses est dispersée, » le sous-titre I *C* 2, « Les comptes sont soumis à des comités séparés des deux conseils dans lesquels aucun membre n'a de siège. responsabilité particulière », n'aurait rien à voir avec la passation des contrats, et le sous-titre I *B* 1, « Les contrats doivent être transmis à la fois par les échevins et les conseillers communaux et par le bourgmestre », n'aurait rien à voir avec les dépenses.

8. Dans le corps du mémoire, les affirmations doivent être organisées comme suit : chaque titre principal doit incarner l'une des principales questions énoncées dans l'introduction ; et chacune des assertions subordonnées devrait constituer une raison pour l'affirmation à laquelle elle est subordonnée. Le lien entre une assertion et une assertion qui lui est subordonnée sera donc pour, depuis, ou parce que, ou similaire, et non par conséquent , donc, ou similaire .

Un mémoire ainsi organisé présente le raisonnement sous une forme complète et facile à examiner. Ainsi, dans le mémoire de la page 90 concernant l'affirmation du premier numéro principal : « L'inefficacité reconnue du gouvernement municipal à l'heure actuelle est due au système de gouvernement », trois raisons principales sont avancées : *A* . "La politique partisane détermine les nominations", a déclaré *B* . "Des contrats avantageux ne peuvent être conclus", et *C* . "La responsabilité des dépenses est dispersée." Ensuite, pour chacune de ces affirmations secondaires, des raisons sont avancées à l'appui ; donc pour *B* . "Des contrats avantageux ne peuvent pas être conclus", les raisons sont I. "Les contrats doivent être passés séparément par les échevins, les conseillers communaux et le bourgmestre", et 2. "Les négociations sont conclues entre les échevins représentant les différents quartiers." Dans ce cas, des références finales sont données pour chacune de ces affirmations subordonnées, de sorte que nous parvenons au fondement ultime du fait vérifiable sur lequel l'argument doit être construit.

L'avantage de ce formulaire est que si vous avez indiqué plusieurs assertions comme raisons d'une autre et que vous doutez qu'elles aient toutes leur place, vous pouvez les tester séparément en les plaçant une à une après l'assertion principale qu'elles sont censées étayer. un "pour" ou un "depuis" entre.

Vous mettez l'affirmation en premier et la raison ensuite, car lorsqu'il y a plus d'une raison à l'appui, si vous avez d'abord la raison, vous devez alors répéter l'affirmation avec chaque raison, sinon vous courez le risque de confusion. Si, sous I dans le mémoire de la page Go, par exemple, vous commenciez par la raison : « Dans le système actuel, la politique partisane détermine les nominations aux postes », et que vous ajoutiez ensuite le résultat : « Par conséquent, le gouvernement municipal est inefficace », vous auriez répéter le résultat avec *B* et *C* ; et quand on atteignait le troisième degré de support, la répétition deviendrait intolérablement maladroite et déroutante.

9. *Les titres et sous-titres ne doivent pas comporter plus d'une numérotation* .

La raison de cette règle est également évidente : chaque titre ou sous-titre marque une étape de l'argumentation, et ce qui appartient à une étape ne peut pas être à une autre en même temps. Dans le mémoire de la page 90, l'affirmation selon laquelle « la politique partisane détermine les nominations aux postes » est présentée comme la raison principale de l'affirmation du premier numéro principal, selon laquelle « l'inefficacité reconnue du gouvernement municipal à l'heure actuelle est due au système de gouvernement. ". Cela confondrait un lecteur de le marquer *A* I, comme s'il portait également un support au deuxième degré.

10. *Le mémoire doit faire référence aux preuves ou aux autorités sur lesquelles s'appuient les affirmations* .

Les références générales aux articles et aux livres auxquels il sera constamment fait référence doivent être placées au début du mémoire. Les références à des déclarations de faits spécifiques ou à des citations d'opinion doivent être ajoutées au fur et à mesure qu'elles apparaissent dans le mémoire (voir le mémoire à la p. 90).

DES EXERCICES

1. Critiquez la partie suivante d'un mémoire :

Ce collège devrait avoir des vacances de Noël plus longues, car

I. La vie universitaire a tendance à briser la vie de famille ;

Un . Père et fils;

B. _ Frères et sœurs plus jeunes ;

C. _ Amis intimes.

2. Critiquer les parties détachées suivantes d'un mémoire sur la proposition,

Cette ville devrait doubler ses crédits pour la bibliothèque publique, et les modifier si nécessaire :

un . II. Les fonds pour l'achat de livres sont insuffisants et le personnel est insuffisant.

b . B. La salle de lecture est bondée jusqu'à l'étouffement, donc

1. Beaucoup de gens évitent la bibliothèque.

c . III. Ceux qui s'opposent à l'augmentation des crédits déclarent que A . La bibliothèque est un luxe pour les riches ; ainsi

1. Les riches devraient le soutenir ; mais

2. Ce n'est pas vrai, car

un . La plupart des emprunteurs de livres sont des gens de condition modeste ; donc

b . La ville devrait soutenir la bibliothèque.

d . IV. Un . La ville est en mesure de doubler le crédit ; pour

1. Il a dépensé une grande partie pour les parcs,

un . Qui sont aussi pour le plaisir et le perfectionnement des citoyens ;

b . Il peut donc financer des ajouts à la bibliothèque.

e . VI. Ce n'est pas vrai

Un . Que les lecteurs ne veulent que des romans récents et qu'ils achètent ces livres pour eux-mêmes ; pour

1. La plupart d'entre eux ne peuvent pas acheter de livres ; ainsi

2. Ils devraient être encouragés à lire d'autres livres.

3. Donner un exemple d'argumentation et d'audience où il faudrait mettre en premier la réfutation ; d'un livre pour lequel il faudrait susciter dès le départ l'intérêt des lecteurs.

4. Suggérez des méthodes pour susciter l'intérêt des lecteurs dans ce dernier cas.

MODÈLE DE FICHE

Wytown devrait adopter un gouvernement de commission comme celui de Des Moines, Iowa.

Références générales : CR Woodruff, City Government by Commission. New York, 1911 ; JJ Hamilton, La détrônation du patron de la ville, New York, 1910 ; Journaux municipaux de différentes dates ; projet de proposition de charte, publié par l'Association des Citoyens.

(Les étapes successives de l'introduction se retrouveront aux pp. 43, 53, 70, 74-75, 76-77, 79-80.)

I. L'inefficacité reconnue du gouvernement municipal à l'heure actuelle est due au système de gouvernement ; pour

Un . La politique partisane détermine les nominations aux postes ; depuis

1. L'organisation des partis nationaux est permanente, et celle de tout mouvement citoyen temporaire.

2. Il y a eu des négociations entre les partis pour récompenser les services politiques des bureaux municipaux. Journaux quotidiens, 12-20 mars 1909 ; 3-15 mars 1910.

B. _ Des contrats avantageux ne peuvent être conclus ; pour

1. Les contrats doivent être passés séparément par les échevins, les conseillers communaux et le bourgmestre. Charte municipale actuelle, articles 19-21.

2. Des négociations sont conclues entre les échevins représentant les différents quartiers. Journaux quotidiens, 3 octobre 1908 ; 25 janvier 1910.

C. _ La responsabilité des dépenses est dispersée ; pour

1. Les chefs de département sont responsables devant les deux conseils et non devant le maire. Charte municipale actuelle, article 15.

2. Les comptes sont soumis à des commissions distinctes des deux conseils, dans lesquelles aucun membre n'a de responsabilité particulière. Charte de la ville actuelle, articles 22-23.

II. L'adoption du plan entraînera des économies importantes ; pour

Un . L'administration des affaires de la ville sera simplifiée ; depuis

1. Les conseillers traceront les travaux et seront responsables de leur exécution. Projet ou charte, articles 5 et 13.

2 . Les plans de travail dans tous les départements seront examinés ensemble.

3. Un petit organisme doté de pleins pouvoirs peut conclure de meilleures

affaires que deux organismes plus grands agissant indépendamment.

B. _ Le plan a donné lieu à des économies là où il a été testé ; pour

1. À Des Moines, Iowa, la première année sous la nouvelle charte a montré une économie relative de 182 949,65 $ par rapport à l'année précédente. CR Woodruff, tel que cité, p. 250.

2. À Haverhill, Massachusetts, au cours de la première année du gouvernement à commission, un déficit de 79 452 $ s'est transformé en un excédent de 36 511 $, après avoir remboursé une dette d'un montant de 133 000 $. CR Woodruff, tel que cité, p. 278.

1'. Bien qu'une dépêche parue dans un quotidien (3 avril 1911) déclare que la ville de Haverhill a été contrainte d'emprunter, le rapport n'est pourtant pas digne de confiance sans autre preuve ; pour

un '. En soi, il est contradictoire et confus ; et

b '. On sait que des politiciens professionnels et d'autres ennemis du plan ont souvent diffusé de fausses informations à son sujet. *Magazine McClure* , Vol. XXXV, p. 107.

III. L'adoption du plan se traduira par un service plus efficace à la ville ; pour

Un . Une meilleure classe de citoyens sera attirée au pouvoir ; pour

1. Les responsables municipaux peuvent planifier et mettre en œuvre leurs politiques sans ingérence mesquine ;

2. À Cedar Rapids, Iowa, la commission a embauché un expert en service civique et a mis en œuvre ses recommandations. JJ Hamilton, tel que cité, p. 180.

3. À Galveston, au Texas, des citoyens de rang supérieur ont pris leurs fonctions et le ton de l'administration municipale a été élevé. WB Munro, dans *Le Chautauquan* , Vol. Lèvre. 110.

B. _ Le gouvernement de commission a abouti à une meilleure administration là où cela a été essayé ; pour

1. Galveston et Houston, Texas, Des Moines et Cedar Rapids, Iowa, ont tous signalé une meilleure administration policière, des améliorations dans les rues et les parcs, et des relations plus avantageuses avec les sociétés de service public. CJ Woodruff, tel que cité, pp. 242-287.

2. Aucune ville qui a tenté le projet n'y a encore renoncé. CJ Woodruff, tel que cité, p. 310.

1'. Bien que Chelsea, dans le Massachusetts, soit citée comme ayant renoncé à un gouvernement de commission, le cas n'est pas parallèle, puisque

un '. La commission sous laquelle la ville avait vécu fut nommée par le gouverneur après un désastreux incendie ; et

b '. La forme de gouvernement remplacée présente la plupart des caractéristiques essentielles du gouvernement par commission, à l'exception de la taille du conseil, qui compte

quatre membres élus au
sens large et cinq par
district.

IV'. Bien qu'il soit avancé que les éléments corrompus en politique auraient
un pouvoir illimité s'ils parvenaient à s'emparer de la commission, la
responsabilité directe envers les citoyens constituerait une garantie pour le
pouvoir élargi, car

Un' . Chaque acte du gouvernement de la ville sera connu ;
puisqu'en vertu de la Charte—articles 24, 25, 29, 33—

1'. Les séances du conseil seront publiques.

2'. Toutes les résolutions doivent être
écrites et enregistrées.

3'. Tous les votes doivent être enregistrés.

4'. Un état détaillé des recettes et des
dépenses doit être imprimé et distribué
chaque mois.

5'. Les ordonnances concluant des contrats
ou accordant des franchises doivent être
publiées une semaine avant leur adoption
définitive et peuvent être déférées au
peuple sur requête.

6'. A Des Moines, en vertu de la nouvelle
charte, les journaux accordent une grande
place aux actions du gouvernement
municipal. *Magazine McClure* , Vol. XXXV,
p. 101.

B' . Les dispositions relatives à un rappel consisteront à
contrôler les fonctionnaires corrompus ; pour

1'. À Des Moines, un chef de police a été
mis à la retraite à la suite d'une suggestion
de rappel du commissaire responsable de
sa nomination. *Magazine McClure* , Vol.
XXXV, p. 101.

2'. À Seattle, un maire qui avait conclu des
accords avec des éléments vicieux et qui
était de mèche avec des sociétés de service
public a été rappelé. Journaux quotidiens,
mars 1911.

CONCLUSION.

Wytown devrait adopter un gouvernement de commission comme celui de Des Moines ; depuis

Un . L'inefficacité reconnue du gouvernement municipal à l'heure actuelle est due au système de gouvernement ;

B. _ L'adoption du plan entraînera des économies importantes ;

C. _ L'adoption du plan se traduira par un service plus efficace à la ville ; et

D. _ La responsabilité directe du maire et des conseillers municipaux envers les citoyens constituera une garantie du pouvoir accru qui leur est accordé.

CHAPITRE III

PREUVE ET RAISONNEMENT

27. Preuve et raisonnement. Nous avons vu dans le chapitre précédent que l'intérêt principal de la rédaction d'un mémoire est qu'il expose en premier lieu votre raisonnement afin que vous puissiez l'examiner en détail ; et qu'en second lieu il expose les fondements de votre raisonnement sur des faits qui ne peuvent être contestés. Dans ce chapitre, nous examinerons quels sont les motifs qui donnent validité à la preuve et au raisonnement.

Lorsque les faits que vous avancez proviennent de personnes qui en ont une connaissance directe, ils constituent une preuve directe ; lorsque vous devez les établir en raisonnant à partir d'autres faits , ils constituent une preuve indirecte, et dans ce dernier cas, le raisonnement est une partie essentielle de l'établissement des faits. Dans ce chapitre, je parlerai donc d'abord de la preuve directe, puis de la preuve indirecte, puis je passerai à l'examen de quelques-uns des principes les plus simples qui gouvernent le raisonnement.

Dans l'usage courant, le mot « preuve » est assez vague et désigne tout ce qui peut aider à établir un côté ou un autre sur toute question, qu'elle soit de fait ou de politique. Le mot, cependant, vient en fin de compte du droit, où il est utilisé pour désigner le témoignage, oral, écrit ou matériel, qui est apporté pour établir la véracité d'affirmations sur des faits : la preuve est présentée au jury qui, sous le régime commun la loi tranche les questions de fait. Cependant, dans presque tous les arguments politiques, nous utilisons des faits comme raisons pour ou contre la politique en question et, par conséquent, dans la plupart des cas, nous devons utiliser des preuves pour établir ces faits ; dans de nombreux cas, une fois les faits établis , il n'y a plus de désaccord sur la politique. Par exemple, dans les arguments pour et contre l'interdiction étatique du commerce de l'alcool, il est essentiel de déterminer si, dans le cas où l'interdiction a été tentée, elle a échoué ou réussi, et un autre fait essentiel est de savoir si, dans des conditions similaires, une combinaison de permis élevés et L'option locale a produit ou non moins d'ivresse. Les deux sont des faits extrêmement compliqués et difficiles à trancher ; mais si des preuves claires peuvent être présentées pour les établir, les gens raisonnables considéreront généralement comme réglée la question de la politique à adopter. De même, un argument en faveur de l'élection populaire des sénateurs tirerait sans aucun doute largement parti du fait allégué que, dans les élections législatives, il y a eu beaucoup d'ingérences indues de la part d'intérêts particuliers et de riches entreprises ; et l'affirmation de ce fait devrait être étayée par des preuves. Si ce fait était ainsi clairement établi, il serait reconnu comme une raison majeure pour un changement de notre politique actuelle. Dans l'intérêt de la clarté de la pensée, il convient de rappeler cette distinction ; car, comme nous le verrons, c'est seulement ainsi que nous pouvons déterminer quand les règles ordinaires de la logique s'appliquent et quand elles ne s'appliquent pas aux processus de raisonnement sur lesquels se fonde l'argumentation. Je parlerai donc ici des preuves des faits et des raisons pour ou contre une politique.

On peut dire en passant que les règles de preuve très complexes de la common law n'ont pratiquement rien à voir avec notre sujet actuel, car elles découlent de conditions très particulières et ont été façonnées par des objectifs très particuliers. Leur objet est d'établir, autant que possible, des principes qui s'appliqueront à tous les cas de même nature ; et ils excluent donc de nombreux faits et de nombreuses preuves que, en dehors du tribunal, nous utilisons tous sans hésitation pour prendre notre décision. Le système des jurys a eu une histoire curieuse et intéressante : et les juges ont construit des barrières autour des jurys qui semblent au profane simplement techniques et inutiles aux fins de la justice. [14]Pourtant, même si le fait que bon nombre de ces règles soient balayées de temps à autre montre qu'il y a eu et qu'il y a peut-être encore de la justice dans ce sens, il faut se rappeler que l'ensemble de la common law repose sur l'application de principes déjà établis dans des affaires antérieures. de nouveaux cas de même caractère ; et qu'il faut donc faire très attention à ne pas établir de principes qui pourraient interférer avec la répartition équitable de la justice à long terme (voir sur ce point SR Gardiner, p. 103). Même si dans certains cas, la règle de preuve qui interdit les preuves par ouï-dire est injuste, il est pourtant évident à long terme que, si les ouï-dire étaient autorisés, les plaideurs prendraient moins de peine à obtenir des preuves originales, et qu'une grande partie des ouï-dire n'est absolument pas digne de confiance. .

Une autre raison pour laquelle les règles de preuve en common law ont peu d'influence sur les arguments de la vie quotidienne est semblable à celle qui rend imprudent de s'attarder trop sur le fardeau de la preuve : il n'y a personne ni compétent ni intéressé pour faire appliquer l'exclusion. Les affirmations et les rumeurs doivent être plus que manifestement vagues avant que l'homme ordinaire prenne, de sa propre initiative, la peine de les examiner ; et même en réfutant de tels documents, vous devez rendre très manifeste leur manque de fiabilité si vous souhaitez inciter les lecteurs ordinaires à s'en méfier sérieusement.

28. Preuve directe et indirecte. Lorsque nous examinons maintenant la manière dont nous établissons des faits, qu'ils soient uniques ou complexes, nous constatons que, tant pour nous aider à juger que pour convaincre les autres, nous nous appuyons sur des preuves. Nous avons vu que les preuves se répartissent grosso modo en deux catégories : soit elles proviennent de personnes qui témoignent à partir de leurs propres observations et expériences, soit elles proviennent indirectement d'un raisonnement fondé sur des faits et des principes déjà établis ou reconnus. Les deux types de preuves se rejoignent et les termes communément utilisés pour les décrire varient : les « preuves directes » sont souvent, comme dans l'argumentation de Huxley (voir p. 240), appelées « témoignages » et « preuves indirectes », comme dans le même argument et selon l'opinion du juge en chef Shaw, citée ci-dessous, est qualifié de « circonstanciel ». Dans l'ensemble, cependant, l'opposition entre les deux classes, dans la mesure où elle revêt une importance pratique, peut être mieux indiquée par les termes « preuve directe » et « preuve indirecte ». La distinction entre les deux catégories apparaît clairement dans l'extrait suivant de l'opinion du juge en chef Shaw de la Cour suprême du Massachusetts. On remarquera qu'il s'agit de la même doctrine que celle énoncée par Huxley (voir p. 240).

La distinction entre preuve directe et preuve circonstancielle est donc la suivante. On parle de preuve directe ou positive lorsqu'un témoin peut être appelé à témoigner sur des points précis ; fait qui fait l'objet du litige; c'est-à-dire, dans un cas d'homicide, que l'accusé a effectivement causé la mort du défunt. Quelle que soit la nature ou la force de la preuve, c'est le fait à prouver. Mais supposons que personne n'ait été présent à l'occasion du décès, et bien sûr personne ne puisse être appelé à en témoigner, est-ce totalement insusceptible d'une preuve légale ? L'expérience a montré que des preuves circonstancielles peuvent être présentées dans un tel cas ; c'est-à-dire qu'un ensemble de faits peut être prouvé d'un caractère si concluant, qu'il justifie une ferme croyance du fait, tout aussi forte et certaine que celle sur laquelle les hommes avisés sont habitués à agir en relation avec leurs préoccupations les plus importantes. ...

Chacun de ces modes de preuve a ses avantages et ses inconvénients ; il n'est pas facile de comparer leur valeur relative. L'avantage de la preuve positive, c'est qu'on a le témoignage direct d'un témoin du fait à prouver, qui, s'il dit la vérité, l'a vu se faire ; et la seule question est de savoir s'il a droit à la croyance. L'inconvénient est que le témoin peut être faux et corrompu, et que l'affaire peut ne pas fournir les moyens de découvrir sa fausseté.

Mais dans le cas d'une preuve circonstancielle où aucun témoin ne peut témoigner directement du fait à prouver, on y arrive par une série d'autres faits que, par expérience, nous avons trouvés tellement associés au fait en question, comme dans le rapport de cause et effet, qu'ils conduisent à une conclusion satisfaisante et certaine ; comme lorsqu'on découvre des empreintes de pas après une neige récente, il est certain que quelque être animé a passé sur la neige depuis qu'elle est tombée ; et, d'après la forme et le nombre des empreintes, on peut déterminer avec une égale certitude s'il s'agissait d'un homme, d'un oiseau ou d'un quadrupède. La preuve circonstancielle est donc fondée sur l'expérience, les faits et les coïncidences observés, établissant un lien entre les faits connus et prouvés et le fait que l'on cherche à prouver. [15]

Sous la rubrique des preuves directes, comme j'emploierai ce terme, se rangerait la preuve d'objets matériels : dans un cas d'accident, par exemple, la cicatrice d'une blessure peut être montrée au jury ; ou lorsque la création d'un parc est demandée au gouvernement de la ville, le conseil municipal peut être invité à voir le terrain qu'il est proposé de prendre. Bien qu'une telle preuve ne constitue pas un témoignage, il s'agit d'une preuve directe, car elle ne repose ni sur un raisonnement ni sur une inférence.

29. Preuve directe. La preuve directe est le témoignage de personnes qui connaissent le fait par leur propre observation : tel est le témoignage des témoins d'un testament qu'ils ont vu le testateur le signer, le témoignage d'un explorateur qu'il existe des tribus de pygmées en Afrique, les témoignage d'un chimiste sur les constituants d'un alliage donné, ou d'un médecin sur la réussite d'un nouveau traitement. Chaque jour de notre vie, nous donnons et recevons des témoignages directs ; et la valeur de ces preuves est très variée.

En premier lieu, personne ne devrait trop se fier à ses propres observations fortuites. Il est notoire que nous voyons ce que nous nous attendons à voir ; et quiconque ne s'est pas délibérément mis à observer le fait ne peut se rendre compte dans quelle mesure ce qu'il pense être une observation est en réalité une déduction à partir d'une petite partie des faits dont il est saisi. Je sens un léger tremblement parcourir la maison avec un petit cliquetis de fenêtres, et je suppose qu'un train est passé sur la voie ferrée en contrebas de la colline à une centaine de mètres : en fait, il s'agissait peut-être d'un léger tremblement de terre . des chocs qui surviennent toutes les quelques années dans la plupart des régions du monde. Les erreurs que commettent la plupart d'entre eux en reconnaissant les gens sont du même genre : à partir d'une caractéristique unique, nous raisonnons jusqu'à une identité qui n'existe pas.

Ces dernières années, les psychologues se sont efforcés d'obtenir des faits précis sur cette inexactitude de l'observation humaine, et diverses expériences ont été tentées. En voici le récit :

Il y a par exemple eu lieu, il y a deux ans, à Göttingen, une réunion d'une association scientifique composée de juristes, de psychologues et de médecins, tous donc des hommes entraînés à l'observation attentive. Quelque part dans la même rue, il y avait ce soir-là une fête publique du carnaval. Soudain, au milieu de la réunion savante, les portes s'ouvrent, un clown en costume haut en couleur se précipite dans une excitation folle, et un nègre le suit avec un revolver à la main. Au milieu de la salle, l'un, puis l'autre, crient des phrases folles ; puis l'un tombe à terre, l'autre lui saute dessus ; puis un coup de feu, et tout à coup tous deux sortent de la pièce. L'affaire entière a duré moins de vingt secondes. Tous ont été complètement surpris et personne, à l'exception du président, n'avait la moindre idée que chaque mot et chaque action avait été répété à l'avance, ni que des photographies avaient été prises de la scène. Il semblait tout naturel que le président prie les membres de rédiger individuellement un rapport précis, dans la mesure où il était sûr que l'affaire serait portée devant les tribunaux. Sur les quarante procès-verbaux déposés, il n'y en avait qu'un dont les omissions étaient estimées à moins de vingt pour cent des actes caractéristiques ; quatorze avaient omis vingt à quarante pour cent des faits ; douze ont omis quarante à cinquante pour cent, et treize encore plus de cinquante pour cent. Mais outre les omissions, il n'y en avait que six parmi les quarante qui ne contenaient pas de déclarations positivement fausses ; dans vingt-quatre journaux, jusqu'à dix pour cent des affirmations étaient des inventions libres, et dans dix réponses, c'est-à-dire dans un quart des journaux, plus de dix pour cent des affirmations étaient absolument fausses, en dépit du fait que ils provenaient tous d'observateurs scientifiquement formés. Par exemple, quatre personnes seulement sur quarante remarquèrent que le nègre n'avait rien sur la tête ; les autres lui offraient un derby, ou un chapeau haut de forme, etc. En plus de cela, un costume rouge, un marron, un rayé, une veste couleur café, des manches de chemise et un costume similaire ont été inventés pour lui. Il portait en réalité un pantalon blanc et une veste noire avec une large cravate rouge. La commission scientifique qui a rendu compte des détails de l'enquête est parvenue à la conclusion générale que la majorité des observateurs ont omis ou falsifié environ la moitié des processus qui se sont déroulés entièrement dans leur champ de vision. Comme il fallait s'y attendre, l'appréciation de la durée de l'acte variait entre quelques secondes et plusieurs minutes. [16]

Un autre type de cas dans lesquels notre témoignage direct serait sans valeur est le tour de passe-passe : nous pensons voir en réalité des lapins retirés du chapeau de notre voisin, ou sa montre pilée dans un mortier et ensuite secouée entière et saine d'un mouchoir de soie vide ; et c'est seulement par le raisonnement que nous savons que nos yeux ont été trompés.

Il est donc évident que remettre en question le témoignage d'un homme ne revient pas toujours à le traiter de menteur ; dans la plupart des cas, il s'agit plutôt de remettre en question l'exactitude de ses déductions à partir d'une partie des faits qu'il a réellement saisis. En science, aucune observation importante n'est acceptée tant que les expériences n'ont pas été répétées et vérifiées par d'autres observateurs. En effet, la plupart des progrès de la science sont dus à la répétition d'expériences par des observateurs qui remarquent certains phénomènes critiques que leurs prédécesseurs avaient manqués.

Avec cette réserve que l'observation humaine est toujours faillible, une bonne preuve directe est dans l'ensemble la preuve la plus convaincante que vous puissiez utiliser. Si vous pouvez établir un fait par la bouche de témoins dignes de confiance, faisant reconnaître à vos lecteurs que ces témoins ont eu de bonnes occasions d'observation et une connaissance compétente du sujet, vous établirez généralement votre point de vue. En cas d'accident dans un tramway, de nombreuses compagnies ont l'habitude d'exiger de leurs conducteurs qu'ils notent immédiatement les noms de quelques-uns des passagers les plus respectables, qui peuvent être appelés comme témoins en cas de procès. . Toutes les observations de la science et la plupart des faits portés devant les jurys des tribunaux, ainsi que la multitude de faits plus ou moins grands que nous acceptons dans la vie quotidienne, tirent leur autorité de ce principe.

Dans les débats à l'école et au collège, vous n'aurez peut-être pas beaucoup recours aux preuves directes, car ils ne s'appuient pas souvent sur des faits isolés et simples. Mais même ici, il arrive des cas où vous devez faire appel à la déposition directe de témoins. Si vous souteniez que les sociétés secrètes devraient être abolies dans une certaine école et souhaitiez montrer que de telles sociétés ont conduit à des heures tardives, à jouer aux cartes pour de l'argent et à boire, vous auriez besoin de preuves directes. Si vous souteniez que la compagnie de chemin de fer urbain de votre ville devrait être obligée de doubler la voie sur une certaine partie de sa ligne, vous auriez besoin de preuves directes des retards et de l'encombrement des wagons sur une seule voie.

Lorsque vous utilisez des preuves directes, vous devez indiquer clairement que la personne dont elles proviennent est un témoin compétent, qu'elle a été en mesure de connaître les faits de première main et que, si nécessaire, elle a reçu la formation appropriée. pour comprendre leur signification. Dans le cas d'un accident d'automobile, un homme qui n'a jamais conduit de voiture ne serait pas le meilleur témoin des agissements du chauffeur, ni un homme qui n'avait jamais navigué sur un bateau de ce qui s'est passé lors d'une collision entre deux voiliers. . D'un point de vue scientifique, les observations d'un débutant n'auraient pas de poids face à celles d'un homme qui utilise un microscope depuis de nombreuses années.

Il faut également démontrer que le témoin est exempt de tout parti pris, qu'il soit pratique ou théorique. C'est un fait bien connu que les hommes diffèrent grandement dans la clarté de leur vue lorsqu'ils observent les étoiles, et que les hommes doués d'une vue exceptionnelle peuvent faire des découvertes précieuses avec des instruments inférieurs ; mais si un tel homme a épousé une théorie, par exemple sur la nature des anneaux de Saturne, et est connu pour la défendre avec passion, son témoignage concernant ce qu'il a vu sera forcément quelque peu écarté.

Même les rapports officiels ne peuvent être fiables sans examen minutieux.

Le fait est que beaucoup de choses concourent à rendre un rapport officiel contraint et formel. Il y a le désir naturel de chaque homme de donner le meilleur visage aux choses lorsqu'il présente sa cause devant le gouvernement et le monde ; les subordonnés doivent être libérés avec indulgence ; vous devez vivre avec eux, et cela nuit au confort de les avoir maussades. Faire une déclaration désagréable à un supérieur pourrait être interprété comme de l'insubordination. Le bien public rend impératif de raconter une histoire flatteuse. La tentation est constante de ne pas dire toute la vérité, mais rien que la vérité. Il y a d'importantes suppressions de faits dans les documents officiels, surtout peut-être en ce qui concerne Chancellorsville. [17]

S'il s'agit d'un sujet historique, où les témoignages proviennent d'un passé plus ou moins lointain et où les preuves sont fragmentaires et défectueuses, vous devez être encore plus prudent. Le grand historien anglais, feu SR Gardiner, dans son examen des preuves sur la conspiration des poudres de 1605, a écrit ce qui suit à propos des difficultés liées au traitement des preuves historiques :

Il semble étrange de trouver un écrivain si indépendant de ce qui est, de nos jours, considéré comme le premier canon de la recherche historique, que les preuves valables doivent être presque entièrement celles de ses contemporains qui sont en mesure de savoir quelque chose sur ce qu'ils affirment . . Il est vrai que ce canon ne doit pas être reçu de manière pédante. La tradition vaut quelque chose, du moins lorsqu'elle n'est pas trop éloignée de sa source. Si un homme dont la réputation de véracité est élevée me dit que son père, également considéré comme véridique, l'a sérieusement informé qu'il avait vu une certaine chose se produire, j'aurais beaucoup plus de chances de croire qu'il en était ainsi que si une personne , que je savais menteur, m'a informé qu'il avait lui-même été témoin de quelque chose aujourd'hui. L'historien n'est pas obligé, comme l'avocat, de rejeter les preuves par ouï-dire, car il lui appartient de vérifier la véracité des affirmations individuelles, tandis que l'avocat doit penser à la portée de la preuve et non seulement au cas du prisonnier dans sur le banc des accusés, mais sur un nombre illimité de prisonniers possibles, dont beaucoup seraient injustement condamnés si des preuves par ouï-dire étaient admises. L'historien ne doit cependant pas oublier que les preuves s'affaiblissent à mesure que chaque maillon de la chaîne s'affaiblit. L'injonction « Laissez toujours une histoire meilleure que celle que vous avez trouvée » est conforme aux faits de la nature humaine. Chaque journaliste accentue inévitablement le côté du récit qui lui plaît et laisse de côté une autre partie qui l'intéresse moins. La règle établie par feu M. Spedding : « Lorsqu'une chose est affirmée comme un fait, demandez toujours qui l'a rapportée en premier et quels moyens il avait pour connaître la vérité », est un correctif admirable des histoires traditionnelles vagues.

Un autre test doit être appliqué par chaque enquêteur pour lui-même. Lorsque nous avons vérifié, dans la mesure du possible, sur quelles preuves repose notre connaissance d'un fait allégué, nous devons considérer la probabilité inhérente de l'allégation. L'énoncé à ce sujet est-il conforme aux opérations générales de la nature humaine, ou à l'opération particulière de la nature des personnes à qui l'action en question est attribuée ? Le père Gérard, 18 ans, par exemple, utilise abondamment ce test. Il nous dit sans cesse que telle ou telle déclaration est incroyable, parce que, entre autres raisons, les personnes à l'égard desquelles elle a été faite n'auraient pas pu agir de la manière qu'on leur prête. Si je dis dans l'un de ces cas qu'il me semble probable qu'ils ont agi ainsi, ce n'est qu'une opinion individuelle contre une autre. Il n'y a aucune certitude mathématique d'un côté ou de l'autre. Tout ce que nous pouvons faire, c'est exposer les raisons qui nous inclinent à une opinion ou à une autre, et laisser à d'autres le soin d'en juger comme bon leur semble.

Il sera nécessaire par la suite de traiter longuement de l'attaque du père Gérard contre les preuves, jusqu'ici acceptées comme concluantes, des faits du complot. Un court espace peut être accordé aux raisons du rejet de son argument préliminaire, selon lequel c'était l'opinion de certains contemporains, et de certains qui ont vécu dans une génération ultérieure, que Salisbury a inventé l'intrigue en partie, sinon en totalité. Se rend-il compte combien il est difficile de prouver une telle chose par quelque preuve extérieure que ce soit ? Si la preuve par ouï-dire peut être considérée comme un argument de probabilité, et dans certains cas de forte probabilité, c'est lorsque quelqu'un il s'agit d'un fait matériel. Par exemple, je suis d'avis qu'il est très probable que l'histoire de la visite de Cromwell au corps de Charles Ier la nuit après l'exécution du roi soit vraie, bien que la preuve soit seulement que Spence l'a entendu de Pope, et que Pope l'a entendu. , médiatement ou immédiatement, de Southampton, qui aurait vu la scène de ses propres yeux. Il en va tout autrement lorsqu'il s'agit de preuves d'une intention nécessairement gardée secrète et révélée uniquement par des actes manifestes tels que la falsification de documents, la suggestion d'une fausse explication d'une preuve, etc. Une rumeur selon laquelle Salisbury aurait fomenté l'intrigue est absolument sans valeur ; une rumeur selon laquelle il aurait forgé tel instrument mériterait d'être examinée, car elle pourrait provenir de quelqu'un qui l'aurait vu le faire. 19

S'il est rare de trouver un homme dont on peut dire à juste titre qu'il n'y a aucune séparation entre sa mémoire et son imagination, rares sont cependant ceux d'entre nous qui peuvent être sûrs des faits du passé qui touchent nos sentiments. Nous ne pouvons pas nous empêcher, dans une certaine mesure, de reconstruire les événements à mesure qu'ils s'effacent dans le passé : nous oublions les parties d'un événement qui n'ont pas frappé notre imagination à ce moment-là, et celles qui nous ont émus prennent une importance écrasante. Par conséquent , plus les événements que la preuve doit reconstituer sont éloignés, plus nous devons prendre soin de l'examiner pour voir s'il y a des signes de partialité.

Par conséquent, pour tester la valeur des preuves directes quant à des faits isolés et simples, examinez si les preuves proviennent d'une source spécifiquement nommée, s'il existe une quelconque probabilité que le témoin ait pu être honnêtement trompé dans son observation, s'il avait une bonne idée possibilité de connaître les faits et une connaissance suffisante du sujet sur lequel il témoigne et, enfin, s'il était raisonnablement libre de toute partialité dans cette affaire.

Cependant, chaque fois que vous utilisez une preuve directe, elle doit être directe. Affirmer que « tout le monde sait que les sociétés secrètes d'une certaine école ont conduit à des pratiques immorales » n'est pas une preuve directe, ni déclarer que « les meilleures autorités de la ville sont d'accord pour que la société construise des doubles voies dans une certaine rue ». ". De telles affirmations sont susceptibles de n'être que des ouï-dire les plus détournés. Essayez de contre-interroger le prochain homme que vous entendrez faire ce genre d'affirmation radicale, afin de voir ce qu'il sait réellement des faits, et vous découvrirez bientôt à quel point de telles affirmations sont imprudentes. Vous entendez constamment des déclarations graves de faits dont la base ultime est l'imagination de quelque journaliste entreprenant ; pourtant, des personnes prudentes et véridiques les transmettent comme si elles étaient indubitables.

Les chroniques des journaux sont en grande partie rédigées par des jeunes gens tout juste sortis du lycée, qui proclament tout l'Évangile sur des sujets qu'ils connaissent depuis une demi-heure, et pourtant la plupart des gens ne remettent jamais en question leurs déclarations. La page imprimée, qu'il s'agisse d'un crochet, d'un magazine ou d'un journal, envoûte notre jugement. De telles affirmations flottantes, sans personne pour les élaborer, n'ont aucune valeur. Si vous devez utiliser des déclarations dans un journal comme preuve directe, ou bien prenez-les dans un journal reconnu comme attentif aux faits, ou bien recherchez l'affaire dans deux ou trois journaux et montrez que leurs témoignages concordent.

D'un autre côté, un nom spécifique, avec une référence spécifique au volume et à la page, contribuera grandement à donner confiance à vos lecteurs dans les preuves que vous présentez. Et à juste titre, car un homme avec un nom et une adresse vaut des centaines de « plus hautes autorités » anonymes ; et plus vous vous référerez spécifiquement à lui et à son témoignage, plus vous aurez de chances de convaincre votre auditoire de votre point de vue.

Un exemple célèbre et efficace de l'utilisation de noms spécifiques pour donner de l'autorité à un argument, et de la réfutation fortuite d'une affirmation vague et vague, se trouve dans le discours de Lincoln au Cooper Institute, dans la première partie duquel il a repris la déclaration du sénateur Douglas. que « nos pères, lorsqu'ils ont formé le gouvernement sous lequel nous vivons, ont compris cette question aussi bien et même mieux que nous aujourd'hui », ce qui sous-entend qu'ils avaient l'intention d'interdire au gouvernement fédéral de contrôler l'esclavage dans le territoire fédéral. territoires. Lincoln a montré que « nos pères qui ont formé le gouvernement sous lequel nous vivons » doivent être les créateurs de la Constitution : puis il a ensuite montré quelle mesure chacun d'entre eux, pour autant que les archives aient été conservées, avait pris sur la question. . Voici un extrait de son argumentation :

La question du contrôle fédéral dans les territoires ne semble pas avoir été directement soumise à la convention qui a rédigé la Constitution originale ; et par conséquent il n'est pas enregistré que les « trente-neuf », ou l'un d'entre eux, alors qu'ils étaient occupés à jouer sur cet instrument, aient exprimé une opinion sur cette question précise.

En 1789, par le premier Congrès qui siégeait sous le régime de la Constitution, une loi fut adoptée pour appliquer l'ordonnance de 1787, y compris l'interdiction de l'esclavage dans le Territoire du Nord-Ouest. Le projet de loi pour cette loi a été rapporté par l'un des « trente-neuf » – Thomas Fitzsimmons, alors membre de la Chambre des représentants de Pennsylvanie. Il a traversé toutes ses étapes sans un mot d'opposition, et a finalement franchi les deux branches sans oui ni non, ce qui équivaut à un passage unanime. Dans ce Congrès, seize des trente-neuf pères qui ont rédigé la Constitution originale étaient présents. Il s'agissait de John Langdon, Nicholas Gilman, William S. Johnson, Roger Sherman, Robert Morris, Thomas Fitzsimmons, William Few, Abraham Baldwin, Rufus King, William Paterson, George Clymer, Richard Bassett, George Read, Pierce Butler, Daniel Carroll et James Madison.

Cela montre que, selon eux, aucune ligne séparant l'autorité locale de l'autorité fédérale, ni quoi que ce soit dans la Constitution, n'interdisait à juste titre au Congrès d'interdire l'esclavage sur le territoire fédéral ; autrement, leur fidélité au principe correct et leur serment de soutenir la Constitution les auraient contraints à s'opposer à l'interdiction.

Encore une fois, George Washington, un autre des « trente-neuf », était alors président des États-Unis et, en tant que tel, a approuvé et signé le projet de loi, complétant ainsi sa validité en tant que loi et montrant ainsi que, selon lui, aucune ligne de démarcation n'existait. locale de l'autorité fédérale, ni rien dans la Constitution, n'interdisait au gouvernement fédéral de contrôler l'esclavage sur le territoire fédéral.

Peu de temps après l'adoption de la Constitution originale, la Caroline du Nord céda au gouvernement fédéral le pays qui constitue aujourd'hui l'État du Tennessee ; et quelques années plus tard, la Géorgie céda ce qui constitue aujourd'hui les États du Mississippi et de l'Alabama. Dans les deux actes de cession , les États cédants ont posé comme condition que le gouvernement fédéral n'interdise pas l'esclavage dans le pays cédé. En outre, l'esclavage existait alors effectivement dans le pays cédé. Dans ces circonstances, le Congrès, en prenant en charge ces pays, n'y a pas absolument interdit l'esclavage. Mais ils l'ont interféré, en ont pris le contrôle, même là, dans une certaine mesure. En 1798, le Congrès organisa le territoire du Mississippi. Dans l'acte d' organisation , ils ont interdit l'introduction d'esclaves dans le territoire de n'importe quel endroit sans l'aide des États-Unis, par amende, et ont donné la liberté aux esclaves ainsi amenés. Cette loi a été adoptée par les deux branches du Congrès sans oui ni non. Dans ce congrès se trouvaient trois des « trente-neuf » qui ont rédigé la Constitution originale. Il s'agissait de John Langdon, George Read et Abraham Baldwin. Ils ont probablement tous voté pour. Ils auraient certainement fait état de leur opposition si, selon eux, toute ligne séparant l'autorité locale de l'autorité fédérale, ou quoi que ce soit dans la Constitution, interdisait à juste titre au gouvernement fédéral de contrôler l'esclavage sur le territoire fédéral.

En fin de compte, cette énumération exacte de noms, pour laquelle il s'était préparé avec tant de soin, permit à Lincoln de résumer de manière absolument concluante :

Les cas que j'ai mentionnés sont les seuls actes des « trente-neuf », ou de l'un d'entre eux, sur la question directe, que j'ai pu découvrir.

Pour énumérer les personnes qui ont ainsi agi comme étant quatre en 1784, deux en 1787, dix-sept en 1789, trois en 1798, deux en 7804 et deux en 1819-1820, il y en aurait trente. Mais cela reviendrait à compter John Langdon, Roger Sherman, William Few, Rufus King et George Read chacun deux fois, et Abraham Baldwin trois fois. Le nombre réel de ceux des « trente-neuf » dont j'ai montré qu'ils ont agi sur la question qu'ils ont mieux comprise que nous, par le texte, est de vingt-trois, laissant seize qui n'ont pas agi sur cette question de quelque manière que ce soit. chemin.

Nous avons donc ici vingt-trois de nos trente-neuf pères « qui ont formé le gouvernement sous lequel nous vivons », qui ont, sous leur responsabilité officielle et leurs serments corporels, agi sur la question même que le texte affirme : « compris aussi bien, et même mieux, qu'aujourd'hui" ; et vingt et un d'entre eux – une nette majorité des « trente-neuf » au total – agissant en conséquence de manière à les rendre coupables d'irrégularités politiques grossières et de parjure délibéré si, selon leur compréhension, une division appropriée entre l'autorité locale et l'autorité fédérale, ou quoi que ce soit dans la Constitution qu'ils avaient rédigés eux-mêmes et qu'ils avaient juré de soutenir, interdisait au gouvernement fédéral de contrôler l'esclavage dans les territoires fédéraux. Ainsi agissaient les vingt et un ; et, comme les actions sont plus éloquentes que les mots, les actions sous une telle responsabilité sont encore plus éloquentes.

Lorsque vous arrivez à témoigner d'un état de choses vaste et complexe, qui est le genre de fait sur lequel portent tant d'arguments de la vie pratique, même si vous aurez toujours affaire à un fait, la nature même du fait change. la valeur et la nature de votre témoignage. Il est relativement simple de déterminer si une certaine femme se tournait vers l'avant ou vers l'arrière lorsqu'elle descendait d'un tramway, ou si les œufs d'un oursin commencent ou non à germer sous l'influence d'une certaine substance chimique ; mais il est loin d'être simple de déterminer si un cours optionnel gratuit a ou non incité les diplômés d'un certain collège à une plus grande intelligence et à une plus grande culture, ou si les diplômés d'un autre collège où le cours classique est maintenu ont un esprit plus vif et plus flexible. et des goûts plus raffinés grâce à leur étude des classiques. Dans de tels cas, la citation de preuves directes vous amène à des difficultés d'un genre différent de celles que vous rencontrez lorsque vous établissez un fait unique et simple. Ici, vous dépendrez généralement de deux sources principales de preuves : les statistiques et les preuves d'autorités reconnues en la matière.

30. Statistiques. Les statistiques, qui sont des recueils de chiffres, sont notoirement traîtres. Sur beaucoup de sujets importants, comme par exemple l'effet pratique du système électif, il est impossible de les obtenir ; et sur bien d'autres sujets, comme les effets d'un tarif protecteur, il faut les obtenir en masses si énormes, si l'on veut vraiment leur faire confiance, que seuls des étudiants profonds peuvent les traiter. En outre, lorsque les faits sont compliqués et que les intérêts s'entremêlent, de nombreux chiffres peuvent entrer en jeu, comme notamment dans le cas d'un tarif ; Cette difficulté est si clairement reconnue aujourd'hui que le Congrès a autorisé une commission tarifaire composée d'éminents étudiants en économie et d'hommes ayant une longue expérience dans le traitement des questions tarifaires, pour recueillir et étudier les faits et formuler des recommandations basées sur eux. De même, avec l'enquête sur la question de l'alcool menée il y a quinze ans par le Comité des Cinquante : toute la question était tellement embrouillée par des affirmations et des contre-affirmations qu'il devenait souhaitable de confier une enquête sur les faits à des hommes d'une capacité et d'une impartialité reconnues. . [20]

En général, pour utiliser les statistiques en toute sécurité, il faut avoir une grande connaissance d'un sujet, en particulier lorsque la question est mêlée d'une manière ou d'une autre aux sentiments des hommes, que ce soit par le biais de la politique ou non. Toutes les statistiques dont nous disposons font échec aux grands armements et à la préparation à la guerre ; Pourtant, même si la nature humaine est ce qu'elle est, la prudence nécessaire semble exiger que chaque nation, quelle que soit sa taille, en ait. Un tout petit peu de nature humaine bouleverserait un très grand corpus de statistiques. De plus, dans la plupart des affaires humaines, les résultats sont produits par une multiplicité de causes ; et bien que les statistiques puissent éclairer les trois quarts de toutes les causes qui sont puissantes dans un cas donné, l'autre quart, qui est irréductible à une affirmation précise, peut modifier complètement le résultat. Par conséquent, si vous utilisez des statistiques dans votre argumentation, comme preuve d'un fait important et complexe, vous devriez généralement les justifier dans une certaine mesure en montrant qu'il n'existe aucune force contraire qu'elles ne couvrent.

Cependant, avec cette précaution, les statistiques constituent le fondement de la plupart des arguments sur de grandes questions. Si vous plaidiez en faveur de l'achat d'aqueducs locaux, vous présenteriez des chiffres montrant le nombre de maisons utilisant le réseau public d'eau, les tarifs payés, les bénéfices de l'entreprise, les points précis auxquels le contrôle public pourrait faire des économies. Si vous plaidiez en faveur d'une règle selon laquelle aucun homme ne doit jouer dans une équipe universitaire avant d'avoir été inscrit un an à l'université, vous auriez besoin de statistiques pour montrer combien d'hommes seraient concernés par cette règle. Si vous plaidiez en faveur d'une seule séance dans une école au lieu de deux, vous montreriez exactement combien d'élèves de l'école vivent à plus d'un kilomètre et demi du bâtiment. Dans tous les cas où les statistiques peuvent être présentées de manière à montrer clairement qu'elles couvrent assez bien le terrain, elles constituent une preuve des plus précieuses. Ils donnent à l'argument l'impression d'être fondé sur un roc. S'il est évident que les statistiques ont été récemment recueillies et ne sont pas simplement des glanages occasionnels et de seconde main, elles ont un effet encore plus grand, car elles ont alors une force secondaire en témoignant de la connaissance personnelle que le témoin a du sujet. Nous verrons plus tard le danger de l'erreur de généraliser sur une base trop étroite : une généralisation basée sur un bon ensemble de statistiques ne court aucun risque de cette erreur.

31. L'avis des autorités reconnues. L'autre source principale de preuve permettant d'établir un fait qui consiste en un état de choses vaste et complexe est l'opinion des autorités reconnues en la matière. La force de ces preuves dépend de la capacité du public à accepter la personne que vous citez comme ayant autorité en la matière. La plupart d'entre nous lisent un journal ou un périodique dont nous avons confiance dans les opinions, car elles semblent fondées sur une enquête et des connaissances compétentes. Le rapport annuel du secrétaire au Trésor constitue un excellent témoignage de l'état des finances nationales. Les rapports des présidents des collèges constituent d'excellents témoignages des autorités sur des questions telles que la valeur du système électif ou l'effet de l'élévation des normes d'admission. Le rapport d'un doyen ou d'un maître d'école sur la valeur de l'athlétisme organisé est efficace si le public sait qu'il aime les sports de plein air et prend le temps de voir les matchs. Les preuves tirées d'une autorité susceptible d'être utilisée par l'autre partie sont doublement efficaces, puisque vos lecteurs reconnaissent que sa compétence est reconnue.

Si un homme a consacré sa vie à l'étude d'un sujet et a publié des livres d'une autorité reconnue, son témoignage aura un poids particulier. L'opinion de M. Bryce sur toutes les questions concernant l'état des choses dans ce pays serait immédiatement reconnue comme importante, car il a consacré du temps et de l'étude à rassembler la multitude de petits faits qui constituent le grand fait. Son opinion selon laquelle l'honnêteté politique augmente chez nous a réconforté de nombreux bons citoyens découragés par les récits de coquineries récurrentes dans les journaux et les magazines. Il s'agit d'un cas typique de citation d'autorités ; car les faits sont énormes en nombre, très dispersés et souvent contradictoires. Seul un homme qui a pris la peine de se tenir constamment informé, dont le jugement a été formé par une longue considération et comparaison des faits, et qui est né avec le tempérament judiciaire, peut atteindre l'autorité de M. Bryce.

Il y aura des cas dans lesquels vous aurez le droit de vous présenter comme une autorité, car sur de nombreux sujets qui relèvent du domaine des étudiants de premier cycle, leurs connaissances sont de première main. Sur toutes les questions d'athlétisme, en particulier, un étudiant a tendance à avoir fraîchement à l'esprit une masse considérable de faits. De la même manière, on peut parler des résultats de certaines conditions d'admission au collège, à partir d'une expérience récente. Dans les domaines concernant votre propre ville aussi, vous pouvez avoir des connaissances originales.

Toutefois, si vous souhaitez vous présenter comme une autorité, vous devez compléter votre connaissance des faits en l'étendant au-delà de votre expérience personnelle. S'il s'agit de conditions d'entrée, vous ne pouvez pas vous arrêter à votre propre expérience, ni même à celle de votre propre classe à l'école. Vous devez consulter les registres d'un certain nombre de classes avant et peut-être après la vôtre, et en discuter avec le directeur de l'école, pour voir s'il existe des circonstances particulières qui affectent l'une d'entre elles. Si vous plaidez pour ou contre un changement dans les règles actuelles du football, vous devrez aller au-delà des matchs de votre propre équipe universitaire et de ceux de la saison en cours. S'il s'agissait , par exemple, de modifier les règles concernant la passe avant, on ne pourrait pas parler avec pleine autorité sans avoir consulté les comptes des principaux jeux depuis deux ou trois ans au moins. Si vous vous présentez, alors, en tant que témoin dans l'un de ces cas de faits compliqués, vous devez faire comprendre à vos lecteurs que vous avez le droit d'être considéré comme tel. Si vous en avez le droit, ce serait une folie de cacher votre lumière sous le boisseau.

Un exemple du soin apporté par les hommes qui ont fait autorité dans leur domaine se trouve dans le passage suivant du discours du président Eliot, "Une gamme plus large de cours au choix dans les conditions d'admission au collège". [21]Remarquez à quel point il fonde ses conclusions sur les faits et sur les opinions d'autres autorités.

> Sur quelles bases doit-on procéder à une juste évaluation de toutes les matières qui peuvent être présentées aux examens d'admission qui comportent de nombreuses options ?

> Cette question nous introduit à une enquête difficile. Ce n'est évidemment pas une méthode intelligente que d'attribuer une valeur à chaque matière en fonction du temps consacré à l'examen dans cette matière. Comment pouvons-nous trouver une meilleure manière de déterminer la valeur qui devrait être attribuée à chacune des nombreuses matières optionnelles, alors que les jeunes gens ne peuvent pas présenter toutes les matières autorisées, et même à peine les trois cinquièmes d'entre elles, si l'éventail est suffisamment élargi. ? Je crois que le meilleur critère pour déterminer la valeur de chaque matière est le temps consacré à cette matière dans les écoles qui ont un programme d'études intelligent. Le Comité des Dix [22]a examiné le nombre de matières utilisées dans environ deux cents des meilleures écoles secondaires de ce pays, ainsi que le temps alloué à chaque matière. Ils ont constaté une grande variété de pratiques, tant en ce qui concerne le choix des sujets que la répartition du temps. On ne peut guère dire qu'il y ait un temps alloué dans ces écoles secondaires pour n'importe quelle matière, pas même pour les anciennes matières traditionnelles. Les horaires varient considérablement selon les régions du pays, et même selon les écoles d'une même région du pays. Si donc nous voulons déterminer, par le temps scolaire, les évaluations des différentes matières, prescrites et facultatives, qui peuvent entrer dans les examens d'admission, nous devons avoir une sorte de programmes standard pour les écoles secondaires. À l'heure actuelle (1896), je ne connais aucun programme susceptible de répondre à cet objectif, à l'exception des programmes provisoires du Comité des Dix. On peut dire à juste titre

qu'ils sont les programmes les mieux étudiés à l'heure actuelle au pays et qu'ils représentent le plus grand nombre de consentements professionnels, simplement parce qu'ils sont le résultat du travail, premièrement, de quatre-vingt-dix enseignants d'écoles et de collèges, répartis en neuf différents. des conférences par matière, et deuxièmement, de dix enseignants représentatifs combinant et révisant les travaux des conférences, en faisant soigneusement référence à l'état actuel des écoles américaines.

32. Preuve indirecte. Le terme « preuve indirecte » peut être utilisé pour désigner toute preuve de fait dans laquelle le raisonnement joue consciemment un rôle. Sans cela, nous serions impuissants dans de vastes domaines de notre vie intellectuelle, notamment dans les domaines de la science et de l'histoire, et constamment dans la vie de tous les jours. De toute évidence, la frontière entre les preuves directes et indirectes est vague et incertaine ; C'est une des premières choses apprises en psychologie que nos perceptions et nos jugements des choses qui nous concernent ne sont presque jamais basés exclusivement sur le témoignage de nos sens, et que nous tirons toujours des conclusions hâtives à partir d'observations très partielles.

Le professeur Münsterberg donne l'exemple suivant tiré de sa propre expérience de cette substitution involontaire de preuves indirectes à des preuves directes :

L'été dernier, j'ai dû comparaître devant un jury en tant que témoin lors d'un procès. Alors que j'étais avec ma famille au bord de la mer, ma maison de ville avait été cambriolée et j'ai été appelé à rendre compte de mes conclusions contre le coupable qu'ils ont attrapé avec une partie du butin. J'ai déclaré sous serment que les cambrioleurs étaient entrés par une fenêtre de cave, puis j'ai décrit les pièces qu'ils avaient visitées. Pour prouver, en réponse à une question directe, qu'ils étaient là la nuit, j'ai raconté que j'avais trouvé des gouttes de cire de bougie au deuxième étage. Pour montrer qu'ils avaient l'intention de revenir, je rapportai qu'ils avaient laissé sur la table de la salle à manger une grande pendule de cheminée, emballée dans du papier d'emballage. Enfin, quant à la quantité de vêtements qu'ils avaient emportés, j'ai affirmé que les cambrioleurs n'avaient obtenu que la liste précise que j'avais remise à la police.

Quelques jours plus tard seulement, j'ai découvert que chacune de ces affirmations était fausse. Ils n'étaient pas entrés par la fenêtre, mais avaient brisé la serrure de la porte de la cave ; l'horloge n'était pas emballée par eux dans du papier d'emballage, mais dans une nappe ; les crottes de bougies n'étaient pas au deuxième étage, mais dans le grenier ; la liste des vêtements perdus devait être augmentée de sept pièces supplémentaires ; et tandis que mon récit sous serment parlait toujours de deux cambrioleurs, je ne sais pas s'il y en avait plus d'un. [23]

Constamment, dans la vie de tous les jours, nous faisons des affirmations désinvoltes, convaincus que nous donnons des preuves directes, alors qu'en fait nous annonçons des déductions. La distinction est importante à bien des égards, et notamment comme moyen d'éviter l'âpreté des débats ; car remettre en question les conclusions d'un homme est bien moins susceptible de le mettre en colère que de nier son énoncé de fait.

Pour les besoins pratiques de l'argumentation, nous pouvons laisser la distinction entre observation et inférence, et par conséquent entre preuves directes et indirectes, dépendre du fait que l'inférence soit ou non une partie consciente et facilement distinguable du jugement. Bien que la mise en lumière d'une inférence inconsciente soit souvent une partie essentielle de la détection d'un faux raisonnement, lorsqu'il n'y a pas de conséquence pratique, nous n'avons pas besoin d'être trop curieux ici de la frontière entre l'observation directe et l'inférence à partir de l'observation. Pour les besoins approximatifs des arguments quotidiens, il est assez exact de dire que lorsque vous reconnaissez que vous fondez votre conclusion quant à un fait sur un processus de raisonnement, vous vous appuyez alors sur des preuves indirectes ; là où vous ne reconnaissez pas l'inférence sans réflexion, vous vous appuyez sur des preuves directes.

Dans la discussion qui suit sur le raisonnement , il s'agira parfois de prouver un fait, parfois d'argumenter en faveur d'une politique. Dans de nombreux cas, les deux processus sont pratiquement identiques, car si le fait est établi, la politique suit naturellement : dans ces cas, par souci de commodité, j'utiliserai les termes de manière interchangeable et je les garderai séparés uniquement lorsqu'il y a il y a un risque de confusion.

33. Raisonnement. Bien que les diverses formes de raisonnement et les principes qu'elles suivent relèvent plutôt de la psychologie et de la logique que d'un travail pratique sur l'écriture des arguments, ces sciences nous aident néanmoins à comprendre les processus de l'esprit par lesquels nous nous convainquons d'abord nous-mêmes. puis d'autres personnes, de l'existence des faits, lorsque, pour une raison ou une autre, le témoignage direct fait défaut. La psychologie décrit les processus de raisonnement comme faisant partie de l'activité de l'esprit, les analyse selon leurs parties et montre leur fonctionnement. La logique s'intéresse plutôt aux formes du raisonnement : son objectif est d'établir des principes et des règles dont l'application assurera un raisonnement correct.

Je vais d'abord esquisser brièvement et très simplement la nature sous-jacente du processus de raisonnement tel qu'il est décrit par les psychologues ; puis je passerai à une application pratique des principes ainsi atteints ; J'exposerai ensuite quelques-uns des processus de raisonnement les plus simples et les plus clairs qui ont été élaborés par la logique ; et, enfin, je discuterai de chacune des formes de faux raisonnement les plus connues. De la description psychologique et des règles de logique, nous tirerons des suggestions pratiques pour établir les faits qui peuvent être nécessaires dans un argument.

La caractéristique essentielle du processus de raisonnement est qu'il procède d'une chose à l'autre, en décomposant des faits et des phénomènes entiers et en suivant les implications ou les conséquences d'une ou de plusieurs parties. 24 Par exemple, si j'en déduis, quand mon chien sort d'une basse-cour avec un air d'excuse, et avec du sang et des plumes sur la bouche, qu'il a tué une poule, je brise tout le phénomène de l'apparition du chien, et ne prêtant attention qu'au sang et aux plumes sur sa tête ; et celles-ci me conduisent directement à des apparitions semblables lorsque je l'ai surpris en flagrant délit. Si je raisonne, *tout élève qui peut concentrer son attention peut apprendre rapidement, George Marston a un pouvoir de concentration notable, donc George Marston peut apprendre rapidement* , je brise à nouveau l' *étudiant en abstraction* et le fait concret *George Marston* , et je fais attention dans chacun à une caractéristique unique, *la concentration de l'attention* . Ainsi, grâce à ces parties semblables d'ensembles différents, je passe de l'affirmation concernant la classe dans son ensemble à l'affirmation concernant le cas concret. Ce processus d'analyse d'abord, puis d'abstraction de semblables est la partie essentielle de tout acte de raisonnement.

En revanche, dans un jugement intuitif ou irraisonné, nous sautons à la conclusion sans analyser les étapes intermédiaires. Si je dis, *j'ai le sentiment dans mes os qu'il pleuvra demain*, ou, *il me vient à l'esprit que notre équipe va gagner* , les sensations et les idées que je regroupe ainsi sont trop subtiles et trop complexes pour être analysées. , et la conclusion, même si elle peut s'avérer valable, n'est pas obtenue par le raisonnement. La difference entre de tels jugements intuitifs et irraisonnés, et le raisonnement proprement dit, réside dans l'absence ou la présence de l'étape intermédiaire par laquelle nous reconnaissons et choisissons consciemment un attribut ou une caractéristique unique du ou des faits que nous considérons, et passons. de cela à d'autres cas dans lesquels cela se produit.

L'habileté du raisonneur se compose donc de deux parties : premièrement, la sagacité de choisir, parmi le fait complexe dont il est saisi, l'attribut ou la caractéristique qui est significatif pour son objectif actuel ; et deuxièmement, la grande connaissance du sujet qui lui permettra de le suivre dans d'autres cas où il se produit avec des circonstances différentes, ou, en d'autres termes, de suivre une similitude à travers des cas divers. La grande réussite de Darwin dans l'établissement du principe de l'évolution réside d'abord dans la sagacité scientifique qui lui a fait comprendre, après des années d'études patientes, que le seul fait commun à la multitude de plantes et d'animaux est la lutte pour l'existence par laquelle tous les êtres vivants persistent, ceux qui sont les mieux adaptés à leur situation survivent ; et deuxièmement, dans sa riche connaissance du monde naturel, qui lui a permis de suivre cette caractéristique dans toutes les espèces de plantes et d'animaux, et d'arriver ainsi à la loi générale. Mais qu'il s'agisse d'une conclusion aussi radicale que la sienne, ou de la mienne selon laquelle mon chien a tué une poule, le processus est le même : analyser ou décomposer le fait complexe, et suivre les conséquences ou les implications de certaines parties sélectionnées . de celui-ci dans d'autres cas.

Tout raisonnement se réduit donc en fin de compte à un processus de passage du semblable au semblable : on remarque que le cas présent est comme d'autres cas que nous connaissons déjà : alors, puisque ces cas ont toujours été accompagnés dans le passé de certaines circonstances ou conséquences , nous pensons que la présente affaire montrera également ces mêmes circonstances ou conséquences. Chaque fois que mon chien a tué alors que les cas étaient similaires au niveau du sang et des plumes sur sa bouche ; dans ce cas, il a du sang et des plumes sur la bouche ; il a donc dû tuer une poule. Les plantes et les animaux individuels survivent s'ils sont adaptés à leur environnement par des caractéristiques particulières, et ceux qui ne le sont pas meurent ; les espèces de plantes et d'animaux, ainsi que les individus, font preuve d'une adaptation particulière à leur environnement ; les espèces ont donc survécu grâce au même processus de sélection naturelle.

Il s'ensuit que le raisonnement, qu'il aboutisse à une loi générale ou à un jugement concret, dépend de l'hypothèse que la nature – et par nature nous entendons ici l'univers tout entier tel que nous le connaissons, est uniforme ; qu'il existe des liens entre les faits qui nous permettent d'être certains que si un fait donné se produit, alors un autre fait se produit toujours avec lui comme effet, ou comme cause, ou lié à lui d'une autre manière. Sans cette certitude de l'uniformité des choses, il n'y aurait pas de raisonnement, et donc pas d'argumentation à partir d'évidences indirectes. Huxley expose cette vérité fondamentale de manière claire et impressionnante au début de la première de ses « Conférences sur l'évolution » (voir p. 234).

Pour des raisons pratiques, les différents types de déductions fondées sur la similarité peuvent être commodément classés en trois groupes. Comme cela apparaîtra évidemment, il n'y a pas de ligne fixe et infranchissable entre eux.

« Si une inférence s'appuie sur une ressemblance nouvellement observée, rare ou douteuse, on l'appelle une inférence par analogie ; si elle est faite sur la base d'une classification établie, on l'appelle une généralisation ; si elle implique une variété de ressemblances si combinées qu'elles portent sur un seul point, cela est généralement ou fréquemment appelé une inférence à partir de preuves circonstancielles. [25]

Je vais aborder chacun de ces types et montrer comment nous les utilisons dans le travail pratique d'argumentation. On verra que la certitude des résultats varie considérablement.

34. Raisonnement par analogie. L'analogie, dans sa forme la plus ténue, est faible comme base pour une inférence réelle, bien qu'elle soit souvent efficace comme moyen d'exprimer un jugement intuitif lorsque les raisons sont trop subtiles et diffuses pour une explication formelle. Lorsque Lincoln, au milieu de la guerre civile, a déclaré que les hommes n'échangent pas de chevaux lorsqu'ils traversent un ruisseau, l'analogie, bien que subtile, a semblé réelle. Les adages et proverbes populaires sont des modes courants d'expression de telles analogies profondes : par exemple, « Là où il y a de la fumée, il y a du feu » ; "Le paresseux dit : Il y a un lion sur le chemin." La poésie aussi est pleine de ces similitudes subtiles et prégnantes qui lient les choses sous un aspect, mais échouent sous tous les autres.

> Mourir;   dormir;
> Pas plus; et par un sommeil pour dire que nous mettons fin
> au chagrin et aux mille secousses naturelles dont la chair est
> l'héritière. C'est une consommation qui mérite sincèrement
> d'être   souhaitée   .   Mourir;   dormir ;—
> Dormir ? Poursuit tes rêves! Oui, c'est là le problème ; car
> dans ce sommeil de mort, les rêves qui peuvent survenir,
> lorsque nous nous serons débarrassés de cette enveloppe
> mortelle,
> doivent nous faire réfléchir.

Mais, comme dans le cas d'Hamlet, les analogies poétiques ne supporteront pas beaucoup de tension ; l'aspect dans lequel la similitude existe est généralement le seul aspect que les deux cas ont en commun, et prendre la poésie comme une formulation précise d'un fait revient à pécher à la fois contre l'humour et le bon raisonnement.

Dans la vie quotidienne, nous raisonnons constamment par analogie. Si vous soutenez qu'un certain homme qui a réussi à la tête d'une compagnie ferroviaire fera donc un bon président pour un collège parce que c'est aussi une institution complexe, ou que parce que l'autonomie gouvernementale a bien fonctionné dans une certaine école, elle sera probablement bien travailler dans un collège, ou que parce qu'un ami a été guéri de l'insomnie en faisant une promenade juste avant de se coucher, tous ceux qui dorment mal peuvent être guéris de la même manière, - dans tous ces cas, vous raisonnez par analogie. Dans chaque cas on remarquera qu'on passerait d'une similarité qui existe dans un seul cas ou dans un petit nombre de cas à la conclusion. Le raisonnement n'est cependant valable que dans la mesure où la similitude porte sur l'objectif réel poursuivi : dans le premier exemple, si le succès du président des chemins de fer découle de la capacité d'hommes compréhensifs et de la perspicacité philosophique des grands problèmes, le le raisonnement sera probablement valable ; dans le dernier exemple, appliqué à l'insomnie due au surmenage, cela pourrait être mauvais.

Dans la pratique, il est facile de trouver des exemples de raisonnement par analogie, en particulier dans les arguments politiques. Le premier essai de gouvernement municipal par commission reposait sur un tel raisonnement : lorsque Galveston, au Texas, fut dévastée par une tempête, on pensa qu'en matière d'affaires, un petit groupe d'hommes choisis dotés de pouvoirs absolus était plus efficace en cas d'urgence, et que depuis le le reconstruction de la ville étant essentiellement une question d'affaires, un tel organisme serait le mieux à même de répondre à l'urgence. Ainsi, l'extension du gouvernement par commission dans d'autres États a d'abord suivi un raisonnement par analogie : le gouvernement par commission a bien fonctionné à Galveston ; cela fonctionnerait probablement bien à Des Moines. De même pour les arguments en faveur d'un colis postal : ils partent de l'analogie avec le service postal actuel, qui a réussi jusqu'à présent, et du succès du colis postal dans presque tous les pays d'Europe. Si vous affirmiez que le football « associatif » (ou « football ») devrait devenir l'un des sports majeurs de votre université, vous raisonneriez, à partir de l'analogie de sa grande popularité auprès des Anglais du monde entier, qu'il serait probablement aussi populaire. en Amérique.

Cependant, lorsque vous utilisez l'argument de l'analogie, vous devez vous assurer que la similitude entre les deux cas va jusqu'au point que vous souhaitez établir. Dans l'extrait suivant d'un argument en faveur d'un gouvernement de commission pour toutes les villes, l'auteur limite explicitement son raisonnement à partir de l'analogie de Washington jusqu'à l'extension du système aux grandes villes.

Si nous recherchons des gouvernements de commission efficaces dans ce pays, il n'est pas difficile d'en trouver dans nos plus grandes villes. La ville de

Washington est gouvernée par une petite commission et est reconnue comme l'une de nos villes les mieux gouvernées. Même si l'origine de cette commission est totalement différente de celle de la forme de gouvernement à commission, une administration réussie sous son règne est une réponse valable à l'argument selon lequel les petites commissions ne conviennent qu'à l'administration des petites villes. <u>26</u>

Chaque fois que vous utilisez ce type de raisonnement, il est donc judicieux d'en limiter la portée. Si, dans un argument en faveur de l'autorisation des sociétés secrètes dans un lycée, vous vous appuyez sur l'analogie de la vie universitaire, prenez soin de montrer que cette ressemblance recouvre la vie sociale d'une école. Si vous soutenez que votre ville devrait créer un gymnase municipal et que vous vous appuyez sur un raisonnement fondé sur l'analogie d'une famille, dans laquelle tous les membres ont un intérêt direct dans la santé des autres, montrez que cet intérêt a des raisons pratiques de bien-être. , et ne repose pas entièrement sur l'affection. Dans tous les cas, à moins que les limites de l'analogie ne soient évidentes, précisez-les afin d'emporter avec vous vos lecteurs en toute sécurité.

35. Fausse analogie. Un danger particulier de l'argumentation par analogie est l'erreur connue sous le nom de fausse analogie, ou raisonnement aboutissant à une conclusion que la similitude ne soutient pas. Les arguments dans lesquels il y a de nombreuses figures de style, surtout lorsque le style est un peu fleuri, ont tendance à basculer dans cette erreur. Comparer l'éducation à l'épanouissement d'une fleur est très bien, si l'on ne continue pas en affirmant que, parce que le muguet ne peine ni ne tourne, un enfant ne devrait donc pas faire de travail à l'école. On raconte que M. Stolypine, ancien premier ministre de la Russie, s'excusa un jour à moitié à la Douma de la lenteur de ses réformes, disant qu'il était comme un homme qui tire avec un fusil à silex ; à quoi un des députés libéraux répondit que ce n'était pas une question d'armes, mais de visée, et que si Son Excellence voulait continuer à tirer sur le peuple, il vaudrait mieux qu'il continue à utiliser des silex.

Sous les auspices de la Carnegie Institution, un expert en administration des affaires a mené une enquête sur les méthodes d'enseignement et de recherche en physique dans diverses universités américaines et a formulé des recommandations basées sur la conduite des établissements commerciaux. En réponse, un professeur de physique a montré à quel point l'analogie entre une entreprise commerciale dont le but est le profit et un laboratoire de physique dont le but est l'avancement des connaissances est fausse et trompeuse. L'expert avait suggéré la création d'un comité de recherche général pour corréler les recherches ; le professeur a cité les cas d'Airy, l'astronome royal d'Angleterre, qui, par sa position dominante, a freiné la recherche astronomique en Angleterre pendant une génération, et de Sir Humphry Davy, qui a découragé le travail de Faraday, lorsque ce dernier était son assistant. L'expert a suggéré que les appareils pourraient être transmis d'un chercheur à l'autre : le professeur a répondu que peu d'hommes peuvent utiliser des appareils conçus pour les besoins d'autrui et que le coût de la reconstruction dépasserait le coût des nouvelles machines. Bref, il a complètement débarrassé l'argumentation de l'analogie établie par l'expert. [27]

Un exemple notable de réfutation concluante d'un argument basé sur une fausse analogie se trouve dans la conférence Ingersoll de William James sur l'immortalité. Il a repris l'argument ordinaire contre l'immortalité de l'âme, qui, partant de la formule physiologique et psychologique acceptée, "La pensée est une fonction du cerveau", explique que lorsque le cerveau meurt et se décompose, la pensée et la conscience meurent également. .

Telle est donc l'objection à l'immortalité ; et la prochaine chose à faire pour moi est d'essayer de vous expliquer pourquoi je crois qu'en stricte logique, elle n'a aucun pouvoir dissuasif. Je dois vous montrer que la conséquence fatale n'est pas coercitive, comme on l'imagine communément ; et que, même si la vie de notre âme (telle qu'elle nous est révélée ici-bas) peut être au sens littéral la fonction d'un cerveau qui périt, il n'est pourtant pas du tout impossible, mais au contraire tout à fait possible, que la vie puisse continuent quand le cerveau lui-même est mort.

La prétendue impossibilité de sa continuation vient d'un regard trop superficiel sur le fait admis de la dépendance fonctionnelle. Dès lors que l'on s'intéresse de plus près à la notion de dépendance fonctionnelle, et qu'on se demande, par exemple, combien de sortes de dépendance fonctionnelle il peut y avoir, on s'aperçoit immédiatement qu'il en existe au moins une qui n'exclut pas du tout une vie au-delà. La conclusion fatale du physiologiste découle du fait qu'il suppose spontanément un autre type de dépendance fonctionnelle et qu'il le traite comme le seul type imaginable.

Lorsque le physiologiste qui pense que sa science coupe tout espoir d'immortalité prononce la phrase : « La pensée est une fonction du cerveau », il pense à la question exactement comme il pense lorsqu'il dit : « La vapeur est une fonction de la bouilloire. " "La lumière est fonction du circuit électrique", "La puissance est fonction de la cascade en mouvement." Dans ces derniers cas, les divers objets matériels ont pour fonction de créer ou d'engendrer intérieurement leurs effets, et leur fonction doit être appelée fonction *productive* . De la même manière, pense-t-il, cela doit être le cas du cerveau. Engendrant la conscience en son intérieur, tout comme elle engendre le cholestérol , la créatine et l'acide carbonique, sa relation avec la vie de notre âme doit également être appelée fonction productive. Bien sûr, si une telle production est la fonction, alors lorsque l'organe périt, puisque la production ne peut plus continuer, l'âme doit sûrement mourir. Une telle conclusion est en effet inévitable à partir de cette conception particulière des faits.

Mais dans le monde de la nature physique, ce type de fonction productive n'est pas le seul type de fonction qui nous soit familier. Nous avons également une fonction libératrice ou permissive ; et nous avons une fonction transmissive.

La gâchette d'une arbalète a une fonction de déclenchement : elle supprime l'obstacle qui retient la corde, et permet à l'arc de reprendre sa forme naturelle. Ainsi , lorsque le marteau tombe sur un composé détonant. En éliminant les obstructions moléculaires internes, il permet aux gaz constitutifs de reprendre leur volume normal et permet ainsi à l'explosion d'avoir lieu.

Dans le cas d'un verre coloré, d'un prisme ou d'une lentille réfringente, nous avons une fonction transmissive. L'énergie de la lumière, quelle que soit la manière dont elle est produite, est tamisée et limitée en couleur par le verre, et par la lentille ou le prisme déterminé selon une certaine trajectoire et forme. De même, les touches d'un orgue n'ont qu'une fonction transmissive. Ils ouvrent successivement les différents tuyaux et laissent s'échapper le vent présent dans le coffre à air de diverses manières. Les voix des différents tuyaux sont constituées par les colonnes d'air tremblantes à mesure qu'elles émergent. Mais l'air n'est pas engendré dans l'orgue. L'organe proprement dit, à la différence de sa poitrine d'air, n'est qu'un appareil permettant d'en libérer des portions sur le monde sous ces formes particulièrement limitées.

Ma thèse est maintenant la suivante : lorsque nous pensons à la loi selon laquelle la pensée est une fonction du cerveau, nous ne sommes pas obligés de penser uniquement à la fonction productive ; *on est en droit également de considérer la fonction permissive ou transmissive* . Et cela, le psychophysiologiste ordinaire ne tient pas compte de cela. [28]

La question de la validité d'une analogie dans le raisonnement est toujours, comme ici, de savoir si la similitude sur laquelle repose le raisonnement s'étend réellement entre les deux cas en question, ou n'est pas simplement une ressemblance générale exprimée par une phrase ou un mot qui semble signifier plus qu'il ne le fait. En d'autres termes, lorsque vous testez une analogie, qu'elle soit la vôtre ou celle d'un adversaire, assurez-vous que la similitude est réelle dans le cas présent. Une figure de style pittoresque peut ajouter de la vie à un argument, mais elle peut également combler une lacune dans le raisonnement.

36. Raisonnement par classification ou généralisation. Évidemment, la force du raisonnement par analogie augmente avec le nombre de cas que vous pouvez citer comme montrant la similitude sur laquelle vous vous appuyez, car vous pouvez alors commencer à généraliser et à classer.

L'analogie exprime notre tendance naturelle à assimiler le nouveau à l'ancien, à interpréter ce qui est étrange et inconnu à la lumière de ce que nous savons déjà. On peut donc la qualifier de classification en devenir. Les ressemblances qui nous guident sont appelées analogies tant qu'elles sont nouvelles, rares ou douteuses ; mais à mesure que le nombre des cas augmente, l'analogie passe par des étapes insensibles à la classification établie. [29]

Un excellent exemple de cette transition peut être vu dans l'état actuel de l'argumentation en faveur du gouvernement par commission : au début, comme nous l'avons vu, il dépendait principalement d'un raisonnement par analogie ; à cette époque, suffisamment de villes ont adopté le plan pour permettre de les classer, et donc de raisonner par généralisation.

Généralisation et classification, notons-le en passant, sont deux aspects d'un même processus de pensée. Lorsqu'on passe des faits individuels au fait plus large qui les rassemble, comme dans l'affirmation : *Les membres du Phi Beta Kappa sont de bons érudits* , on fait une généralisation ; quand on affirme à propos d'un individu un fait plus vaste, comme dans l'affirmation : Mon *frère est un bon érudit* (Mon *frère appartient à la classe des Bons Érudits*), on fait un classement.

Lorsqu'une classification ou une généralisation est constante et familière, elle fait naître, par l'économie naturelle du langage, un nom pour la classe ou le principe ; « fédération », « arbres à feuilles caduques », « émotion », « moraine terminale », sont autant de noms de classes ; « attraction de gravité », « érosion », « dégénérescence », « sélection naturelle », sont des noms de principes qui résument des actes de généralisation. Ces noms commencent presque toujours par des figures de style, mais lorsqu'ils sont utilisés avec précision , ils ont une signification parfaitement exacte. Darwin a donné quelques explications sur ce processus du langage :

> « On a dit que je parle de la sélection naturelle comme d'une puissance active ou d'une divinité, mais qui s'opposerait à ce qu'un auteur parle de l'attraction de la gravité comme gouvernant les mouvements des planètes ? Tout le monde sait ce que signifient de telles expressions métaphoriques, et ils sont presque nécessaires par souci de brièveté : ainsi, encore une fois, il est difficile d'éviter de personnifier le mot « Nature ». Mais j'entends par Nature l'action globale et le produit de nombreuses lois, et par lois la séquence d'événements telle que nous l'avons constatée. » [30]

Lorsque les faits censés être signifiés par une phrase sont ainsi soigneusement spécifiés et délimités, la phrase cesse d'être une figure de style et devient le nom d'une classe ou d'un principe.

La généralisation et la classification ont toujours lieu à des fins de raisonnement ; [31] et le raisonnement qui en dépend repose sur l'hypothèse que les choses sont uniformément corrélées dans la nature ; Lorsque nous regroupons des choses en classes, nous supposons que ce qui est vrai pour un membre d'une classe, dans la mesure où il est membre de cette classe, est vrai dans la même mesure et dans le but pour lequel la classe est créée pour tous les autres. membres de cette classe.

En pratique, une grande partie de notre raisonnement repose sur la généralisation et la classification ; et comme nous l'avons vu, elle a une base plus substantielle que lorsqu'on s'appuie sur une analogie. Si vous entendez que votre frère a été élu au Phi Beta Kappa, vous partez de la généralisation selon laquelle tous les membres du Phi Beta Kappa sont de grands érudits pour en déduire que votre frère a dû prendre un rang élevé. Quand je vois une bande de menuisiers quitter leur travail à quatre heures de l'après-midi, j'en déduis qu'ils doivent appartenir au syndicat, car je sais que les syndicats en tant que classe ont établi la journée de huit heures. Si vous souteniez que les normes d'obtention d'un diplôme universitaire devraient être relevées, vous essaieriez de montrer que chaque année, suffisamment d'hommes diplômés avec de faibles acquis intellectuels forment une classe suffisamment nombreuse pour généraliser. Si vous souteniez que votre ville devrait créer un gymnase municipal, vous tenteriez de montrer que parmi les garçons et les jeunes hommes traduits devant les tribunaux de police pour des méfaits mineurs et des délits plus graves, presque tous n'ont pas eu la possibilité de se débarrasser de leur esprit animal. une manière saine. Partout où vous pouvez ainsi établir votre cas particulier dans une classe dont les caractéristiques ou les conséquences sont connues, vous pouvez alors appliquer les caractéristiques et les conséquences de la classe à votre cas particulier.

« L'objet même de tout nom de classe est de regrouper (dans le but de faire des affirmations générales) des membres individuels qui sont non seulement semblables mais différents ; et ainsi de donner l'unité malgré la différence. » - A. Sidgwick, L'utilisation des mots dans le raisonnement, Londres, 1901, p. 165.]

Lorsque le groupe est reconnu comme ayant des caractéristiques ou des conséquences précises, vous pouvez faire votre inférence en démontrant que votre cas relève du groupe. Parfois, le stress de votre raisonnement viendra montrer clairement que la conséquence ou la caractéristique dont dépend votre raisonnement appartient réellement à la classe. Si, par exemple, vous souteniez, comme l'ont fait la promotion de 1985 à l'Amherst College, que votre collège devrait revenir à quelque chose qui ressemble à l'éducation classique à l'ancienne, vous essaieriez d'établir le fait que les hommes qui ont suivi l'ancienne... L'enseignement classique façonné se caractérise en règle générale par l'intelligence, la culture libérale et l'ouverture d' esprit. Dans de tels cas, c'est la généralisation sur laquelle se base le cours qui constitue la partie la plus difficile de votre tâche.

En général, cependant, si vous pouvez montrer à vos lecteurs que le présent cas appartient à une classe de cas qui peuvent être reconnus comme appartenant ensemble en vertu de caractéristiques définissables, vous avez établi une excellente base pour une inférence fondée sur ces caractéristiques.

37. Raisonnement par relation causale. Cependant, le raisonnement par généralisation gagne beaucoup en certitude dès lors que l'on peut démontrer le fonctionnement de la cause et de l'effet. Si un collège reçoit chaque année d'une certaine école un certain nombre de garçons qui sont des élèves paresseux et paresseux, le doyen de ce collège peut en venir à généraliser et s'attendre à ce que la plupart des garçons de cette école soient de pauvres bois. Toutefois, s'il constate que le maître de l'école acceptera et gardera n'importe quel garçon qui vit dans la ville, il pourra en tirer la conclusion que les normes de l'école sont faibles. les faibles normes sont une cause de la mauvaise qualité des diplômés de l'école.

Voici un autre exemple, du professeur James :

> Je suis assis dans un wagon, attendant que le train démarre. C'est l'hiver et le poêle remplit la voiture d'une fumée âcre. Le serre-frein entre et mon voisin lui demande « d'arrêter de fumer ce poêle ». Il répond qu'il s'arrêtera complètement dès que la voiture commencera à bouger. "Pourquoi?" demande le passager. "C'est *toujours* le cas", répond le serre-frein. Il ressort clairement de ce « toujours » que le lien entre le mouvement du véhicule et l'arrêt de la fumée était purement empirique dans l'esprit du serre-frein, engendré par l'habitude. Mais si le passager avait été un bon raisonneur... [et avait] distingué parmi tous les nombreux points impliqués dans le fait qu'un poêle ne fume pas, le seul point particulier de la fumée s'échappant librement de l'embouchure du tuyau de poêle, il le ferait probablement... On a immédiatement rappelé la loi selon laquelle un fluide sort plus rapidement de l'embouchure d'un tuyau si un autre fluide s'écoule en même temps par cette bouche. [32]

Ici, la certitude du passager que sa cigarette cesserait de fumer aurait été considérablement accrue s'il avait, comme le suggère le professeur James, raisonné sur la cause, au lieu de se fier aux généralisations tirées de l'expérience du serre-frein.

En matière scientifique, la recherche des causes et des effets est le principal mode de progrès. L'article du général Sternberg « La fièvre jaune et les moustiques » (p. 251) est un récit admirable de ce progrès de la probabilité à la certitude, qui vient de la démonstration de la séquence nécessaire que nous appelons cause et effet. Lorsque le major Reed et ses associés avaient montré que lorsque les moustiques étaient tenus à l'écart, il n'y avait pas de fièvre jaune, mais que dans les cas où des moustiques infectés étaient autorisés à piquer des patients, la fièvre jaune suivait, ils ont transformé la probabilité que les moustiques soient l'agent transmetteur de la fièvre jaune. la fièvre en une certitude. Il en va de même pour la théorie glaciaire : il avait déjà été établi, à l'époque du professeur Agassiz, que certaines régions de l'Europe du Nord et de l'Amérique pouvaient être classées ensemble par l'apparition de certains phénomènes : collines arrondies, corniches rocheuses aplanies et marquées d'éraflures. s'étendant plus ou moins au nord et au sud, des dépôts de gravier et de sable propres, des rochers de diverses espèces étrangères dispersés à la surface du pays ; lorsqu'il montra que les glaciers dans leurs mouvements produisent tous ces phénomènes, il mit à nu la cause de ces phénomènes et démontra ainsi avec une certitude pratique la théorie de l'existence antérieure d'une immense couche glaciaire dans l'hémisphère nord. Chaque fois que vous pouvez démontrer que votre cas appartient non seulement à une classe de cas reconnus, avec des caractéristiques reconnues, mais aussi que dans ces caractéristiques il existe une séquence nécessaire de cause à effet, vous avez prouvé votre point de vue.

Dans l'exemple ci-dessus, d'un argument en faveur de la création d'un gymnase municipal, si après avoir montré que tous les garçons et jeunes hommes qui entrent dans les tribunaux n'ont pas de manière normale et saine d'exprimer leur esprit animal naturel, vous pouvez montrer que dans Dans les endroits où, grâce à des colonies ou à l'action municipale, des gymnases ont été aménagés, le nombre d'arrestations de garçons et de jeunes hommes a considérablement diminué, vous avez établi les bases d'une déduction de cause à effet qui donne à votre argument une toute nouvelle force. Dans le cas de l'argumentation en faveur d'un retour à un cours classique dans un collège, cette séquence de cause à effet serait très difficile à établir, car on se trouverait ici au plus profond de la région la plus complexe et la plus subtile de la nature humaine. Cependant, chaque fois que cela est possible, conduisez l'inférence d'une classification ou d'une généralisation à une inférence de cause à effet.

38. Induction et déduction. Notre prochaine étape consiste à réfléchir à la manière dont nous obtenons les généralisations sur lesquelles nous basons une grande partie de notre raisonnement. Comme nous l'avons vu, la science qui s'occupe de leur élaboration, de leur fondement et des règles qui régissent les déductions qui en sont tirées est la logique.

Les logiciens distinguent généralement deux branches de leur science, le raisonnement inductif et déductif. Dans le raisonnement inductif, nous passons des faits individuels aux principes généraux ; dans le raisonnement déductif, nous passons des principes généraux aux conclusions sur des faits individuels. Cette distinction suscite cependant moins d'intérêt aujourd'hui qu'autrefois, et les logiciens de la génération actuelle ont tendance à douter de sa signification vitale. <u>Ils</u> soulignent qu'en pratique, nous mélangeons les deux types de manière presque inextricable, que la distinction entre faits et principes est temporaire et changeante, et que nous ne pouvons pas intégrer certaines des formes courantes d'inférence dans ces catégories sans une reformulation difficile et compliquée.

Néanmoins, comme la logique déductive et la logique inductive sont des termes anciens et séculaires qui font désormais partie du vocabulaire des hommes instruits, il vaut la peine de prendre note de la distinction entre eux, je n'essaierai pas ici de faire plus que pour expliquer quelques-uns des principes les plus importants. Je commencerai par la logique inductive, puisque c'est la branche qui s'occupe des généralisations à partir de faits individuels, et donc celle qui intéresse le plus les arguments de l'homme moyen au cours de son passage dans la vie.

39. Raisonnement inductif. Dans le raisonnement inductif, nous rassemblons des faits et des cas individuels dans une classe sur la base d'une similitude définissable, puis en déduisons un principe général. Les types de raisonnement inductif ont été réduits par les logiciens à certains canons, mais ceux-ci se réduisent à deux méthodes principales, qui dépendent de si, dans un raisonnement donné, on part de la ressemblance entre les instances ou de leurs différences. De ces deux méthodes, la méthode de l'accord et la méthode de la différence, dépendent tous les processus de la science moderne et la plupart de nos arguments quotidiens.

Le mode d'accord a été défini comme suit :

Si deux ou plusieurs instances du phénomène étudié n'ont qu'une seule circonstance en commun, la circonstance dans laquelle seule toutes les instances s'accordent est la cause (ou l'effet) du phénomène donné. [34]

Quelques exemples, qui pourraient facilement être multipliés, montreront avec quelle constante nous utilisons cette méthode dans la vie de tous les jours. Supposons qu'un professeur soit agacé à intervalles quelque peu irréguliers en chuchotant et en riant au fond de la salle de classe, sans qu'il ne puisse trouver de cause, mais qu'il s'aperçoive aussitôt que chaque fois qu'un certain couple de garçons s'assoit là, les ennuis commencent ; il en déduit que ces deux garçons sont la cause du problème.

Autrefois, avant qu'on ait découvert que les germes du paludisme étaient transportés par les moustiques, la maladie était attribuée à un miasme qui flottait la nuit sur les terrains bas ; et les aubergistes de la campagne romaine, où la malaria avait presque chassé la population, conseillaient à leurs hôtes de ne jamais laisser leurs fenêtres ouvertes la nuit, de peur de laisser entrer les miasmes. À la lumière de l'époque, c'était un bon raisonnement par la méthode de l'accord, car il était courant que parmi toutes les catégories de personnes qui dormaient avec leurs fenêtres ouvertes, la plupart souffraient de paludisme. Nous employons constamment cette méthode dans des cas de cette sorte, où l'observation nous assure qu'une cause unique est à l'œuvre dans des circonstances diverses. Si les cas sont suffisamment nombreux et diversifiés, on arrive à un degré de certitude sûr pour des raisons pratiques. Toutefois, comme le montre le cas qui vient d'être cité, la méthode ne permet pas d'établir une cause avec une grande certitude. Quel que soit le nombre de cas que nous recueillons, si un tout nouveau domaine lié au sujet s'ouvre, l'accord peut être brisé.

La méthode de la différence, qui dans certains cas établit les causes avec la plus grande certitude possible de la faillibilité humaine, fonctionne de manière inverse : au lieu de collecter un grand nombre de cas et de relever un seul point d'accord, elle prend un seul cas. et fait varier un seul de ses éléments. La méthode a été énoncée comme suit :

Si un cas dans lequel le phénomène se produit et un cas dans lequel il ne se produit pas ont toutes les circonstances en commun sauf une, celle-ci ne se produisant que dans le premier cas ; la seule circonstance dans laquelle les deux cas diffèrent est l'effet, ou la cause, ou une partie indispensable de la cause du phénomène . [35]

Le principe est plus clair et plus compréhensible dans l'exemple concret que dans l'énoncé abstrait ; en fait, elle est appliquée dans toute recherche expérimentale d'une cause. L'Agricultural College de New York, par exemple, au cours de certaines expériences sur des vergers de pommiers, acheta un verger qui n'avait pas donné un bon rendement et le divisa en deux ; une moitié était ensuite labourée et cultivée, l'autre moitié était laissée en herbe ; sinon le traitement était le même. Lorsque la moitié qui était cultivée donnait un rendement beaucoup plus élevé que l'autre, on pouvait en déduire sans risque de se tromper que la culture était la cause du rendement plus élevé. Le Dr Ehrlich, le grand pathologiste allemand, aurait essayé six cent cinq substances différentes avant d'en trouver une qui tuerait le germe d'une certaine maladie ; dans chaque expérience, il utilisait la méthode de la différence, gardant les conditions les mêmes sur tout sauf un seul point, qui était l'addition de la substance utilisée dans cette expérience particulière. Partout où les conditions d'une expérience peuvent être ainsi contrôlées, la méthode des différences fournit un moyen très précis de découvrir les causes. Avec l'avancement des connaissances , une cause supposée peut à son tour être analysée de telle manière que chacune de ses parties puisse être modifiée séparément, afin de se rapprocher plus étroitement de la séquence réelle impliquée.

Il a été souligné [36] que les deux méthodes sont en réalité des énoncés de ce qui est requis pour la vérification d'une théorie à deux stades de son développement : lorsque nous entrevoyons pour la première fois un lien de causalité entre deux faits, nous rassemblons tous les cas dans qu'ils se présentent avec autant de variété que possible, pour voir si la connexion est vraiment universelle ; puis, après avoir établi la séquence universelle, nous nous attaquons à elle dans un seul cas critique, en faisant varier les conditions une à une jusqu'à ce que nous parvenions à éliminer celle sans laquelle l'effet ne peut avoir lieu.

On ne peut trouver aucun exemple plus net et plus éclairant de cette relation entre les deux méthodes et de leur succès que celui de l'article du général Steinberg, « La fièvre jaune et les moustiques » (p. 251). Dans ce cas, le Dr Carlos Finlay de La Havane, puis le Dr Sternberg lui-même, étaient convaincus, en comparant de nombreux cas de fièvre jaune, qu'il existait un hôte intermédiaire pour le bacille responsable de la maladie. C'est à cette conclusion qu'ils sont parvenus grâce à la méthode de l'accord. Cependant, les expériences du Dr Finlay par la méthode de différence n'avaient pas permis d'en établir la cause, car il ne voyait pas qu'il était nécessaire de laisser le bacille au moins douze jours pour l'incubation dans le corps du moustique. La preuve finale et définitive, qui fut le fruit du splendide dévouement des chirurgiens chargés de l'expérience et de certains hommes de troupe qui se portèrent volontaires pour devenir le sujet de l'expérience, fut la méthode de la différence. Ces braves hommes se laissèrent exposer aux moustiques qui avaient déjà piqué des malades atteints de fièvre, et ils tombèrent promptement malades ; l'un d'eux, le Dr Lazear, a donné sa vie pour son dévouement à la cause de ses semblables. Ensuite, d'autres hommes ont été exposés dans une pièce à l'épreuve des moustiques à des vêtements et autres articles apportés directement de patients atteints de fièvre jaune, et n'ont montré aucun effet néfaste. Ainsi, il était absolument prouvé, bien que le bacille lui-même n'ait pas été trouvé, que la fièvre jaune est transmise par les moustiques et non par la contagion ordinaire.

Les expériences infructueuses du Dr Finlay et les succès ultérieurs du major Reed montrent comment la science progresse grâce au raffinement de l'analyse dans l'utilisation de la méthode. L'hypothèse sur laquelle travaillait le premier était que tous les moustiques ayant piqué un malade atteint de la fièvre jaune pouvaient être porteurs de la maladie. Le Dr Reed et ses collaborateurs ont analysé le phénomène de plus près et ont tenté leurs expériences sur l'hypothèse que seuls les moustiques ayant vécu douze jours après avoir piqué le patient sont capables de transmettre la maladie. Ce raffinement de l'analyse et de l'observation est le principal mode de progrès des sciences qui dépendent de l'expérience.

Les arguments scientifiques font donc constamment appel aux deux méthodes. La recherche médicale commence fréquemment par la collecte de statistiques à partir de cas rapportés, et la ou les théories suggérées par la méthode d'accord travaillant sur ces faits conduisent à l'application de la méthode de la différence à travers une série d'expériences critiques. En général , les conclusions de la science là où l'expérience ne peut pas être utilisée dépendent de la méthode d'accord, en particulier dans les théories plus vastes de la biologie et de la géologie, où un intervalle de siècles innombrables est nécessaire pour provoquer des changements. En physique, en chimie, en médecine, par contre, des expériences critiques sont généralement possibles, et le progrès se fait donc par la méthode de la différence. Dans des matières telles que la science politique et le gouvernement, où l'expérimentation est hors de question, on doit se fier principalement à la méthode d'accord, sauf dans les cas mentionnés ci-dessous où un changement de politique a le même effet qu'une expérience. Ici, cependant, il ne faut pas oublier que dans toutes les questions humaines, l'incalculable clément de la nature humaine entre pour compliquer tous les résultats, et que l'émotion et le sentiment sont toujours irrationnels.

C'est par les mêmes processus que nous obtenons la plupart de nos explications du monde à mesure que nous le parcourons, ainsi que la plupart des faits sur lesquels nous fondons notre jugement et notre action. Lorsque le même genre de chose se produit dans un certain nombre de cas assez différents, nous commençons à soupçonner qu'il y a une raison ; et si nous voulons argumenter sur le sujet, nous prenons note des cas et essayons d'une manière ou d'une autre de les organiser et de les compiler. Les partisans d'un tarif protecteur rassemblent des exemples de prospérité sous un tel tarif, les partisans du libre-échange des cas de prospérité sous le libre-échange, les partisans de l'éducation classique des cas d'hommes formés de cette manière qui ont atteint l'éminence, les partisans de l'éducation élective. cas de système d'hommes qui sont les produits de ce système et qui ont atteint une éminence égale. Dans la plupart des cas, une telle collection d'instances ne vous mène pas loin vers un argument coercitif ; les cas sont trop complexes pour que vous puissiez affirmer qu'un seul facteur est la cause du résultat.

Dans un autre genre de cas, vous pouvez vous rapprocher un peu. Dans un argument en faveur de l'établissement d'une forme de gouvernement par commission dans une ville ou un village donné, il existe maintenant suffisamment de cas de ce type de gouvernement dans la pratique pour permettre un bon argument par la méthode de l'accord ; les lieux sont dispersés à travers le pays, au nord et au sud, à l'est et à l'ouest, et varient considérablement en termes de taille et d'environnement ; et tous jusqu'à présent (1911) font état d'une amélioration de l'efficacité et de l'honnêteté du gouvernement. On peut donc raisonnablement présumer que l'amélioration est due à l'introduction de la nouvelle forme de gouvernement, car, à tous autres égards, les pays qui l'ont essayée ont peu de choses en commun.

Un résultat plus important de cette enquête est de nous conduire à une application de la méthode de la différence. Partant de cette forte probabilité que l'amélioration soit due à la nouvelle forme de gouvernement, nous pouvons aller plus loin et examiner un cas isolé, afin d'établir plus clairement la suite des événements que nous appelons une cause. Dans le cas d'une ville donnée qui a adopté le gouvernement par commission, le matériel pour l'application de la méthode de différence est entre nos mains, si rien d'autre n'a été changé dans la ville que la forme du gouvernement. Les habitants et les électeurs sont les mêmes, les conditions physiques sont les mêmes. Si maintenant nous cherchons la cause d'une amélioration reconnue dans l'administration des affaires de la ville, nous sommes amenés à l'attribuer au seul facteur qui a été modifié, c'est la forme du gouvernement. Un tel argument, s'il est étayé par des chiffres et des faits précis, est évidemment solide.

Le même genre d'argument est constamment utilisé dans le débat sur la prohibition et l'option locale comme moyen de réduire la quantité d'alcool consommée dans une communauté, car les changements fréquents tant dans les États que dans les petites communautés fournissent matière à l'application de la même méthode. de différence. Ici, cependant, les facteurs sont plus complexes, en raison des différences dans le caractère de la population selon les endroits et de ses habitudes héritées en ce qui concerne l'usage du vin, de la bière et d'autres boissons alcoolisées.

40. Généralisation erronée. La généralisation par la méthode de l'accord et l'attribution des causes par la méthode de la différence comportent cependant leurs dangers, comme toute forme de raisonnement. Une discussion sur ces dangers mettra en lumière les processus eux-mêmes.

Le principal danger lorsque vous raisonnez par la méthode de l'accord est de tirer une conclusion hâtive et avant d'avoir rassemblé suffisamment de cas pour pouvoir tirer une conclusion sûre. C'est commettre l'erreur connue sous le nom de généralisation hâtive. C'est l'erreur commise par le globe-trotter dogmatique qui, après six semaines passées dans des hôtels suisses en Italie, vous fournira un ensemble complet d'opinions sur le gouvernement, les mœurs et les coutumes du pays. Sous une forme moins grossière, cela affecte le jugement de la plupart des Anglais qui écrivent des livres sur ce pays, car ils arrivent avec des lettres d'introduction à New York, Boston, Chicago et San Francisco, puis généralisent sur le reste du pays et ses environs. population.

Cependant, nous sommes tous en danger d'erreur, car c'est une loi nécessaire de l'esprit que nous commençons à formuler des opinions et des jugements sur un sujet dès que nous en prenons connaissance. Les seules garanties sont, en premier lieu, de garder ces jugements préliminaires provisoires et fluides, et en second lieu, de les garder pour soi jusqu'à ce qu'il soit nécessaire de les exprimer. Le chemin vers la sagesse en action passe par l'ouverture d'esprit et la prudence.

Lorsqu'il faut réfuter un argument qui comporte une généralisation erronée, il est souvent facile de souligner que son auteur n'a pas eu suffisamment de temps ou d'occasion pour formuler des observations, ou de souligner que les exemples sur lesquels il s'est appuyé ne sont pas des exemples justes de leur classe. En pratique, la force d'un argument dans lequel se trouve cette erreur réside en grande partie dans la positivité avec laquelle elle est prononcée ; car c'est la nature humaine d'accepter des opinions qui ont une apparence extérieure de certitude.

Une forme courante de généralisation erronée consiste à fonder un argument sur une simple énumération de cas similaires. C'est une mauvaise base pour un argument, en particulier pour une probabilité dans le futur, à moins que l'énumération ne s'approche d'une liste exhaustive de tous les cas possibles. Il aurait été dangereux d'avoir estimé il y a quelques années que, parce que Yale avait battu Harvard en aviron presque chaque année pendant quinze ans, elle avait une supériorité permanente dans la force et l'habileté de ses rameurs, car si l'on examinait les années précédant la période donnée , ils auraient montré des résultats dans l'autre sens. Et une énumération peut s'étendre sur une très longue période et finalement être bouleversée.

Il y a cinquante ans, pour un habitant de l'Afrique centrale, aucun fait ne semblait probablement reposer sur une expérience plus uniforme que celle-ci, à savoir que tous les êtres humains sont noirs. Il n'y a pas si longtemps, pour les Européens, la proposition « Tous les cygnes sont blancs » apparaissait comme un exemple tout aussi sans équivoque de l'uniformité du cours de la nature. Une expérience ultérieure a prouvé à tous deux qu'ils se trompaient ; mais il leur fallut attendre cinquante siècles pour cette expérience. Pendant cette longue période, l'humanité croyait en une uniformité du cours de la nature là où une telle uniformité n'existait pas réellement. [37]

À moins que vous ayez une vision si large et si complète de votre sujet que vous puissiez pratiquement assurer que votre énumération soit exhaustive, il n'est pas prudent de penser que parce qu'une chose s'est toujours produite ainsi dans le passé, elle se produira toujours ainsi dans le futur. La difficulté notoire de prouver un résultat négatif remonte à ce principe.

Si proche d'une généralisation hâtive qu'on ne peut en être clairement séparé, c'est un raisonnement erroné qui résulte de la négligence des exceptions à un principe général. Toutes nos généralisations, à l'exception de celles qui sont si proches des truismes qu'elles sont dénuées d'intérêt, sont plus ou moins grossières et prêtes, et le processus pour les affiner consiste à trouver des exceptions et à reformuler le principe afin qu'il réponde au cas de les exceptions.

On dit que Darwin avait « le pouvoir de ne jamais laisser passer les exceptions inaperçues. Chacun remarque un fait comme une exception lorsqu'il est frappant ou fréquent, mais il avait un instinct particulier pour arrêter une exception ». [38] C'est cet instinct qui le rendit si prudent et donc si sûr dans l'énoncé de ses hypothèses : après que lui fut venue l'idée de la sélection naturelle comme explication de l'origine des espèces du monde naturel, il passa vingt ans à collecter d'autres faits et des observations vérifiantes pour tester la théorie avant de la donner au monde. Une généralisation selon laquelle la forme républicaine de gouvernement produit plus de paix et de prospérité que la forme monarchique reviendrait à négliger les exceptions évidentes dans les républiques d'Amérique centrale ; et pour la rendre tenable, la généralisation devrait comporter une condition telle que « parmi les peuples de race germanique ». Même alors, les exceptions seraient plus nombreuses que les cas qui tomberaient sous le coup de la règle. [39] Il faut cultiver le respect des faits lorsqu'on élabore des théories : une théorie doit toujours être retenue de manière si provisoire que tout fait nouveau ou inaperçu puisse avoir l'influence qui lui revient en la modifiant.

Parmi les erreurs de raisonnement sur une cause, aucune n'est plus courante que celle connue par la logique ancienne sous le nom de *post hoc, ergo propter hoc* (après cela, donc à cause de cela), ou plus brièvement, l' erreur *post hoc* . Tous ceux d'entre nous qui possèdent un remède contre le rhume commettent probablement cette erreur deux fois sur trois lorsque nous déclarons que notre pilule de quinine, de rhinite ou de camphre nous a guéris ; car, comme l'a déclaré un sage médecin d'il y a deux générations, et comme le montrent clairement les nouvelles doctrines de la recherche médicale, dans neuf cas sur dix, la nature guérit.

Du même caractère sont les superstitions courantes de la vie quotidienne, par exemple, selon laquelle si treize personnes s'assoient à table ensemble, l'un d'eux mourra dans l'année, ou que traverser un cortège funèbre apporte le malheur. Lorsque de telles superstitions sont véhiculées de manière plus que ludique, il s'agit de cas grossiers où l'on appelle cela une cause qui n'a aucun rapport avec l'événement. Voici un autre exemple, tiré d'une lettre à *The Nation* : [40]

Dans le dernier volume de la controverse sur Shakespeare, l'argumentation présentée « Au lecteur » semble assez bien résumée comme suit : Les pièces sont reconnues comme merveilleuses ; les savants s'étonnent de la connaissance des classes qui y sont enseignées, les avocats du droit, les voyageurs de l'exactitude minutieuse des descriptions des villes étrangères ; ils font preuve d'une vive critique de l'étiquette de la cour et de la soldatesque française ; le seul homme possible de l'époque avec cette vision encyclopédique était Francis Bacon. Tant dans l'original que dans le résumé , il semble qu'un lien *fortuit* soit implicite, à savoir que les pièces sont merveilleuses en raison de la connaissance, et en raison de la connaissance que Bacon est l'auteur. Mais, formulée ainsi sans ambages, l'erreur est évidente. Ce n'est pas parce que l'auteur « avait acquis par l'étude presque tout le savoir qu'on pouvait tirer des livres » que les élisabéthains allaient voir les pièces de théâtre, ou que nous les lisons aujourd'hui ; mais c'est qu'il y a là une merveilleuse caractérisation exprimée de façon dramatique, c'est-à-dire devant un public. Et c'est ce public que les savants semblent oublier. Car c'est par là que le dramaturge est limité, puisque la profondeur de la pensée ou l'habileté à faire des allusions est bonne ou mauvaise, artistiquement, exactement dans la mesure où la pensée est comprise ou l'allusion comprise.

Parfois, cette erreur est provoquée par l'hypothèse que, parce qu'un certain résultat a suivi un événement dans le seul cas connu, il y avait donc un lien de causalité. Lors d'une audition devant une commission de la législature du Massachusetts sur un projet de loi visant à établir des relations plus étroites entre Boston et sa banlieue, la question a été posée à un témoin de savoir s'il pensait que dans le cas de Londres, « la police de Londres aurait été aussi efficace qu'elle le seraient maintenant s'il n'y avait pas eu d'annexion" des villes environnantes ; il a répondu très justement : « C'est une question difficile à répondre, car nous n'avons à examiner que le côté existant. Nous ne savons pas ce que cela aurait été en tant que communautés séparées. Partout où plusieurs causes sont possibles pour un phénomène, il n'est pas prudent de raisonner à partir d'un seul cas.

Une autre forme d'erreur dans le raisonnement sur une cause consiste à supposer qu'un fait est simple, alors qu'il est en réalité complexe, comme dans l'exemple suivant :

> Je ne pense pas outrepasser les limites lorsque je dis que la direction d'une entreprise ou d'un État, ni même la direction des États-Unis, n'exige une plus grande capacité générale, une plus grande force de caractère ou une plus grande connaissance de l'administration que le chef de l'administration d'une entreprise. une grande ville comme New York ou Berlin. Nous savons que ces dernières sont bien administrées, que les premières, enfin, disons, moins.

Toute la différence réside dans les systèmes. Appliquez le système berlinois à New York et vous obtiendrez des résultats berlinois.

Ici, l'auteur ignore complètement toutes sortes de causes actives de cette différence : Berlin a une population assez homogène, New York la plus hétérogène du monde ; Les Allemands respectent par nature la loi et l'autorité et aspirent à la centralisation ; Les Américains adoptent et enfreignent les lois avec légèreté et sont rétifs face à l'autorité ; et on pourrait facilement aller plus loin.

Les arguments selon lesquels la prospérité nationale a suivi une hausse ou une baisse des droits de douane sont particulièrement susceptibles d'être viciés par cette erreur. Ce n'est pas que le tarif n'ait aucun rapport avec la prospérité, mais qu'il y a d'autres causes mêlées à lui qui peuvent avoir eu un effet plus immédiat. Une mauvaise récolte céréalière ou une saison de spéculation imprudente peuvent effacer toutes les causes traçables d'une modification des droits de douane. Les arguments fondés sur le motif sont également susceptibles de tomber dans cette erreur. Il est notoire que les motivations humaines sont mitigées. Si vous soutenez que toute une catégorie d'organisations commerciales est mauvaise parce qu'elles ont été créées dans le seul but de réaliser des profits démesurés et oppressifs, vous laissez de côté un motif qui est fort parmi les hommes d'affaires américains : l'intérêt de voir une grande entreprise se développer. une gestion plus efficace et le désir d'exercer le pouvoir de manière bénéfique ; et votre argument souffre de son hypothèse illégitime d'une cause simple. De la même manière, si vous argumentez pour ou contre les avantages du système électif dans une école ou un collège, ou de l'enseignement classique, ou de l'athlétisme, il serait insensé de supposer qu'une cause ou un effet unique couvre l'ensemble de la situation. cas. Chaque fois que, dans un argument, vous essayez d'établir un fait aussi vaste et complexe, vous devez vous méfier de ne pas supposer ainsi une cause unique alors qu'en réalité il existe une légion de causes.

41. Logique déductive – le syllogisme. La logique déductive, comme nous l'avons vu, traite d'un raisonnement qui passe des principes généraux aux cas individuels. Sa forme typique est le syllogisme, dans lequel on passe de deux propositions données à une troisième, la conclusion. Des deux premiers, l'un est un principe général, l'autre l'affirmation d'un cas particulier. L'exemple classique du syllogisme, qui a commencé avec Aristote et est devenu vétuste à force de répétition, et si vénérable qu'il est l'un des lieux communs du discours instruit, est le suivant : Tous les hommes sont mortels, Socrate est un homme, donc Socrate est mortel . . Il y a ici le principe général : *Tous les hommes sont mortels* , et l'affirmation concernant le cas particulier : *Socrate est un homme* . Les deux ont un terme en commun, *les hommes* (ou plus strictement, la classe Homme), qui est connu comme le terme moyen, par lequel nous arrivons à la conclusion que la caractéristique de la mortalité dans laquelle tous les hommes sont semblables est vraie aussi pour Socrate, du fait qu'il est un homme. Parmi les autres termes, *mortel*, qui est le plus inclusif, est connu comme le terme majeur, et *Socrate*, le moins inclusif, comme le terme mineur. Les deux premières propositions sont les prémisses, celle qui contient le terme majeur étant appelée prémisse majeure, et l'autre prémisse mineure.

La validité du syllogisme réside, comme je l'ai dit, dans l'affirmation d'un principe général et dans la soumission du cas particulier en question à ce principe : si le principe est reconnu comme incontestable et le cas particulier comme relevant réellement de lui , la conclusion est inévitable.

Sur le syllogisme sous ses diverses formes, la logique déductive a bâti une imposante structure de règles et de conclusions. En pratique, la valeur du syllogisme est largement indirecte. L'inconvénient de ce mode de progrès du raisonnement est double : en premier lieu, il y a très peu de principes généraux que, si vous êtes prudent, vous accepterez sans réserve ; et en deuxième lieu, la question cruciale dans une autre série de cas est de savoir si le cas en question relève réellement du principe général. Le syllogisme, *Tous les grands hommes d'État sont clairvoyants, Daniel Webster était un grand homme d'État, Par conséquent Daniel Webster était clairvoyant* , semble simple ; mais deux générations ont été en désaccord sur la question de savoir si Webster était un grand homme d'État ; et *grand homme d'État* et *clairvoyant* sont des termes si vagues et si inclusifs que l'on accepterait un principe général dont ils sont des termes comme un truisme inoffensif, ou bien on rechignerait à se voir demander d'accorder une proposition qui pourrait avoir des significations inattendues. Cette double difficulté poursuit le syllogisme comme moyen de transmission de la connaissance : ou bien il énonce une vérité si vaste et si vague qu'on ne peut pas dire si on l'accepte ou non pour tous les cas, ou bien le désaccord vient sur l'une des prémisses, et à moins que les deux prémisses sont accordées, le raisonnement strictement syllogistique ne s'engage pas.

Néanmoins, le syllogisme a une grande valeur pratique pour le raisonnement et les arguments de la vie quotidienne : en premier lieu, il offre un moyen d'élargir et d'examiner les formes condensées de raisonnement si courantes et si utiles ; et en deuxième lieu, il peut être utilisé pour résumer et énoncer les résultats d'un raisonnement sous une forme incontestable. J'examinerai et illustrerai ces deux usages du syllogisme ; mais je donnerai d'abord certaines règles qui régissent tout raisonnement sain par syllogismes. Ils ont été inventés par Aristote, le grand philosophe grec.

42. Les règles du syllogisme. (Un terme est dit distribué, ou pris universellement, lorsque la proposition dont il fait partie fait une déclaration sur tous les objets inclus dans le terme. Dans la proposition Tous les hommes *sont mortels* , le terme *hommes* est évidemment distribué, mais pas *les mortels* ; car aucune affirmation n'est faite sur tous les mortels mais seulement sur ceux qui sont inclus sous tous les hommes. Dans la proposition *Aucune poule n'est intelligente* , les deux termes sont distribués ; car l' affirmation couvre toutes les poules, et aussi toute la classe des êtres intelligents, puisqu'on affirme de la classe dans son ensemble qu'elle ne contient pas de poules.)

I. *Un syllogisme doit contenir trois termes, et pas plus de trois termes.*

Cette règle doit être comprise comme une protection contre toute ambiguïté, surtout à moyen terme ; si le moyen terme, ou l'un ou l'autre des autres, peut être compris de deux manières, le syllogisme ne tiendra pas la route.

II. *Un syllogisme doit être composé de trois et seulement trois propositions* . Les raisons de cette règle sont suffisamment évidentes.

III. *Le moyen terme du syllogisme doit être distribué au moins une fois dans les locaux* .

Si elle n'était pas ainsi distribuée ou acceptée universellement, les deux prémisses pourraient faire référence à des parties distinctes du moyen terme, et il n'y aurait donc aucun terrain de rencontre sur lequel formuler une conclusion. Dans le syllogisme, *Tous les bons athlètes mènent une vie propre, Ces hommes mènent une vie propre, Donc ces hommes sont de bons athlètes,* l'erreur réside dans le fait que dans aucune des deux prémisses aucune affirmation n'est faite sur tous les hommes qui mènent une vie propre. Cette erreur, qui n'est pas rare dans la pratique où les termes sont compliqués, est connue sous le nom d'erreur du milieu non distribué.

IV. *Aucun terme ne doit être diffusé dans la conclusion s'il n'a pas été diffusé dans au moins un des prémisses* .

En d'autres termes, si vous avez des prémisses qui ne concernent qu'une partie d'une classe, vous ne pouvez pas parvenir à une conclusion sur l'ensemble de la classe. Dans le syllogisme, *Tous les rédacteurs de journaux savent écrire, Tous les rédacteurs de journaux sont payés, Donc tous les hommes qui savent écrire sont payés* , l'erreur est évidente. Mais dans ce qui suit, *Tous les partisans acharnés sont des citoyens dangereux, Cet homme n'est pas un partisan acharné, Donc cet homme n'est pas un citoyen dangereux* , il faudra peut-être examiner un peu le raisonnement pour voir que l'erreur réside dans le fait que ce *citoyen dangereux* est pris universellement dans la conclusion, puisqu'une proposition avec un prédicat négatif affirme sur l'ensemble de son prédicat, mais qu'elle n'est pas prise universellement dans la prémisse dans laquelle elle apparaît. Une erreur qui découle ainsi du fait de ne pas remarquer qu'un prédicat négatif distribue son terme est susceptible d'être insidieuse.

V. *Aucune conclusion ne peut être tirée de deux prémisses négatives* .

En d'autres termes, si le terme majeur et le terme mineur se situent tous deux en dehors du terme moyen, le syllogisme ne nous donne aucun moyen de savoir quelle est leur relation l'un avec l'autre. L'exemple suivant expliquera clairement la raison : *aucun athlète amateur n'a de salaire pour jouer, John Gorman n'est pas un athlète amateur, donc John Gorman a un salaire pour jouer*.

VI. *Si l'une des prémisses est négative, la conclusion doit être négative.*

Si l'une des prémisses majeure et mineure est négative, alors soit le terme majeur, soit le terme mineur n'est pas d'accord avec le terme moyen, et l'autre oui ; donc les termes majeur et mineur ne peuvent pas s'accorder.

43. Le syllogisme en usage pratique. La valeur pratique du syllogisme et de ses règles vient en premier lieu, comme je l'ai dit, lorsque nous développons une forme condensée de raisonnement dans son fondement complet sous la forme d'un syllogisme. Nos jugements raisonnés prennent ordinairement la forme abrégée : *Socrate est mortel, parce qu'il est un homme ; Le projet de loi sur l'impôt sur les sociétés est constitutionnel, car il s'agit d'un impôt sur la manière de faire des affaires.* Dans chacun de ces cas, nous raisonnons à partir d'un principe général préalablement établi et d'une manière particulière de concevoir le fait spécial dont nous sommes saisis, mais nous supposons le principe général tel qu'il est compris. Dans les cas ci-dessus, le sens est clair sans déclarer longuement : *Tous les hommes sont mortels*, ou *Tous les impôts sur la manière de faire des affaires sont constitutionnels.*

Cependant, à tout moment, lorsque vous trouvez un raisonnement sous cette forme condensée, que ce soit le vôtre ou celui de quelqu'un d' autre, qui vous semble suspect, si vous l'étendez dans un syllogisme complet , vous en verrez toutes les parties mises à nu pour un examen minutieux. . Prenons, par exemple, l'affirmation selon laquelle *« Robinson Crusoé »* doit être une histoire vraie, *car tout y est si minutieusement décrit* : si vous l'étendez au syllogisme complet, *tous les livres dans lesquels la description est minutieuse sont vrais, « Robinson Crusoé »* " *est un livre dans lequel la description est minutieuse, donc " Robinson Crusoé " est vrai* , vous vous en tiendrez immédiatement à la prémisse majeure. Ainsi , lorsque vous soupçonnez une ambiguïté dans l'emploi des termes, vous pouvez la faire remonter à la surface, si elle existe, par le même type d'expansion. Dans l'argumentation, *les célibataires devraient être punis, parce qu'ils enfreignent une loi de la nature* , l'ambiguïté devient évidente lorsque l'on développe : *tous les contrevenants à la loi devraient être punis, les célibataires enfreignent une loi de la nature, donc les célibataires devraient être punis* ; vous voyez immédiatement que *la loi* est utilisée dans deux sens, l'un comme *loi du pays* , l'autre comme déclaration d'une uniformité de nature. Dans l'argument, *Ces hommes sont de bons citoyens, car ils s'intéressent à la politique* , l'expansion vers *Tous les bons citoyens s'intéressent à la politique, Ces hommes s'intéressent à la politique, Donc ces hommes sont de bons citoyens* [41] montre que le raisonnement contient un la violation de la troisième règle du syllogisme (voir p. 148) et constitue donc un cas d'erreur du milieu non distribué.

Chaque fois que vous faites ou trouvez une affirmation avec une raison attachée par un mot tel que « depuis », « pour » ou « parce que », ou une affirmation avec une conséquence attachée par un mot comme « par conséquent », « par conséquent » ou « en conséquence," vous avez un exemple de ce raisonnement condensé, que, en théorie du moins, vous pouvez développer en un syllogisme complet, et ainsi parcourir le raisonnement lien par lien.

Parfois, cependant, l'expansion est loin d'être facile, car dans de nombreuses exigences pratiques de la vie quotidienne, nos jugements sont intuitifs et non raisonnés. Dans de tels jugements, nous sautons à une conclusion par un sentiment inarticulé et irraisonné de ce qui est vrai ou opportun, et les fondements de ce sentiment peuvent être si obscurs et si complexes qu'ils ne peuvent jamais être correctement exposés.

"Dans d'immenses pans de notre pensée, nous sommes encore tous à l'état sauvage. La similarité opère en nous, mais l'abstraction n'a pas eu lieu. Nous savons à quoi ressemble le cas présent, nous savons ce qu'il nous rappelle, nous avoir une intuition de la bonne voie à suivre, s'il s'agit d'une question pratique. Mais la pensée analytique n'a laissé aucune trace et nous ne pouvons pas nous justifier auprès des autres. En matière éthique, psychologique et esthétique, donner une raison claire à son jugement est universellement reconnu comme une marque de génie rare. L'impuissance des personnes sans instruction à expliquer leurs goûts et leurs aversions est souvent ridicule. Demandez à la première fille irlandaise pourquoi elle aime ce pays plus ou moins bien que son pays d'origine et voyez ce qu'elle peut dire. Mais si vous demandez à votre ami le plus instruit pourquoi il préfère Titien à Paul Véronèse, vous n'obtiendrez guère de réponse plus, et vous n'en obtiendrez probablement absolument aucune si vous demandez pourquoi Beethoven lui rappelle Michel-Ange, ou comment il se fait qu'une silhouette nue avec des articulations indûment fléchies, par ce dernier, peut ainsi suggérer la tragédie morale de la vie.... L'histoire bien connue du vieux juge conseillant au nouveau de ne jamais motiver ses décisions, « les décisions seront probablement avoir raison, les raisons seront sûrement fausses», illustre cela. Le médecin sentira que le patient est condamné, le dentiste aura le pressentiment que la dent va se casser, mais ni l'un ni l'autre ne pourra exprimer la raison de son pressentiment. La raison est enchâssée, mais pas encore mise à nu, dans tous les cas précédents vaguement suggérés par le cas actuel, tous appelant à la même conclusion, à laquelle l'adepte se trouve ainsi entraîné, il ne sait ni comment ni pourquoi. " [42]

Le petit garçon qui disait qu'il ne pouvait pas marcher parce qu'il avait un rhume à la tête s'appuyait sur une bonne vérité générale, *Les rhumes à la tête rendent stupide* , pour sa prémisse majeure, mais son état l'empêchait de la démêler ; et nous utilisons tous quotidiennement des prémisses mineures dont nous serions incapables d'énoncer la majeure.

Une deuxième utilisation pratique du syllogisme est d'exposer une chaîne de raisonnement sous une forme incontestable. Si vous avez un principe général qui est reconnu et que vous avez établi que votre cas en relève certainement, vous pouvez faire un résumé efficace en présentant le raisonnement sous la forme d'un syllogisme.

À l'inverse, vous pouvez utiliser un syllogisme pour faire ressortir une partie essentielle du raisonnement d'un adversaire dont vous savez qu'il ne plaira pas au public, comme l'a fait Lincoln dans son débat avec Douglas à Galesburg. Douglas avait défendu la décision Dred Scott de la Cour suprême des États-Unis, selon laquelle le droit de propriété sur un esclave était confirmé par la Constitution des États-Unis. Lincoln souhaitait rendre les conséquences de cette doctrine aussi évidentes que possible. Il l'a fait de la manière suivante :

> Je pense qu'il s'ensuit, et je me soumets à la considération des hommes capables d'argumenter, si, comme je l'énonce sous forme syllogistique, l'argument comporte quelque défaut.
>
> Rien dans la Constitution ou les lois d'un État ne peut détruire un droit distinctement et expressément affirmé dans la Constitution des États-Unis.
>
> Le droit de propriété sur un esclave est distinctement et expressément affirmé dans la Constitution des États-Unis.
>
> Par conséquent, rien dans la Constitution ou les lois d'un État ne peut détruire le droit de propriété d'un esclave.
>
> Je crois qu'aucune faute ne peut être pointée dans cet argument ; en supposant la vérité des prémisses, la conclusion, dans la mesure où j'ai la capacité de la comprendre, s'ensuit inévitablement. [43]

Lincoln savait que cette doctrine selon laquelle aucun État ne pouvait interférer avec l'esclavage serait intolérable pour le peuple de l'Illinois, devant lequel il menait sa campagne ; et ce syllogisme leur faisait comprendre les conséquences de l'arrêt de la Cour suprême.

Ou vous pouvez utiliser un syllogisme pour mettre en évidence une faille dans le raisonnement de votre adversaire, comme dans l'exemple suivant :

Compte tenu de l'histoire du gouvernement de commission dans ce pays, jusqu'à présent, la charge de la preuve incombe à ceux qui tentent de démontrer qu'un gouvernement qui a connu un tel succès dans des villes de taille moyenne ne réussira pas dans notre plus grande villes. Le syllogisme qu'ils sont tenus de prouver s'énonce brièvement ainsi :

Le gouvernement de la Commission est reconnu pour avoir réussi dans des villes comptant jusqu'à cent trente mille habitants, mais

Elle n'a pas été essayée dans des villes de plus de cent trente mille habitants ;

Par conséquent, cela ne réussira pas dans les villes de quatre cent mille habitants ou plus, ce qui est une *réduction par l'absurde* .

La folie de cette tentative est démontrée par l'énoncé même de la conclusion. [44]

44. Le dilemme. Une forme particulière du syllogisme constitue parfois un argument si fort qu'elle mérite ici une mention spéciale : c'est le dilemme. Il s'agit d'un syllogisme dans lequel la prémisse majeure se compose de deux ou plusieurs propositions hypothétiques (c'est-à-dire des propositions avec une clause « si ») et la mineure d'une proposition disjonctive (une proposition avec deux ou plusieurs propositions reliées par « ou »).

Au cours du débat Lincoln-Douglas, Lincoln a posé la question suivante à Douglas : « La population d'un territoire des États-Unis peut-elle, d'une manière légale, contre la volonté de tout citoyen des États-Unis, exclure l'esclavage de son territoire ? limites, avant la formation d'une constitution d'État ? La question peut être considérée comme la source d'un dilemme, tant au sens pratique que syllogistique du terme.

En fait , il s'agissait d'une situation qui, syllogistiquement, comportait plus d'un dilemme. Ils peuvent être énoncés comme suit :

I. Si Douglas répond oui, il offense le Sud, et s'il répond non, il offense le Nord ;

Mais il doit répondre soit par oui, soit par non ;

Il offensera donc soit le Sud, soit le Nord.

II. Si Douglas offense le Sud, il perd la nomination à la présidence lors de la prochaine convention ; et s'il offense

le Nord, il perd l'élection au Sénat américain (et ses chances
à la présidence) ;

> Mais il doit offenser soit le Sud, soit le
> Nord ;

> donc soit la présidence, soit la sénatoriale .

Ou, III. Si Douglas offense le Sud, il ne peut pas devenir
président ; et s'il offense le Nord, il ne peut pas devenir
président ;

> Mais il doit offenser soit le Sud, soit le
> Nord ;

> donc pas devenir président. [45]

Le dilemme, s'il ne laisse aucun trou à l'autre partie, constitue un argument
extrêmement efficace en politique et dans les débats compétitifs. Si vous
parvenez ainsi à amener votre adversaire entre le diable et les profondeurs de
la mer sur un point qui aux yeux de votre auditoire est intéressant et critique,
vous avez paralysé son cas. Mais si le sujet n'est pas capital, même si votre
public peut trouver le dilemme amusant, vous courez le risque de vous faire
reprocher "l'intelligence" si vous vous vantez très fort de ce dilemme.

En revanche, un dilemme qui n'est pas exhaustif ne tiendra personne. De
nombreux arguments contre l'imposition d'un impôt fédéral sur les sociétés
partaient du principe que si l'impôt était imposé, son montant deviendrait
bientôt déraisonnable. La plupart des arguments selon lesquels l'autre partie
abusera du pouvoir qui lui est conféré peuvent être considérés comme
tombant dans la catégorie des dilemmes incomplets. Un orateur qui utilise un
dilemme qui fuit doit avoir une grande confiance dans le manque
d'intelligence de son auditoire, mais il est surprenant de voir à quelle
fréquence de tels dilemmes surviennent dans les débats politiques.

45. Raisonnement à partir de preuves circonstancielles. Le troisième
type de raisonnement fondé sur la similarité, mentionné à la page 120, est le
raisonnement fondé sur des preuves circonstancielles. Le terme est familier à
tout le monde, qu'il s'agisse de procès pour meurtre ou de romans policiers.
L'argumentation de Webster dans l'affaire du meurtre de White, dont
j'imprime un court extrait à la page 157, est un exemple célèbre
d'argumentation fondée sur des preuves circonstancielles ; et dans la fiction,
Sir Conan Doyle en a créé pour notre plaisir de nombreux cas remarquables
et ingénieux. Mais le raisonnement à partir de preuves circonstancielles est
loin de se limiter aux affaires pénales et à la fiction ; comme le souligne
Huxley (voir p. 241), c'est aussi la base de certaines des généralisations

scientifiques les plus larges et les plus éclairantes ; et l'exemple ci-dessous de Macaulay n'est qu'un des innombrables cas de son utilisation dans l'histoire.

Le raisonnement à partir de preuves circonstancielles diffère du raisonnement par analogie ou par généralisation en ce sens qu'il repose sur des similitudes s'étendant dans un certain nombre de directions distinctes, qui convergent toutes cependant vers le cas en question. Cette convergence est soulignée par Macaulay dans le petit argument admirable suivant sur la paternité des *Lettres Junius* , qui étaient une série d'attaques pseudonymes et malveillantes contre le gouvernement britannique vers 1770 :

Était-il [Francis] l'auteur des Lettres de Junius ? Notre ferme conviction est qu'il l'était. Les preuves sont, à notre avis, de nature à étayer un verdict dans une procédure civile, voire même dans une procédure pénale. L'écriture de Junius est l'écriture très particulière de François, légèrement déguisée. Quant à la position, aux activités et aux relations de Junius, voici les faits les plus importants qui peuvent être considérés comme clairement prouvés : premièrement, qu'il connaissait les formes techniques du bureau du secrétaire d'État ; deuxièmement, qu'il connaissait intimement les affaires du bureau de guerre ; troisièmement, qu'au cours de l'année 1770, il a assisté aux débats de la Chambre des Lords et a pris des notes de discours, en particulier des discours de Lord Chatham ; quatrièmement, qu'il était amèrement mécontent de la nomination de M. Chamier au poste de secrétaire adjoint à la guerre ; cinquièmement, qu'il était lié par quelque lien fort avec le premier lord Holland. Aujourd'hui, François a passé quelques années au cabinet du secrétaire d'État. Il fut ensuite commis en chef du bureau de guerre. Il mentionna à plusieurs reprises qu'il avait lui-même entendu, en 1770, des discours de Lord Chatham ; et certains de ces discours ont en fait été imprimés à partir de ses notes. Il a démissionné de son poste au bureau de guerre en raison du ressentiment suscité par la nomination de M. Chamier . C'est par Lord Holland qu'il fut introduit pour la première fois dans la fonction publique. Maintenant, voici cinq marques qui devraient toutes être trouvées chez Junius. Ils se retrouvent tous les cinq chez François. Nous ne croyons pas qu'on puisse en trouver plus de deux chez une autre personne, quelle qu'elle soit. Si cet accord ne règle pas la question, c'est la fin de tout raisonnement sur des preuves circonstancielles. [46]

Ici, les cinq points ou marques de similitude entre l'auteur des lettres et Philippe François sont d'une telle diversité que ce serait une coïncidence extraordinaire s'il y avait eu deux hommes auxquels ils correspondraient : là où tant de lignes convergent si étroitement en un En un seul point, il leur serait difficilement possible de se rencontrer sur plus d'une personne.

Le bref extrait suivant de l'argumentation de Webster dans l'Affaire du Meurtre Blanc montre le même genre de convergence de similitudes : chaque circonstance en elle-même est à peine assez forte pour fournir un terrain à un argument sur l'analogie, mais prises ensemble, elles pointent irrésistiblement dans une direction, à savoir , au fait d'un complot.

Permettez-moi donc d'attirer votre attention en premier lieu sur ces apparitions, le lendemain du meurtre, qui tendent à montrer qu'il a été commis en exécution d'un plan d'opération préconcerté. Quels sont-ils? Un homme a été retrouvé assassiné dans son lit. Aucun étranger n'avait commis cet acte, personne ne connaissant pas la maison ne l'avait fait. Il était évident que quelqu'un à l'intérieur s'était ouvert et que quelqu'un à l'extérieur était entré. Il y avait évidemment et certainement eu concertation et coopération. Les habitants de la maison n'ont pas été alarmés lorsque le meurtre a été perpétré. L'assassin était entré sans aucune émeute ni aucune violence. Il avait trouvé le chemin préparé devant lui. La maison avait été préalablement ouverte. La fenêtre était ouverte de l'intérieur et ses attaches dévissées. Il y avait une serrure sur la porte de la chambre dans laquelle dormait M. White, mais la clé avait disparu. Il avait été emporté et caché. Les pas du meurtrier étaient visibles, à l'extérieur, se dirigeant vers la fenêtre. La planche par laquelle il entra par la fenêtre restait encore. Le chemin qu'il suivait lui était ainsi préparé. La victime a été tuée et le meurtrier s'est enfui. Tout indiquait que quelqu'un à l'intérieur avait coopéré avec quelqu'un à l'extérieur. Tout proclamait que certains détenus, ou quelqu'un ayant accès à la maison, avaient participé au meurtre. Au vu des circonstances, il était donc évident qu'il s'agissait d'un meurtre prémédité et concerté ; qu'il y avait eu un complot pour le commettre. [47]

La force du raisonnement à partir d'éléments de preuve circonstanciels réside dans le nombre et la diversité des points de similitude avec le point étudié. S'il y en a peu, la possibilité de coïncidence augmente, comme c'est également le cas lorsque les points de similitude proviennent de la même source ou sont de même nature. Cette possibilité de coïncidence est un bon test approximatif de la valeur du raisonnement à partir de preuves circonstancielles : là où la théorie d'une coïncidence étendrait toutes les probabilités, on peut sans risque la laisser de côté.

Dans la pratique, l'argument fondé sur des preuves circonstancielles est plus fréquent dans l'expérience des avocats que dans celle des autres hommes ; mais tôt ou tard, tout le monde devra renoncer à un tel raisonnement, car lorsque des preuves directes sont hors de question, il peut être nécessaire de reconstituer la situation par des preuves circonstancielles. Il existe certains préjugés a l'encontre de telles preuves, découlant de cas signalés d'erreurs judiciaires dans les condamnations fondées sur ces preuves. De tels cas sont cependant très rares en réalité et ne sont probablement pas aussi nombreux que les cas dans lesquels des témoignages directs erronés ou faux ont causé une injustice.

46. Quelques pièges du raisonnement – Ambiguïté. J'ai déjà parlé de quelques-uns des dangers auxquels le raisonnement est exposé : fausses analogies, généralisations erronées de diverses sortes, et divers péchés contre les règles du syllogisme. Il reste encore quelques dangers généraux à évoquer. Il convient de noter que les différents types d'erreurs se rejoignent et qu'il n'est pas rare qu'un mauvais raisonnement donné puisse être décrit sous plusieurs d'entre eux.

De toutes les sources de raisonnement erroné et trompeur, l'ambiguïté est la plus féconde et la plus inclusive.

Il ressort du fait que les mots, à l'exception de ceux qui sont presque techniquement spécifiques, sont constamment utilisés dans plus d'un sens et qu'un grand nombre de mots que nous utilisons dans la vie quotidienne ont un sens essentiellement vague. Des mots aussi courants que « liberté », « droit », « gentleman », « meilleur », « classique », « honneur » et d'innombrables autres ont chacun besoin d'un traité pour être définis de manière approfondie ; et alors la définition, si elle était complète, serait en grande partie un tableau des sens parfaitement appropriés dans lesquels les mots peuvent être utilisés, ou une liste des manières dont différentes personnes les ont utilisés. Outre ce flou notoire de nombreux mots courants, bon nombre de mots, comme je l'ai déjà montré (p. 54), ont deux ou plusieurs significations distinctes et définissables.

À proprement parler, l'ambiguïté n'est pas inhérente au mot lui-même, mais plutôt à son utilisation dans une assertion, puisque l'ambiguïté ne peut surgir que lorsque l'on fait une assertion. Elle a été définie comme « la négligence des distinctions dans le sens des termes, lorsque ces distinctions sont importantes pour l'occasion donnée ». [48] Supposons, par exemple, que vous argumentiez contre une certaine amélioration dans un dortoir universitaire, au motif que cela crée du luxe : il est clair que « luxe » est un mot qui peut signifier une chose pour vous, et une autre pour la moitié de votre public. En soi, c'est un mot indéfini, sauf dans son implication émotionnelle ; et sa signification varie selon les personnes à propos desquelles il est utilisé, car ce qui serait un luxe pour un garçon élevé dans une ferme serait un simple confort pour le fils de parents riches de la ville. En effet, les progrès de la plomberie de la dernière génération ont complètement changé les significations relatives des mots « confort » et « luxe » en ce qui concerne les salles de bains et les baignoires. Dans le cas d'un tel mot, le poids de la définition ci-dessus repose donc sur la dernière clause, « lorsque ces distinctions sont importantes pour l'occasion donnée » ; voici un cas où l'occasion dans laquelle le mot « luxe » est utilisé détermine presque tout son sens. En pratique, si vous soupçonnez qu'un mot peut être pris dans un autre sens que celui que vous entendez, la première chose à faire est de le définir, de fixer le plus exactement possible les cas qu'il est censé recouvrir dans le présent. occasion, et le sens qu'il doit avoir dans ces cas-là. Pour de bons exemples de cette prudence éclairée, voir les définitions des pages 54-65, en particulier celle de Bagehot .

Une difficulté similaire se pose avec les mots qui, dans un usage quelque peu négligé de la vie quotidienne, en sont venus à avoir pour ainsi dire une valeur glissante.

Nous n'avons peut-être aucune difficulté à comprendre les affirmations selon lesquelles Brown, Jones et Robinson sont « honnêtes », mais lorsque nous abordons le cas de Smith , nous découvrons une difficulté à le placer clairement d'un côté ou de l'autre de la ligne. Cette difficulté n'est rien de moins que la difficulté de connaître le sens donné au mot dans cette affirmation particulière. Nous pourrions, par exemple, accepter d'entendre par « honnêteté » de Smith qu'aucune transaction douteuse ne pourrait être légalement prouvée contre lui, ou qu'il est « honnête selon ses lumières », ou encore qu'il est à peu près aussi honnête que la majorité de ses contemporains. voisins ou la moyenne de son métier ou de sa profession. [42]

Qu'il ne s'agisse pas d'un cas fantaisiste, on peut le démontrer en observant combien de fois on parle d'honnêteté « transparente », ou d'honnêteté « absolue » : c'est notamment l'un des mots pour lesquels nous disposons d'une échelle mobile de valeurs, qui varient considérablement selon les l'âge et la communauté. « L'honnêteté politique » a dans l'Angleterre d'aujourd'hui un sens très différent de celui qu'elle avait au XVIIIe siècle. Pour comprendre exactement le sens de l'honnêteté, soit pour Brown, Jones, Robinson et Smith de M. Sidgwick, soit pour M. Asquith et M. Balfour par rapport à Walpole ou Pitt, nous avons besoin de bien plus qu'un dictionnaire. définition. Ce qui a déjà été dit (p. 65) sur l'utilisation de l'historique de l'affaire pour obtenir une compréhension préliminaire de la question à débattre et des termes à y utiliser, s'applique à tout le raisonnement impliqué dans le débat. argument. Examinez tous les termes que vous utilisez vous-même, ainsi que ceux utilisés dans les arguments de l'autre côté.

J'ai déjà souligné l'ambiguïté des implications émotionnelles des mots ; mais le danger qui en découle est si subtil et si pressant qu'il vaudra la peine de s'y attarder à nouveau. Il existe de nombreux cas dans lesquels il n'y a aucun doute quant à la dénotation du mot — les cas qu'il est censé nommer — mais dans lesquels les deux parties à une controverse utilisent le mot avec un effet totalement différent sur elles-mêmes et sur leurs propres intérêts. les sentiments des autres. Avant la guerre civile, presque tout le Sud en était venu à utiliser le mot « esclavage » comme désignant l'une des institutions établies du pays, plus ou moins sanctifiées par une ordonnance divine ; en même temps, une grande partie du Nord en était venue à considérer cela comme une abomination aux yeux du Seigneur. Ici, il n'y avait aucun doute quant à la dénotation du mot ; mais sur un point très important, elle était ambiguë, car elle impliquait une réaction totalement différente de la part de ceux qui l'utilisaient. Dans un cas où le contraste est si frappant, il y a peu de risque de confusion ; mais il existe de nombreux cas où un mot peut avoir des effets très différents sur les sentiments d'un auditoire sans que le fait n'apparaisse très clairement à la surface. « Libéral » est pour la plupart des Américains un terme qui, dans la mesure du possible, implique des éloges ; pour le cardinal Newman, cela impliquait ce qui était pour lui les hérésies irrévérencieuses et dangereuses de la libre pensée, et donc dans sa bouche c'était une parole de condamnation. Pour beaucoup de gens honnêtes, le terme « esthétique » a une implication efféminée et insignifiante qui est loin d'être louable ; pour les artistes et les critiques, il peut résumer ce qu'il y a de plus admirable dans la civilisation. Si dans un débat sur l'abolition du football en tant que sport intercollégial vous avez décrit un

Certains jeux étant joués « avec esprit et férocité », les joueurs de football le considéreraient comme un bon jeu, mais les adversaires du football soutiendraient qu'une telle description les justifiait de classer ce jeu parmi les combats de prix. Lorsque l'un des termes que vous utilisez peut ainsi émouvoir une partie de votre public dans un sens et l'autre dans le sens inverse, vous êtes confronté à une sorte d'ambiguïté inconfortable.

Il est facile de croire que la dénotation d'un mot, les choses qu'il nomme, est la seule partie de sa signification qui compte ; mais avec beaucoup de mots, la connotation (j'utilise le mot dans un sens rhétorique plutôt que dans un sens logique, pour inclure ses implications, ses associations et sa coloration émotionnelle générale) a plus d'effet sur la nature humaine. Il y a une grande différence entre dire à un homme que son affirmation est « incorrecte », « fausse » ou « fausse » ; si vous utilisez ce dernier et qu'il est colérique, vous risquez de provoquer une explosion. Dans une argumentation, où vous cherchez à persuader autant qu'à convaincre, la question des sentiments de votre public et de la manière dont il sera affecté par les termes que vous utilisez est évidemment d'une grande importance. Et si vous utilisez des termes tels que « gentleman », « honnêteté politique », « socialiste », « mixité », vous ne devez pas oublier que de tels mots ont une connotation émotionnelle précise, qui variera largement selon le lecteur.

47. Poser la question. L'erreur de « poser la question » consiste à supposer comme vrai quelque chose que l'autre partie n'admettrait pas. C'est particulièrement insidieux dans les arguments condensés dont j'ai parlé il y a quelques pages. Une forme courante d'erreur consiste à insérer une épithète qui tient tranquillement pour acquis sa propre vision de la question, ou à utiliser une expression qui suppose que sa propre vision est correcte. Par exemple, dans un argument en faveur d'un changement dans le gouvernement d'une ville, déclarer que tous les citoyens intelligents sont favorables à ce changement reviendrait à poser des questions. Dans un argument en faveur de la protection des corbeaux, commencer par « Peu de gens savent combien de ces oiseaux utiles sont tués chaque année » reviendrait à soulever la question, puisque l'argument tourne autour de la question de savoir si les corbeaux sont utiles ou non. Une forme grossière et incivile de cette erreur consiste à utiliser des épithètes opprobres pour décrire des personnes qui adoptent un point de vue différent, comme dans la phrase suivante tirée d'un article d'un magazine sur la question des examens d'entrée à l'université :

Quant à l'intérêt et à la variété, quoi de plus efficace pour détruire et tabou que les exigences rigides et rigoureuses d'une série d'examens formels préparés, en règle générale, par des spécialistes pédants qui ne connaissent pratiquement rien des problèmes et des besoins fondamentaux du lycée.

Poser la question est souvent commis au cours de la définition des termes, comme dans le passage suivant de « L'Idée d'une université » du cardinal Newman :

C'est la mode en ce moment, comme vous le savez très bien, d'ériger de soi-disant universités, sans y prévoir aucune chaire de théologie. Des institutions de ce type existent ici [en Irlande] et en Angleterre. Une telle procédure, bien que défendue par les écrivains de la génération qui vient de s'écouler avec beaucoup d'arguments plausibles et beaucoup d'esprit, me semble une absurdité intellectuelle ; et ma raison pour dire cela prend, aussi brusquement soit-elle, la forme d'un syllogisme : — Une université, devrais-je dire, prétend par son nom même enseigner la connaissance universelle ; La théologie est sûrement une branche du savoir ; Comment alors lui est-il possible de professer toutes les branches du savoir, et pourtant d'exclure de ses sujets d'enseignement celui qui, c'est le moins qu'on puisse dire, est aussi important et aussi vaste que n'importe lequel d'entre eux ? Je ne pense pas que l'une ou l'autre des prémisses de cet argument puisse faire l'objet d'exceptions. [51]

La réponse évidente est que le terme « université » est vague et qu'il peut exister de nombreux types d'universités, comme il en existe d'ailleurs dans ce pays ; de plus, l'importance de la théologie est un sujet discutable même parmi les membres de l'Église.

Une forme bien connue, mais souvent subtile, de poser la question est ce que l'on appelle « argumenter en cercle ». Habituellement , l'erreur est tellement enveloppée dans le verbiage qu'il est difficile de la repérer. Voici une détection claire et bien formulée d'un cas de ce type :

Il existe un argument en faveur du travail des enfants si anti-américain et si inhumain que j'ai presque honte de le citer, et pourtant il a été utilisé, et je crains qu'il ne soit secrètement présent dans l'esprit de certains qui ne le défendraient pas ouvertement. . Un industriel, debout près du fourneau d'une serre et désignant un cortège de jeunes garçons slaves qui transportaient le verre sur des plateaux, disait : « Regardez leurs visages, vous verrez qu'il est vain de les sortir de la serre pour les faire sortir de la serre. leur donner une éducation : ils sont ce qu'ils sont et resteront toujours ce qu'ils sont." Il voulait dire qu'il existe des êtres humains – et ces Slaves en nombre – qui sont mentalement irrécupérables, si profondément endormis intellectuellement qu'ils ne peuvent pas être réveillés ; conçus par la nature, donc, pour être des bûcherons et des puiseurs d'eau. Cette chose cruelle et méchante était dite des Slaves ; c'est la même chose qui a été dite de temps immémorial par les propriétaires d'esclaves. Premièrement, ils dégradent les êtres humains en leur refusant la possibilité de développer leur meilleure nature : pas d'écoles, pas d'enseignement, pas de liberté, pas de perspectives ; puis, comme par moquerie, ils invoquent la condition dégradée de leurs victimes comme une raison pour laquelle elles ne devraient jamais être autorisées à y échapper. [52]

Dans une discussion diffuse et désordonnée, il y a toujours une chance de trouver une question qui peut consister soit à revenir à une hypothèse de l'origine

proposition et ainsi argumenter en cercle, ou simplement supposer que ce qui a été affirmé a été prouvé. L'erreur de l'exemple inventé, dans lequel un cas fictif est décrit à titre d'illustration, et actuellement considéré comme un cas réel, est une forme assez courante de questionnement.

48. Ignorer la question. Il s'agit d'une erreur de raisonnement étroitement liée qui est susceptible d'être due au même type de pensée confuse et floue. Cela consiste à s'éloigner de la question en débat et à argumenter vigoureusement sur autre chose. Une célèbre révélation de cette erreur est la dénonciation par Macaulay des arguments en faveur de Charles Ier :

Les partisans de Charles, comme les partisans d'autres malfaiteurs contre lesquels des preuves accablantes sont produites, rejettent généralement toute controverse sur les faits et se contentent d'appeler des témoignages sur leur moralité. Il avait tant de vertus privées ! Et Jacques II n'avait-il aucune vertu privée ? Oliver Cromwell, ses ennemis les plus acharnés étant eux-mêmes juges, était-il dépourvu de vertus privées ? Et quelles sont, après tout, les vertus prêtées à Charles ? Un zèle religieux, pas plus sincère que celui de son fils, et tout aussi faible et borné, et quelques-unes des décences domestiques ordinaires que la moitié des pierres tombales d'Angleterre réclament pour ceux qui reposent en dessous. Un bon père ! Un bon mari ! De grandes excuses en effet pour quinze années de persécution, de tyrannie et de mensonge !

Nous l'accusons d'avoir violé son serment de couronnement ; et on nous dit qu'il a tenu son vœu de mariage ! Nous l'accusons d'avoir livré son peuple aux inflictions impitoyables des prélats les plus impétueux et les plus durs ; et la défense est qu'il a pris son petit fils sur ses genoux et l'a embrassé ! Nous le blâmons d'avoir violé les articles de la Pétition de Droit, après avoir, moyennant bonne et précieuse considération, promis de les observer ; et on nous apprend qu'il avait l'habitude d'entendre les prières à six heures du matin ! C'est à de telles considérations, ainsi qu'à sa tenue vestimentaire Vandyke, à son beau visage et à sa barbe pointue, qu'il doit, croyons-nous en vérité, l'essentiel de sa popularité auprès de la génération actuelle. [53]

Plaider en faveur du droit de vote des femmes au motif que le suffrage est un droit qui ne doit pas être nié, ce serait ignorer la question que de se contenter d'énumérer les diverses manières par lesquelles la responsabilité du vote pourrait contribuer à améliorer la condition des femmes.

Ignorer la question en essayant de tromper le public est une tactique constante des fonctionnaires accusés de mauvaise conduite. Un sénateur américain dont l'élection avait été remise en question a donné pour sa défense un récit complet et poignant des luttes de son enfance. Un collège d'assesseurs accusé d'incompétence a terminé sa défense, dans laquelle il n'avait pas tenu compte des accusations, comme suit :

Les critiques à l'encontre du Conseil d'évaluation viennent de mauvaise grâce de la part de ceux dont les efforts pour le bien commun se limitent à des essais académiques sur le bon gouvernement. Cela sent trop l'adroit pickpocket qui, se trouvant aux prises avec des difficultés, se joint à la poursuite en criant aussi vigoureusement que n'importe lequel de la populace irréfléchie : « Arrêtez, voleur !

Ce qui est curieux, c'est que cette astuce consistant à croiser les traces fait sortir tant de gens des sentiers battus.

Ce qu'on appelle *l'argumentum ad hominem* et l' *argumentum ad populum* sont des cas particuliers d'ignorance de la question : ils consistent en des appels aux sentiments ou aux intérêts particuliers du lecteur ou du public qui fuient la question en cause. Ils ne sont pas rares dans les discours de souche et dans d'autres arguments dont le but principal est de susciter l'enthousiasme.

Un débat sur les tarifs douaniers, par exemple, débouche parfois sur des appels visant à sauver ce grand pays de la ruine, des trusts ou de quelque autre sort que l'orateur décrit comme pesant sur un peuple innocent et simple. Un argument en faveur de la restauration du système éducatif classique, qui devrait se transformer en éloges du bon vieux temps, pourrait facilement devenir un *argumentum ad populum* ; un argument en faveur d'un nouveau parc qui devrait s'appuyer sur les avantages égoïstes que pourraient obtenir les propriétaires sans tenir compte de la politique municipale plus large serait probablement un *argument ad hominem* .

De toute évidence, ces deux formes de déplacement du problème reposent étroitement sur l'élément de persuasion dans un argument, et pour faire la distinction, vous devez faire preuve de bon sens. Votre adversaire peut vous réprimander pour un *argumentum ad hominem* ou *ad populum* , lorsque vous croyez que vous restez bien dans les limites de la persuasion légitime ; mais en général, il est prudent de préserver votre estime de soi en traçant une ligne large entre l'esquive et les appels indignes aux préjugés et les appels légitimes aux sentiments et à l'intérêt personnel.

DES EXERCICES

1. Nommez une question de politique qui serait réglée par l'établissement d'un fait controversé.

2. Trouver dans les journaux le récit d'un procès au cours duquel des preuves ont été déclarées irrecevables selon les règles de droit dont aurait tenu compte l'homme moyen en dehors du tribunal pour se faire sa propre opinion.

3. Nommez trois questions dans lesquelles le témoignage serait affecté par les caprices et autres préjugés du témoin.

4. Nommez une question scientifique dans laquelle un fait important est établi par un raisonnement à partir d'autres faits.

5. Citer un cas, tiré de la vie réelle ou de la fiction, dans lequel un fait a été établi par des preuves circonstancielles ; analyser les preuves et montrer comment elles reposent sur un raisonnement basé sur la similarité.

6. Donnez un cas dans lequel ce que vous croyiez être une observation directe d'un fait vous a trompé.

7. Donnez un exemple tiré de votre propre expérience au cours d'une semaine où de vagues autorités ont été citées comme preuve directe.

8. Que penseriez-vous de l'auteur des phrases suivantes en tant que témoin du nombre et de l'importance des participantes au cortège pour le droit de vote des femmes qu'il rapporte ?

> La Cinquième Avenue a rarement, voire jamais, été aussi fréquentée que le samedi après-midi, et jamais nulle part je n'ai vu autant de femmes parmi les spectateurs d'un spectacle de passage. Des foules, sur plusieurs gradins, flanquaient la ligne de marche, et ces foules étaient majoritairement composées de femmes. En passant de bloc en bloc , je ne pouvais m'empêcher de penser que la plupart d'entre eux avaient le cœur malade et honteux de ne pas eux aussi faire la queue derrière la bande en kilt qui dirigeait le

cortège, les chars symboliques historiques, et les bannières inscrites, ainsi que leurs trois mille sœurs ou plus. Il y avait là des femmes qui menaient un bon combat pour la cause des femmes, pour les ouvrières d'usine sous-payées et pour la dame de fortune suralimentée qui est privée du droit de s'exprimer au sein du gouvernement sur ses biens hérités. (Rapport dans un quotidien du 8 mai 1911)

9. Trouver un exemple de preuve historique dans une affaire où il n'y a pas de témoins directs du fait ; discutez-en selon les tests de SR Gardiner (p. 103).

10. Trouvez deux exemples tirés des quotidiens où les statistiques sont utilisées pour établir un fait complexe.

11. Nommez deux sujets sur lesquels vous pourriez rassembler des statistiques et les sources à partir desquelles vous les tireriez.

12. Apportez en classe le témoignage d'une autorité reconnue sur un fait complexe et expliquez pourquoi son témoignage a du poids.

13. Nommez un sujet sur lequel vous pouvez parler avec autorité et expliquez pourquoi votre témoignage sur ce sujet devrait avoir du poids.

14. Donnez un exemple tiré de votre propre expérience d'une affaire dans laquelle il est difficile de faire la distinction entre les preuves directes et indirectes.

15. Trouver dans les quotidiens ou les magazines d'actualité un argument basé sur un raisonnement par analogie ; un basé sur un raisonnement par généralisation ; un basé sur des preuves circonstancielles ; expliquer le caractère de chacun.

16. Trouvez un exemple d'argument basé sur un raisonnement à partir d'une relation causale.

17. Trouvez un exemple d'argument tiré d'une énumération de cas similaires qui pourrait être facilement bouleversé.

18. Dans la proposition « Un gentleman ne devrait pas devenir un joueur de baseball professionnel », quel sens pourrait-on donner au mot « gentleman » ?

19. Faites la distinction entre les significations du *mot loi* dans les expressions « loi morale », « loi naturelle » et « loi du pays »,

20. Quelles significations différentes le mot « réconfort » aurait-il eu à l'époque de votre grand-père par rapport à aujourd'hui ?

21. Donnez deux exemples de mots avec des « sens glissants ».

22. Donnez deux exemples de mots dont la dénotation est fixe, mais dont la connotation ou les implications émotionnelles seraient différentes selon les personnes.

23. Trouvez un exemple de fausse analogie.

24. Critiquez le raisonnement suivi dans l'extrait suivant d'une lettre adressée à un journal réclamant des candidatures républicaines et démocrates pour les élections municipales dans une petite ville du pays.

> Il est reconnu que la concurrence dans la vie économique de notre ville profite au consommateur. S'il en est ainsi, pourquoi la concurrence dans les affaires municipales n'apporterait-elle pas des résultats tout aussi bons au contribuable ?

25. Donnez un exemple de généralisation hâtive dont vous avez récemment entendu parler ; expliquer sa faiblesse.

26. Donnez votre propre exemple d' erreur *post hoc* .

27. Donnez un exemple de faux raisonnement fondé sur l'hypothèse qu'un fait complexe est simple.

28. Critiquez le raisonnement dans les extraits suivants :

> *un* . [Dépêche à un quotidien.] Haverhill, 30 mars 1911. Les opposants à la forme de gouvernement par commission ne tirent pas peu de satisfaction du développement de témoignages corroborés par des chiffres tirés du service d'audit de la ville de Haverhill, selon lesquels cette méthode d'administration les affaires municipales se sont avérées jusqu'à présent être une expérience coûteuse... Le montant total des obligations émises au cours des vingt-sept derniers mois, couvrant la période de fonctionnement du gouvernement à commission, était de 576 000 $; la capacité d'emprunt actuelle de la ville n'est que d'environ 35 000 $; que la dette obligataire de la ville est passée de 441 264 $ à 1 181 314 $ au cours des cinq dernières années ; la dette obligataire nette a plus que doublé en trois ans ; que la valeur évaluée a augmenté de 5 000 000 $; et le taux d'imposition est passé de 17,40 dollars à 19 dollars en cinq ans. La capacité d'emprunt de (341 696 $ au 1er janvier 1906) a diminué à 95 000 $ le 1er janvier 1911.... La forme de gouvernement par commission est entrée en vigueur à Haverhill le premier lundi de janvier 1909.

b . Extrait d'un article dans un magazine, s'opposant au projet du ministre des Postes d'augmenter les frais de port sur les sections publicitaires des magazines : considérons notamment le mot « censure » :

Nous voyons deux objections sérieuses au plan du ministre des Postes. Premièrement, il faut une censure pour déterminer quels périodiques sont des « magazines » dont les pages publicitaires doivent être taxées, et quels sont les périodiques éducatifs et religieux qui doivent continuer à bénéficier de ce que le président appelle une « subvention ». Une telle censure constituerait une nouveauté dans l'administration postale et semblerait être une chose très difficile à mettre en place sur des bases équitables.

29. Dans un article de journal sur une enquête menée par le directeur du gymnase de l'Université de Columbia sur les effets du tabagisme, les phrases suivantes apparaissent :

En matière d'études, les non-fumeurs avaient un net avantage. Les fumeurs avaient en moyenne quatre-vingt pour cent d'études à l'entrée, soixante-deux pour cent pendant les deux premières années et sept pour cent d'échec. Les non-fumeurs ont obtenu quatre-vingt-onze pour cent à leurs examens d'entrée et soixante-neuf pour cent au cours de leurs deux premières années d'université, tandis que seulement quatre pour cent ont été des échecs. À cet égard, le Dr Meylan pense qu'il existe une relation distincte entre le tabagisme et l'érudition.

Parmi le même groupe d'étudiants, 47 pour cent des fumeurs ont obtenu une place dans les équipes sportives universitaires, tandis que seulement 37 pour cent des non-fumeurs ont pu obtenir une place.

Si l'avant-dernière phrase avait lu : « Le tabagisme semble donc être une cause de faible scolarité », que penseriez-vous du raisonnement ?

30. Critiquez le raisonnement de la partie suivante d'un argument en faveur de l'interdiction :

Le Dr Williams déclare : « Nous ne trouvons aucune preuve que les lois d'interdiction ont été efficaces dans le passé pour diminuer la consommation de boissons alcoolisées. » ... L'absence de logique dans la conclusion du Dr Williams sera facilement visible en substituant dans son argument le mal de l'homicide et le mal de l'avidité au mal de l'alcool.

Depuis leur création, les États-Unis ont cherché à remédier au fléau des homicides par la prohibition. Chaque État a des lois prévoyant des sanctions sévères interdisant le meurtre. Et pourtant, le nombre d'homicides aux États-Unis n'a cessé d'augmenter jusqu'à atteindre, en 1910, huit mille neuf cent soixante-quinze. Depuis lors, les homicides ont augmenté régulièrement au cours des cent dernières années en vertu d'une loi les interdisant avec des peines sévères, une loi prohibitive n'a pas été et ne peut pas être un remède à l'homicide.

31. Critiquez le raisonnement suivi dans l'extrait suivant d'un argument en faveur de l'électrification de la partie terminale d'une voie ferrée :

Il est vrai que la fumée et les gaz des locomotives ne tuent pas directement les gens ; mais que leur influence, bien que non immédiatement mesurable, est de raccourcir la vie, je ne peux pas, à mon avis, être combattue avec succès... Il y a quelques années, j'ai fait quelques calculs basés sur les archives de dix années d'exploitation des chemins de fer dans cet État, et j'ai trouvé que si un homme passait tout son temps jour et nuit à voyager dans des trains à une vitesse moyenne de trente milles à l'heure, et s'il avait une chance moyenne, il ne serait pas tué par accident, sans sa faute, plus d'une fois par an. quinze cents ans, et qu'il ne subirait aucune blessure suffisamment importante pour être signalée plus d'une fois tous les cinq cents ans. Je vous demande d'évaluer combien de temps vivrait, à votre avis, un homme s'il était obligé continuellement, jour et nuit, de respirer l'air de nos stations, sans aucune possibilité de soulager ses poumons par une bouffée d'air plus pur et meilleur.

32. Donnez un exemple dans lequel vous avez vous-même utilisé la méthode de l'accord pour parvenir à une conclusion au cours de la semaine dernière.

33. Donnez un exemple, tiré d'une de vos études, d'utilisation de la méthode de l'accord.

34. Donnez un exemple, qui vous est récemment parvenu, de l'utilisation de la méthode de la différence.

36. Critiquez les syllogismes suivants, en donnant les raisons pour lesquelles vous les jugez valables ou non :

un . Tous les hommes riches devraient être charitables avec leur richesse ; Les hommes charitables pardonnent à leurs ennemis ; C'est pourquoi tous les hommes riches devraient pardonner à leurs ennemis.

b. Tout homme qui joue bien au baseball a un bon œil et un jugement rapide ; Tout bon joueur de tennis a un bon œil et un jugement rapide ; Tout bon joueur de tennis est donc un bon joueur de baseball.

c. Chaque fois que vous trouvez un homme qui boit beaucoup, vous trouvez un homme peu fiable ; Notre cocher ne boit pas beaucoup ; Il est donc fiable.

d. Tous les bateaux à vapeur qui traversent l'océan le plus rapidement possible sont confortables ; Ce bateau à vapeur est lent ; Elle n'est donc pas à l'aise.

e. Tous les chiens qui aboient constamment ne sont pas de mauvaise humeur ; Ce chien n'aboie pas constamment ; Il n'est donc pas de mauvaise humeur.

f. Tout le froid peut être expulsé par la chaleur ; La maladie de John est un rhume ; Il peut donc être expulsé par la chaleur. (De Minto)

g. L'usage des esprits ardents devrait être interdit par la loi, étant donné qu'il cause la misère et le crime, que l'un des principaux objectifs de la loi est de prévenir. (De Bode)

h. Les êtres rationnels sont responsables de leurs actes ; les brutes n'étant pas rationnelles, sont donc exonérées de responsabilité. (De Jevons)

36. Développez les arguments suivants en syllogismes et critiquez leur bien-fondé :

un. La neige se transformera en pluie, car il fait de plus en plus chaud.

b. Le garçon a bien réussi son examen, car il en est ressorti joyeux.

c. Nous avons eu un gouvernement économique l'année dernière, donc le taux d'imposition va être réduit.

d. Lee sera un bon maire, car les hommes qui ont de l'énergie et un bon jugement peuvent faire un bien incalculable à leurs concitoyens.

e. Il existe des preuves irréfutables que chaque membre du conseil échevinal a reçu un pot-de-vin, et George O. Carter était membre de ce conseil.

f. Le candidat à la course dans l'équipage de première année venait de l'école de Santos, il devait donc être un bon rameur.

37. Critiquez le raisonnement des arguments suivants, en indiquant s'ils sont valables ou non, et pourquoi :

un. Il en coûte vingt cents à un agriculteur du Nebraska pour cultiver un boisseau de maïs. Quand le maïs descend à vingt cents , il ne peut rien acheter et il ne peut pas payer plus de douze ou quinze dollars par mois pour obtenir de l'aide. Lorsqu'il atteint trente-cinq cents, le fermier donne à ses enfants la meilleure éducation possible et achète une automobile. L'agriculteur sera donc ruiné si les droits de douane sur le maïs ne sont pas augmentés.

b . Depuis de nombreuses années, les plateformes démocrates se sont prononcées explicitement ou implicitement contre les droits de douane sur le sucre ; Si les démocrates arrivaient au pouvoir et réduisaient les droits de douane, ils perdraient leur force dans les États producteurs de sucre de canne et de sucre de betterave ; s'ils ne réduisent pas les taxes, ils admettent que leurs programmes ne sont pas sincères. (Résumé d'un éditorial dans un journal. Mars 1911)

c . Je n'ai pas besoin de dire que je suis opposé à un système tel que celui de Galveston, ou pour l'appeler par son nom plus large, le système des commissions. Ce n'est qu'un autre nom pour le despotisme. Louis XIV était commissaire chargé de l'exécution des devoirs de gouverner la France. Philippe II était pareil en Espagne. Les décemvirs et les triumvirs de Rome n'étaient qu'une seule et même espèce, ainsi que le Directoire en France. Ils sont tous arrivés à la même fin. Madison dit dans le numéro XLVII de *The Federalist* : « L'accumulation de tous les pouvoirs, législatifs et judiciaires, dans les mêmes mains, qu'ils appartiennent à un, à quelques-uns ou à plusieurs, et qu'ils soient héréditaires, auto-désignés ou électifs, peut à juste titre être prononcée comme la définition même de la tyrannie. Le juge Story a déclaré : « Chaque fois que ces ministères sont tous confiés à une seule personne ou à un seul groupe d'hommes, le gouvernement est en fait un despotisme, quel que soit le nom qu'on lui donne, qu'il s'agisse d'une monarchie, d'une aristocratie ou d'une démocratie. »

d . La procédure de Berlin comporte un élément d'équité digne de notre considération ; ceux qui représentent les grands intérêts fonciers ont la certitude d'être au moins représentés. Un tel système doit être conçu si le maintien du correctement est considéré comme moral et nécessaire à notre civilisation. N'oubliez pas que vous n'êtes, dans un sens large, qu'une société par actions à charte. Pouvez-vous imaginer le contrôle d'une autre société par actions confiée à ceux qui n'en ont pas ou le moins ? Pouvez-vous imaginer le New York & New Haven Railroad, par exemple, contrôlé par les passagers, à l'exclusion des actionnaires ? C'est ce qui s'est produit, dans une très large mesure, dans beaucoup de nos villes. Nous avons privé les véritables actionnaires, dans certains cas, de toute représentation quelconque. Je considère donc que donner à la propriété une certaine voix dans le contrôle d'une corporation municipale n'est que sens et justice.

e . Nous avons essayé de créer des commissions à Buffalo dans les branches du gouvernement de notre ville. Ils les ont essayés dans presque toutes les villes de ce pays. Nous avons gouverné notre police par des commissions, nos parcs par des commissions, nos travaux publics par des commissions. Le gouvernement par commissions a été pendant de nombreuses années une mode dans ce pays, et il est devenu discrédité, de sorte que récemment nous avons supprimé les commissions et avons mis en place des chefs uniques pour les départements ayant des fonctions exécutives et quelques fonctions législatives mineures, comme les conseils des parcs, et les commissions de police, et ont essayé de concentrer les responsabilités de cette manière. Dans le comté d'Erie et dans tout l'État de New York, une commission élue par le peuple gouverne nos comtés. Le conseil de surveillance est un gouvernement de commission. Cela n'a jamais été honorable – toujours mauvais, même en comparaison avec nos gouvernements municipaux. Bien sûr, il ne s'agit pas seulement de ce genre de gouvernement de commission. C'est une commission plus importante ; il n'est pas élu en général, mais par circonscriptions, mais c'est une tentative dans le même sens. Je dis donc qu'il n'y a rien de nouveau dans cette idée de gouvernement par commission.

CHAPITRE IV

L'ARGUMENT ÉCRIT

49. Le mémoire et l'argumentation . Si votre mémoire est minutieusement élaboré et basé sur un examen minutieux des preuves, le travail sur votre argumentation devrait être terminé au moins aux deux tiers. Le dernier tiers n'est cependant pas à négliger, car de lui dépendra en grande partie vos résultats pratiques pour émouvoir vos lecteurs. Même un argument juridique est rarement porté devant le tribunal sur la seule base d'un mémoire écrit ; et le lecteur moyen ne s'efforcera jamais de lire et de comprendre un mémoire aussi vaste que celui que nous avons prévu ici. De plus, si votre argumentation complète n'est qu'une copie du mémoire en phrases et paragraphes consécutifs, vous aurez peu de lecteurs. La réalisation du dossier ne fait qu'achever ce qu'on peut appeler la partie architecturale de vos travaux ; la rédaction d'un argument fera appel à toutes les compétences dont vous disposez dans le choix des mots et leur assemblage.

Nous avons vu au chapitre premier que l'argumentation a deux sortes d'attrait pour son lecteur : d'une part, par son pouvoir de conviction, il fait appel à sa raison ; de l'autre, par son pouvoir de persuasion, il fait appel à ses sentiments et à ses intérêts moraux et pratiques. De ces deux types d'appel, le pouvoir de conviction est largement déterminé par la minutie de l'analyse et l'efficacité de l'arrangement, et dépend donc en grande partie du travail effectué pour rédiger le mémoire ; le pouvoir de persuasion, en revanche, bien que dépendant en partie de la ligne d'attaque exposée dans le mémoire et du choix des points à argumenter, dépend beaucoup plus de la manière dont l'argumentation est complétée dans sa forme finale. Cependant, même l'argumentation scientifique la plus sévère est bien plus qu'un simple résumé de la ligne de pensée que l'on trouverait dans un mémoire ; et dans un argument comme les discours de la plupart des campagnes politiques, un résumé de la pensée laisserait de côté l'essentiel de l'argument. Partout où vous devez inciter les hommes à faire des choses, vous n'avez commencé que lorsque vous avez convaincu leur raison.

50. L'introduction de l'argumentation . Beaucoup dépend de la première partie de votre argumentation, l'introduction. Sa longueur varie considérablement et elle peut différer considérablement, à d'autres égards, de l'introduction de votre mémoire. Si les personnes que vous essayez de convaincre connaissent le sujet, vous n'aurez besoin que de peu de présentation ; un énoncé bref mais clair des principes fondamentaux sera utile. Pour un tel public, il importe avant tout de faire ressortir les enjeux, afin qu'ils voient parfaitement distinctement les points exacts sur lesquels tourne la question. Ensuite, plus tôt vous vous efforcerez de les convaincre, mieux ce sera. Dans de tels arguments, l'introduction ne différera peut-être pas beaucoup en substance de l'introduction du mémoire, même si elle doit être réduite à une forme consécutive et agréable. A l'autre extrême se trouve un argument tel que celui de Huxley (p. 233), où il a dû préparer la voie très soigneusement de peur que les préjugés contre une vision révolutionnaire et peu familière du monde animé ne ferment l'esprit de ses auditeurs contre lui avant il était vraiment commencé. Ainsi, avant de terminer son introduction, il expose non seulement les trois hypothèses entre lesquelles il faut choisir, mais aussi la loi de l'uniformité de nature et les principes et la nature de la preuve circonstancielle. La question de savoir où l'on doit s'arrêter entre ces deux extrêmes est une question à trancher au cours de l'argumentation individuelle.

Il y a cependant une chose qu'il est presque toujours sage de faire ; en fait, on ne se tromperait pas beaucoup en la prescrivant comme une règle générale : c'est-à-dire en indiquant de manière presque explicite combien de questions principales il existe et quelles sont elles. En écrivant un argument, il est toujours prudent de supposer que la plupart de vos lecteurs seront des lecteurs négligents. Peu de gens ont le don de lire avec attention et précision, et de transmettre ce qu'ils ont lu avec une certaine distinction. Par conséquent, permettez à vos lecteurs de récupérer et de transporter facilement vos points. Si vous leur dites que vous allez faire valoir trois ou cinq points, ils sont beaucoup plus susceptibles de se souvenir de ces trois ou cinq points que s'ils devaient les choisir eux-mêmes au fur et à mesure. Huxley, peut-être l'écrivain scientifique le plus compétent dans cette langue, a constamment mis en pratique ce procédé. Dans son grand argument sur l'évolution, il dit (voir p. 235) : « Autant que je sache, il n'y a que trois hypothèses qui ont jamais été envisagées, ou qui peuvent l'être, concernant l'histoire passée de la nature » ; puis, comme on le verra, il les reprend tour à tour, en numérotant « premier », « deuxième » et « troisième ». De la même manière, dans son essai « Les bases physiques de la vie », il dit, non loin du début : « Je me propose de vous démontrer que, malgré ces apparentes difficultés, une triple unité, à savoir une unité de pouvoir ou de faculté, une unité de forme et une unité de composition substantielle - imprègne tout le monde vivant. Burke, dans son grand discours « Sur la conciliation avec l'Amérique », a déclaré : « Les questions capitales sur lesquelles vous devez aujourd'hui trancher sont au nombre de deux : premièrement, si vous devez concéder ; et deuxièmement, quelle devrait être votre concession. »

Il n'est guère exagéré de dire que les écrivains dont le sens du style est le plus développé sont les plus susceptibles d'exposer les problèmes avec la précision la plus directe et la plus directe.

L'énoncé des enjeux fera ressortir l'importance de limiter fortement le nombre d'enjeux principaux. Rares sont les sujets de débat qui ne touchent pas les intérêts et les croyances de leur public dans de nombreuses directions ; mais parmi ces aspects, certains comptent évidemment bien plus que d'autres. Si dans votre introduction vous essayez d'énoncer tous ces problèmes, petits et grands, vous laisserez sûrement la confusion derrière vous. Très peu de gens sont capables de présenter plus de trois ou quatre questions suffisamment distinctement pour influencer leur jugement sur l'ensemble de l'affaire ; et même parmi eux, certains ne prendront pas la peine de le faire. Si vous parvenez à réduire l'affaire à un, deux ou trois points critiques, vous faites un bon début pour conquérir l'esprit de vos lecteurs.

Un bon exposé historique de l'affaire peut constituer une partie utile et précieuse d'une introduction, en particulier pour les arguments traitant des politiques publiques. Si vous rappelez aux lecteurs quels ont été les faits, vous pourrez plus facilement leur faire comprendre la situation actuelle à partir de laquelle vous partez. Un argument en faveur d'une augmentation ou d'une baisse du tarif sur un article serait susceptible de raconter l'histoire du tarif en ce qui concerne cet article, ainsi que les progrès réalisés dans son importation et sa fabrication dans le pays. En rédigeant l'argumentation tirée du mémoire de la page 90, on inclurait presque inévitablement l'histoire récente du gouvernement de la ville.

En général , il est préférable de faire cet exposé préliminaire de l'histoire de l'affaire de manière scrupuleusement et explicitement impartiale. Un public est susceptible d'être mécontent de toute apparence de déformation des faits pour l'adapter à l'affaire ; et si, à première vue, ils s'opposent à vos affirmations, il est plus sage de préparer votre argument d'une autre manière. Il existe d'autres façons de commencer un argument que par un exposé de faits ; et les ressources dans la présentation d'un cas contribuent grandement à le gagner.

Il est souvent judicieux d'énoncer vos définitions avec soin, en particulier pour les termes qui se trouvent au bas de l'ensemble de votre dossier. La définition de Bagchot à la page 58 est un bon exemple. Voici le début d'un discours du président Eliot, en 1896, sur « Une gamme plus large de cours au choix dans les conditions d'admission à l'université » :

Comme d'habitude, il faut définir un peu le sujet. "Un plus large éventail de cours au choix dans les conditions d'admission à l'université." À quel domaine pensons nous lorsque nous abordons ce sujet ? Si nous parlons des États-Unis, l'éventail des cours au choix est déjà très large. Prenons, par exemple, les conditions d'admission à l'Université Leland Stanford. Vingt sujets sont nommés, de caractère et d'étendue très différents, et le candidat peut en présenter dix sur vingt. La botanique compte autant que le latin. Il existe un large éventail d'options d'admission à l'Université du Michigan, avec ses nombreux cours menant à de nombreux diplômes ; c'est-à-dire qu'il existe un large éventail de matières autorisées à un candidat qui envisage de se présenter à l'un de ses nombreux diplômes. Si nous regardons de plus près, nous constatons que dans une institution aussi conservatrice que le Dartmouth College, trois diplômes différents sont proposés, avec trois assortiments différents de conditions d'admission et trois cours différents au sein du collège. J'ai remarqué qu'à la dernière rentrée, il y avait quarante et un diplômes de type ancien et vingt-sept diplômes de type plus récent délivrés par le Dartmouth College. Ici, à Harvard, nous proposons depuis de nombreuses années une gamme considérable de cours au choix pour les examens d'admission, en particulier dans ce que nous appelons les exigences avancées. Nous devons donc limiter un peu notre sujet en disant que nous envisageons un éventail plus large de cours optionnels d'admission dans les collèges de l'Eastern et du Middle State, l'éventail des cours optionnels plus à l'ouest étant déjà large dans de nombreux cas. ⁵⁴

Le professeur William James, dans son essai « The Will to Believe », dans lequel il soutient qu'il est à la fois juste et inévitable que nos sentiments participent à la formation de notre foi, commence par une définition et une illustration minutieuses de certains termes qu'il utilise. Je vais l'utiliser constamment.

Appelons ensuite la décision entre deux hypothèses une option. Les options peuvent être de plusieurs sortes. Ils peuvent être (1) *vivants* ou *morts* ; (2) *forcé* ou *évitable* ; (3) *important* ou *insignifiant* ; et pour nos besoins, nous pouvons qualifier une option d' option *authentique* lorsqu'elle est forcée, vivante et capitale.

1. Une option vivante est une option dans laquelle les deux hypothèses sont vivantes. Si je vous dis : « Soyez théosophe ou mahométan », c'est probablement une option morte, car pour vous, aucune des deux hypothèses n'est susceptible d'être vivante. Mais si je dis : « Soyez agnostique ou soyez chrétien », il en va autrement : formé comme vous l'êtes, chaque hypothèse fait appel, aussi minime soit-il, à votre croyance.

2. Ensuite, si je vous dis : « Choisissez entre sortir avec ou sans votre parapluie », je ne vous propose pas une véritable option, car elle n'est pas forcée. Vous pouvez facilement l'éviter en ne sortant pas du tout. De même, si je dis : « Soit tu m'aimes, soit tu me détestes », « Soit tu qualifies ma théorie de vraie, soit elle est fausse », ton choix est évitable. Vous pouvez rester indifférent à mon égard, sans m'aimer ni me haïr, et vous pouvez refuser de porter un jugement sur ma théorie. Mais si je dis : « Soit vous acceptez cette vérité, soit vous vous en passez », je vous place dans une option forcée, car il n'y a pas de place en dehors de l'alternative. Tout dilemme fondé sur une disjonction

logique complète, sans possibilité de ne pas choisir, est une option de ce type forcé.

3. Enfin, si j'étais le Dr Nansen et que je vous proposais de rejoindre mon expédition au Pôle Nord, votre option serait capitale ; car ce serait probablement votre seule opportunité similaire, et votre choix maintenant soit vous exclurait complètement de la sorte d'immortalité du pôle Nord, soit en remettrait au moins la chance entre vos mains. Celui qui refuse de saisir une opportunité unique perd le prix aussi sûrement que s'il avait essayé et échoué. À *l'inverse*, l'option est triviale lorsque l'opportunité n'est pas unique, lorsque l'enjeu est insignifiant ou lorsque la décision est réversible si elle s'avère ultérieurement imprudente. De telles options triviales abondent dans la vie scientifique. Un chimiste trouve une hypothèse suffisamment vivante pour passer un an à la vérifier : il y croit à ce point. Mais si ses expériences ne sont pas concluantes d'une manière ou d'une autre, il est démissionné pour sa perte de temps, sans qu'aucun préjudice vital ne soit causé.

Notre discussion sera facilitée si nous gardons bien à l'esprit toutes ces distinctions. [55]

Dans certains arguments, l'élaboration des définitions de quelques termes principaux peut occuper beaucoup de place. Matthew Arnold, un célèbre critique de la dernière génération, a écrit en guise d'introduction à un volume de sélections de poèmes de Wordsworth un essai avec la thèse selon laquelle Wordsworth est, après Shakespeare et Milton, le plus grand poète qui ait écrit en anglais ; et pour établir son point de vue, il a défini la définition selon laquelle « la poésie est fondamentalement une critique de la vie ; que la grandeur d'un poète réside dans sa puissante et belle application des idées à la vie – à la question : comment vivre » . Il consacra plusieurs pages à l'élaboration de cette définition , car le succès de son argument principal résidait dans le fait d'amener ses lecteurs à l'accepter.

De nombreux arguments juridiques visent uniquement à établir des définitions, en particulier dans les affaires qui concernent le droit écrit. Les décisions récentes de la Cour suprême des États-Unis dans les affaires relatives à l'impôt sur les sociétés et dans l'affaire Standard Oil en sont des exemples : dans chacune d'elles, ce qui était en cause était le sens exact des mots utilisés dans certaines lois votées par le Congrès. Dans la common law également, il existe de nombreuses expressions venues des siècles passés, dont le sens a été défini à maintes reprises au fur et à mesure de l'apparition de nouveaux cas. Nous avons vu (p. 63) a quel point une définition minutieuse du mot « meurtre » peut nécessiter. La « malveillance préméditée » est un autre exemple familier : cela semble simple, mais lorsqu'on commence à fixer les limites auxquelles une colère soudaine se transforme en inimitié froide et délibérée, ou jusqu'où un homme doit être allé dans la boisson avant de perdre la conscience de son fins, même un profane peut voir qu'il a des difficultés.

Dans de tels cas, une définition du dictionnaire ne serait qu'un point de départ. Cela peut cependant être un point de départ très utile, comme dans l'extrait suivant d'un article de MEP Ripley, président de la Atchison, Topeka, and Santa Fe Railway Company, sur « Les chemins de fer et le peuple » :

Il y a un point à ce sujet que beaucoup oublient : c'est que dans toutes les affaires, il existe deux types de discrimination. Il y a le genre qui, comme l'exprime le dictionnaire, « distingue comme étant différent », qui « distingue avec précision », et il y a le genre très différent qui « traite de manière inégale ». dans toutes les affaires ordinaires de la vie, nous condamnons comme « indiscriminés » ceux qui ont si peu de jugement ou d'équité qu'ils ne « distinguent pas avec précision » ou « ne mettent pas à part les choses qui sont différentes » – qui soit traitent de manière égale les choses qui sont inégales, soit traitent de manière inégale les choses. qui sont égaux. Or, lorsque le directeur du trafic ferroviaire « distingue les choses qui sont différentes » et les traite différemment, il fait simplement ce que chacun a le devoir de faire. 56

Il développe ensuite cette définition en montrant les faits sur lesquels elle doit porter.

D'un autre côté , n'ennuyez pas vos lecteurs avec des définitions de mots dont personne ne doute sur le sens ; c'est une perte de bon papier pour vous, et de bon temps pour eux ; et nous avons vu au chapitre II la futilité du dictionnaire pour les cas où il existe un réel désaccord sur le sens d'un mot.

On verra donc que l'analyse que vous avez faite en préparation du mémoire peut s'étendre plus ou moins dans l'argumentation elle-même. Il est donc sage de considérer le travail effectué pour l'introduction du mémoire comme un travail effectué en grande partie pour clarifier votre propre pensée sur le sujet ; Lorsque vous rédigerez l'argument lui-même, vous pourrez revenir à l'introduction du mémoire et voir combien d'espace vous allez maintenant lui accorder.

Lors d'une dispute au collège ou à l'école, vous la suivrez généralement d'assez près ; et vous avez bien fait de le faire, car vous fixerez ainsi dans votre esprit un modèle utile. Mais lorsque vous sortirez dans le monde, vous devrez considérer dans chaque cas les besoins et les prétentions du public concerné. Ici comme partout dans l'argumentation, vous devez faire preuve de jugement ; il n'existe pas de formule adaptée à tous les cas. Le schéma d'analyse du cas qui a été exposé au chapitre II a fait ses preuves comme étant le meilleur moyen jamais trouvé pour explorer un sujet et assurer la clarté de la pensée et la certitude de l'attaque ; 57 mais je ne connais pas un seul schéma fixe pour l'argument lui-même qui ne soit démonté par la première demi-douzaine d'arguments pratiques auxquels vous l'appliquez.

51. Le corps de l'argumentation. Dans le corps principal de l'argumentation, la différence avec le mémoire sera en grande partie une question d'expansion : le mémoire indique les preuves, l'argument les expose longuement. Ici encore, vous adaptez votre argumentation à votre public et à l'espace dont vous disposez. Dans un éditorial d'un journal, qui est rarement plus long qu'un long thème universitaire, il y a peu de place pour l'exposé des preuves. Dans l'argumentation de Webster dans l'affaire du meurtre de White, qui compte quelque treize mille mots et qui a dû prendre deux heures ou plus à présenter, les faits sont étudiés dans les moindres détails. La plupart des gens sont surpris de voir à quel point un exposé complet des preuves prend de la place ; si les faits sont compliqués, ils doivent être analysés et exposés un par un et leur rapport avec le cas exposé dans son intégralité. Cette nécessité d'utiliser l'espace pour rendre les faits clairs est la raison pour laquelle il est si difficile de trouver des arguments adéquats et convaincants qui tiennent en moins de quinze ou vingt pages. Le problème avec un argument rapide et compact comme celui de Macaulay sur la paternité des *Lettres de Junius* (voir p. 155) est qu'à moins d'avoir abordé la question par vous-même, vous ne savez pas s'il faut accepter ou non les faits énoncés. Si vous les acceptez, la conclusion est inévitable ; mais si vous savez que les chercheurs ont longtemps tenu cette décision douteuse, vous voudriez en savoir plus sur les faits en détail avant de vous abandonner à la conclusion de Macaulay. Pour le lecteur moyen d'aujourd'hui, qui connaît peu les faits, cet argument devrait être considérablement développé.

Dans cette expansion vient l'occasion de faire preuve de toute l'habileté d'exposition que vous pouvez rassembler, et de cet appel subtil aux sentiments de vos lecteurs qui réside dans la vivacité et la précision de la formulation, considérations dont je traiterai séparément plus loin. Nous pouvons ici considérer les questions de proportion de l'espace.

La seule règle qui puisse être posée pour la répartition de votre espace est d'utiliser votre sagacité, et toute votre connaissance de votre sujet et de votre public. Dans un argument écrit, vous avez l'avantage de pouvoir laisser votre plume travailler sur votre premier brouillon, puis revenir en arrière et peser la force comparative des différentes parties de l'argument, et découper et raccourcir jusqu'à obtenir les meilleurs arguments à cet effet. ont le plus d'espace. Dans un débat, le même but est atteint par les répétitions des discours principaux ; dans la réfutation, qui est meilleure lorsqu'elle est spontanée, il faut se fier au jugement acquis par la pratique.

Toutes choses égales par ailleurs, cependant, la brièveté attire un public. Si vous pouvez résumer votre cas en deux fois moins de temps qu'il faut à l'autre partie pour exposer le sien, il y a de fortes chances que votre public pense que vous en avez le droit. Gardez-vous surtout d'ennuyer vos lecteurs par des explications trop exhaustives de détails ou d'aspects de l'affaire qui ne les intéressent pas. Je suppose qu'il n'y a personne d'entre nous qui n'ait pas un ou deux amis dignes de ce nom qui discuteront toute une soirée de la question de savoir si une pelouse doit être arrosée le soir ou tôt le matin, ou si le huitième trou du terrain de golf ne doit pas être arrosé. cinquante mètres de plus. Il ne faut pas ressembler à l'homme qui, il y a quelques années, lors des discussions sur le bimétallisme, tenait sa femme éveillée la nuit en lui exposant les iniquités et les inégalités d'un même standard. Il est plus prudent de sous-estimer que de surestimer l'endurance et la patience de votre public.

52. La réfutation. Le lieu de la réfutation variera, comme nous l'avons vu dans le chapitre sur la planification (voir p. 82), considérablement selon l'argumentation et le public. Son objectif est d'écarter le plus efficacement possible les principaux points avancés par l'autre partie. Dans un argument de fait, cela se fait à la fois en exposant les points faibles du raisonnement et en jetant le doute sur les faits cités, soit en prouvant qu'ils sont contredits par de meilleures preuves, soit que les preuves avancées pour les établir sont fragiles ou peu concluantes. Dans un argument politique, on répond aux arguments de l'autre camp soit en jetant le doute sur les faits sur lesquels ils reposent, soit en démontrant que les arguments eux-mêmes n'ont pas de force coercitive.

Lorsqu'il y a des points forts de l'autre côté, dans l'un ou l'autre type d'argumentation, il est souvent judicieux d'admettre leur force. Cela est particulièrement vrai dans les arguments politiques où les avantages sont étroitement équilibrés. Si vous essayez de convaincre un garçon qu'il devrait aller dans votre collège plutôt que dans un autre, vous ne gagnerez rien à lui dire que l'autre collège ne vaut rien ; s'il vaut la peine d'être conquis, il le saura mieux que cela. Et en général , si vous avez fait comprendre à quelqu'un qu'il n'y a rien à dire pour l'autre côté, et qu'il découvre ensuite qu'il y a de solides raisons pour cela, votre argument perdra son estime.

Dans la manière de votre réfutation, penchez-vous du côté de la sobriété et de la courtoisie. On a dit que le plus mauvais usage qu'on puisse faire à un homme est de le réfuter ; et il est certain que dans les débats de la vie active, les victoires et les défaites personnelles sont ce qui est le plus vite oublié. Si, au bout d'un certain temps, vous devez établir un fait historique ou biologique, ou obtenir un verdict d'un jury ou un rapport favorable d'une commission législative, vous réfléchirez beaucoup plus aux arguments de vos adversaires qu'aux arguments de vos adversaires. eux personnellement. Il y a peu d'arguments dans lesquels on peut se permettre de ne pas prêter attention aux points forts de l'autre camp ; et lorsque la charge de la preuve vous incombe fortement, votre propre argument peut être presque entièrement une réfutation ; mais il convient toujours de garder à l'esprit que si cela vaut la peine que vous discutiez, il y a quelque chose, et quelque chose de sérieux, à dire de l'autre côté.

53. La conclusion. La conclusion de votre argumentation doit être courte et précise. Rassemblez les principaux problèmes et reformulez-les dans des termes faciles à retenir. La simple répétition des points tels que vous les avez évoqués dans votre introduction peut trop ressembler à un manque de ressources ; d'un autre côté, cela aide à faire connaître vos arguments et à les faire comprendre. Quoi qu'il en soit, faites en sorte que vos affirmations soient faciles à retenir. La plupart d'entre nous font un long chemin pour régler notre propre esprit sur une question déroutante lorsque nous répétons à quelqu'un d' autre les arguments que nous avons lus ou entendus. Si vous pouvez résumer ainsi votre argument selon lequel vos lecteurs vont inconsciemment vendre vos points à leurs voisins, vous les avez probablement. En revanche, lorsque vous avez terminé votre argumentation, si vous commencez à contourner et à modifier et à revenir sur des points qui n'ont pas été suffisamment soulignés auparavant, vous gâchez tout ce que vous avez gagné. Dans le débat, rien ne réussit mieux que la décision et la certitude de l'énoncé. Même le dogmatisme vaut mieux qu'une apparence de babillage. Ce sont des hommes comme Macaulay, qui voient tout en noir et blanc sans nuances, qui sont les leaders de l'opinion mondiale. Résumez donc, partout où il convient de le faire, comme s'il n'y avait qu'un seul côté de l'affaire, et cela pourrait être énoncé en trois lignes.

54. Le pouvoir de convaincre. Le pouvoir convaincant d'un argument dépend de son attrait pour la raison de ses lecteurs. En d' autres termes, un argument a un pouvoir convaincant lorsqu'il peut adapter les faits qu'il traite de manière fluide et intelligente au reste de l'expérience du lecteur. Si un argument sur une masse complexe de faits, comme les preuves dans une longue affaire de meurtre, fait dire au lecteur : « Oui, maintenant je vois comment tout cela s'est passé », ou un argument en faveur de l'élection directe des sénateurs américains le fait Il dit : « Oui, c'est là une simple mise en pratique des principes fondamentaux du gouvernement populaire », alors il est convaincu. Dans cet aspect, l'argumentation se fond dans l'exposé. Il est significatif que, comme nous l'avons déjà noté, l'argument de Matthew Arnold selon lequel Wordsworth est le plus grand poète anglais après Shakespeare et Milton, et l'argument de Huxley selon lequel la base physique de la vie animale et végétale est la même, sont tous deux utilisés dans un livre d'exemples. d'exposition. [50] La différence essentielle entre argument et exposition de ce point de vue réside dans l'accent mis : normalement, une explication couvre l'ensemble du cas de manière égale ; un argument met en relief certaines parties et certains aspects de l'affaire.

Si donc, pour être convaincant, votre argument doit fournir une explication raisonnable de l'ensemble de la situation à laquelle appartient l'affaire, vous pouvez utiliser tous les moyens disponibles pour une explication claire et efficace. J'en passerai donc brièvement en revue quelques-uns.

J'ai déjà parlé de la valeur d'une introduction qui expose le terrain à parcourir. Plus vous pourrez implanter dans l'esprit de vos lecteurs une idée précise de la direction que vous allez suivre dans votre argumentation, plus ils auront de chances de la suivre. Puisque le succès de votre argumentation dépend de votre capacité à les emmener avec vous sur les principales questions, faites-leur savoir à l'avance quelles sont ces questions, et de manière à ce qu'ils puissent les résoudre avec un minimum d'effort. La valeur d'une introduction claire et, pour ainsi dire, semblable à une carte , est encore plus grande dans un argument que dans un exposé.

En deuxième lieu, utilisez vos paragraphes pour tout ce qu'ils valent, et c'est beaucoup. Le succès de toute explication ou argument vient de la manière dont il démonte une masse de faits et les réorganise de manière simple et claire ; et il n'y a pas de méthode de composition qui contribue autant à la clarté qu'un bon paragraphe. Par conséquent, lorsque vous rédigerez votre projet final, assurez-vous que chaque paragraphe a une unité. Si vous avez des doutes, voyez si vous pouvez résumer le paragraphe en une seule phrase simple. Ensuite, regardez le début des paragraphes pour voir si vous avez permis à vos lecteurs de savoir facilement de quoi parle chacun d'eux. Le style de Macaulay est dans l'ensemble plus clair et plus efficace pour le grand public que celui de tout autre écrivain anglais ; et son habitude de commencer chaque paragraphe par une annonce très précise de son sujet est presque un maniérisme. Il n'y a d'ailleurs pas de meilleur test approximatif de l'unité de vos paragraphes que de leur donner ainsi quelque chose qui ressemble à un titre dans la première phrase. Souvent aussi, à la fin d'un paragraphe important, il vaut la peine d'en résumer l'essence sous une forme concise. L'humanité en général est paresseuse dans sa réflexion et plus que prête à accepter un argument facile à retenir et à répéter. La fin d'un paragraphe est l'endroit idéal pour un mot clé.

En troisième lieu, reliez les phrases de vos paragraphes entre elles. Lorsqu'on élabore une première ébauche et qu'on sélectionne des faits provenant de diverses sources, il est inévitable que le résultat soit quelque peu décousu. En travaillant sur la première ébauche, travaillez-la vraiment et travaillez-la ensemble. Faites en sorte que toutes les phrases pointent de la même manière. Les pronoms sont les connecteurs les plus efficaces dont nous disposons ; reformulez donc vos phrases de manière à ce qu'il y ait le moins de changement de sujet possible. Utilisez ensuite les connecteurs explicites de manière aussi variée que possible. Il est peu probable que vos paragraphes soient trop serrés pour le lecteur moyen.

En quatrième lieu, reliez votre argumentation dans son ensemble par des connecteurs au début des paragraphes et par de brefs paragraphes de synthèse. Dans la génération actuelle d' écoliers, bon nombre d'entre eux se sont plaints du discours de Burke « Sur la conciliation avec l'Amérique » ; mais si la première fois que l'un de ces malades doit présenter un argument vraiment sérieux, il revient à Burke pour certains des dispositifs utilisés pour lier cet argument, il sera surpris de voir à quel point ces dispositifs sont pratiquement efficaces. Et aucun d'entre eux ne compte plus en termes de clarté et de minutie que la manière consciencieuse avec laquelle Burke prenait la main de ses auditeurs au début de chaque paragraphe et à chaque tour de son argumentation, pour s'assurer qu'ils savaient exactement comment ils passaient de l'argumentation. un point à un autre.

De la doctrine de l'explication claire, nous pouvons donc transmettre à l'élaboration d'arguments clairs l'habitude de tracer le terrain dès le début, de faire en sorte que les paragraphes fassent leur plein travail en veillant à l'unité, à l'emphase et à la cohérence. et de lier les paragraphes ensemble en un tout étroitement lié.

55. Le pouvoir de persuader. Enfin, nous devons considérer la question de savoir comment un argument peut être convaincant – probablement le sujet le plus difficile dans l'éventail de la rhétorique sur lequel donner des conseils pratiques. La clé de toute cette affaire réside dans le fait de se rappeler que nous avons ici affaire à des sentiments, et que les sentiments sont irrationnels et sont le produit d'une expérience personnelle. L'expérience peut être amère ou douce, et dans une certaine mesure ses effets sont modifiés par l'éducation ; mais en substance, vos sentiments et vos émotions font de vous ce que vous êtes, et vos capacités dans ces domaines sont nées avec vous. Si les citoyens d'une ville n'ont aucun sentiment de malhonnêteté politique, les réformateurs peuvent parler à voix haute sans produire de résultat ; ce n'est que lorsque les impôts deviendront intolérables ou que les égouts sentiront le ciel que quelque chose sera fait. Beaucoup de gens meurent pour la mort desquels chacun de nous devrait éprouver du chagrin, mais si ces personnes n'ont jamais touché nos sentiments, nous pouvons en vain nous raisonner sur le fait que nous devrions nous sentir profondément attristés. Les sentiments et les émotions sont la partie la plus profonde et la plus primitive de la nature humaine ; et très peu de son domaine a été réduit aux généralisations de la raison. [59]

Lorsque, dans votre argumentation, vous arrivez donc à exciter les sentiments de vos lecteurs sur le sujet, ne perdez pas de temps à considérer ce qu'ils devraient ressentir : la seule question pertinente est de savoir ce qu'ils ressentent réellement. Votre succès en tant que défenseur dépendra de votre habileté à estimer la nature de ces sentiments et leur intensité. Le tact est la faculté dont vous avez besoin maintenant – la faculté de juger les hommes, de savoir quand ils feront appel et quand ils resteront inertes et indifférents. C'est une question sur laquelle vous ne pouvez pas raisonner ; si vous en avez la faculté , vous saurez ce que les autres hommes ressentiront à votre sujet. L'habileté des hommes politiques, lorsqu'ils ne se bornent pas à estimer la résistance du peuple avant de se révolter, consiste dans cette intuition du mouvement de l'opinion publique ; et les grands dirigeants sont ceux qui ont un sens si sûr de ces grandes vagues du sentiment populaire qu'ils peuvent prononcer au moment opportun la parole qui rassemblera ce sentiment diffus et non cristallisé en une force vivante. La déclaration de Lincoln : « Une maison divisée contre elle-même ne peut pas tenir, je crois que ce gouvernement ne peut pas durer de façon permanente à moitié esclave et à moitié libre », a amené à son paroxysme un conflit qui couvait depuis l'adoption de la Constitution et a fait de lui l'inévitable chef qui devait y mettre un terme. On remarquera cependant qu'il fallait que le moment vienne avant que la parole inspirée puisse faire son appel. Les abolitionnistes et les anti-esclavagistes prêchaient depuis longtemps la même doctrine que celle énoncée par Lincoln, et la folie et la méchanceté de l'esclavage avaient été prouvées par des philosophes et des prédicateurs depuis des générations. Jusqu'à ce que le moment soit venu, la doctrine la plus raisonnable ne touche pas le cœur des hommes ; lorsque le moment est venu, le dirigeant le sait et prononce la parole qui enflamme le monde pour la justice.

La même faculté, à une plus petite échelle, est nécessaire à chacun d'entre nous qui essaie de faire faire n'importe quoi aux autres. L'utilisation réelle de la faculté variera cependant considérablement en fonction des différents types d'arguments. Dans certains types d'argumentation scientifique, toute tentative de persuasion en tant que telle serait une impertinence : la chaleur est-elle un mode de mouvement, s'il existe des corps aussi infinitésimaux que les ions que les physiciens d'aujourd'hui supposent pour expliquer certains phénomènes nouveaux, si la matière consiste en de tourbillons de force infinitésimaux – dans toutes ces questions, un argument fait appel uniquement à la raison ; et dans cet apophtegme préféré de Bacon , la lumière sèche est toujours la meilleure. Dans les arguments de Huxley en faveur de la théorie de l'évolution, le sentiment avait une certaine part, car lorsque la théorie a été annoncée pour la première fois par Darwin, certains religieux pensaient qu'elle portait atteinte aux fondements de leur foi, et Huxley a dû montrer que la loyauté envers la vérité est un sentiment d'égalité. sacré pour les hommes scientifiques : il y a donc une certaine teinte de sentiment, bien que réprimée, dans son argumentation, et une conscience précise des sentiments de son auditoire.

À l'autre extrême se trouvent les arguments où l'appel aux sentiments est primordial, puisqu'il est clair que le public partage déjà la façon de penser de l'orateur. On trouve des exemples de tels arguments dans les discours prononcés lors de campagnes politiques et dans les appels à fonds pour aider les œuvres caritatives de toutes sortes. Il est probable que la plupart des conversions en matière politique se font par la lecture ; par conséquent, le but des discours est de susciter une telle excitation et une telle émotion que le maximum d'électeurs du parti prendra la peine de se rendre aux urnes. Les arguments adressés à cette classe sont donc presque entièrement des appels au sentiment. Le célèbre débat entre Lincoln et Douglas en 1858 était de ce genre ; parmi les milliers de personnes qui les ont entendus dans l'un où l'autre des sept débats, la plupart avaient déjà pris parti. Cependant, dans un cas comme celui-ci, où un changement dans l'opinion politique générale était imminent, le raisonnement des débats avait plus de force qu'en temps ordinaire et a probablement aidé de nombreux électeurs à avoir une vision plus claire d'une situation très pénible et harcelante. Mais entre-temps, en politique, où il n'y a pas de grandes différences morales ou pratiques entre les partis, le but des discours est presque entièrement persuasif. Le succès, d'une manière ou d'une autre, est une question de faire sortir les électeurs qui, plus ou moins passivement et par habitude, restent attachés au parti. Les présidents des partis utilisent donc tous les moyens possibles pour réveiller leurs électeurs et leur faire croire qu'une véritable crise est imminente. Tous les efforts sont faits pour associer des questions morales aux programmes des partis et pour montrer comment la prospérité matérielle des électeurs échouera si l'autre parti gagne.

En gros, nous pouvons donc dire que la persuasion tend à jouer un petit rôle dans les arguments factuels et un rôle plus important dans les questions de politique. Il ne s'agit que d'une généralisation grossière, car chacun sait quelle éloquence et quels efforts d'éloquence entrent dans les arguments devant les jurys dans les affaires capitales, et à quel point les arguments devant les juges sur des points de droit ou sur des questions d'ordre public sont arides et abstraits. livres d'économie politique. Mais à long terme, moins les sentiments entrent en jeu dans les décisions sur les questions de fait, mieux c'est.

Parmi les facteurs qui contribuent au caractère persuasif d'un argument, j'en parlerai ici de trois : la clarté de la déclaration, l'appel aux intérêts pratiques de l'auditoire et l'appel direct à ses sentiments.

Il ne fait aucun doute que la clarté de l'énoncé est un élément puissant pour rendre un argument convaincant, même si l'attrait qu'il suscite sur les sentiments des lecteurs est léger et subtil. Dans la pratique, nous lisons principalement des arguments soit pour nous aider à prendre une décision sur un sujet, soit pour obtenir de l'aide pour défendre des points de vue pour lesquels nous n'avons pas de soutien immédiat. Dans ce dernier cas, nous n'avons pas besoin d'être persuadés ; mais dans le premier cas, il ne fait aucun doute qu'un argument qui clarifie le sujet et le rend intelligible là où auparavant il prêtait à confusion, a un effet sur nous au-delà de son aide à notre pensée.

56. Les intérêts pratiques du public. Cependant, les deux autres facteurs sont directement persuasifs : l'appel aux intérêts pratiques des lecteurs et l'appel à leurs émotions. Parmi ceux-ci, l'appel aux intérêts pratiques n'a pas sa place dans les arguments sur des questions de fait, mais une part importante et tout à fait appropriée dans la plupart des arguments politiques. Le discours de Henry Ward Beecher sur la question de l'esclavage pendant la guerre civile, devant les ouvriers du coton de Liverpool, [60] est un exemple classique de l'appel direct aux intérêts pratiques d'un auditoire. Ils étaient farouchement hostiles au Nord, parce que les approvisionnements en coton avaient été coupés par le blocus ; et après avoir été entendus par eux en faisant appel au sens anglais du fair-play, il insista sur la doctrine selon laquelle une population esclave faisait peu de clients pour les produits des usines anglaises. Puis il passa au côté moral de la question.

Arguments sur presque toutes les questions publiques : élection directe des sénateurs, primaires directes, forme de gouvernement par commission, tarifs douaniers, monnaie, contrôle des entreprises ou, dans les affaires locales, taille d'un comité scolaire, octroi de franchises aux chemins de fer ou à l'eau. les compagnies, le tracé des rues, les règles régissant les parcs, sont autant de questions de politique dans lesquelles le plus grand avantage pratique pour la plus grande proportion de ceux qui sont intéressés est la force déterminante dans la décision. À des moments et dans des lieux particuliers, des questions morales peuvent entrer en jeu dans certaines de ces questions, mais d'ordinaire nous y venons pour régler des questions d'intérêt pratique.

Dans les débats sur toutes ces questions, l'appel direct aux intérêts pratiques des personnes à qui vous vous adressez est donc le principal facteur de persuasion. Le passage à une forme de gouvernement à commissions mènera-t-il à une réduction des impôts et à l'octroi de rendements plus élevés et plus équitablement répartis pour ceux qui sont prélevés ? La primaire directe pour les officiers de l'État permettra-t-elle au citoyen moyen d'élire plus facilement et plus sûrement le type d'hommes qu'il souhaite avoir au pouvoir ? Une banque centrale d'émission, ou une institution similaire, établira-t-elle les affaires du pays sur une base moins susceptible d'être perturbée par des paniques ? Une ligne de tramway concurrente permettra-t-elle d'améliorer les transports en ville et de les réduire à moindre coût ? Dans toutes ces questions, les seules raisons de décision sont pratiques et fondées sur la prospérité et la commodité des personnes qui ont la décision.

Pour que vos arguments soient convaincants dans de tels cas, vous devez montrer comment la question affecte les intérêts pratiques de vos lecteurs, puis que le plan que vous soutenez leur apportera le plus grand avantage. Les généralités et les grandes vérités politiques peuvent vous aider à les convaincre ; mais pour les persuader de s'intéresser activement et d'agir, il faut s'attaquer aux réalités qui les touchent personnellement. Si vous plaidez en faveur d'un gouvernement à commission dans votre ville pour des raisons d'économie, indiquez en dollars et en cents quelle part de ses revenus le propriétaire d'une maison et d'un terrain valant cinq ou dix mille dollars paie chaque année en raison de l'extravagance et du gaspillage actuels. . Si vous parvenez à faire comprendre à un électeur que le changement est susceptible de lui faire économiser dix, vingt-cinq ou cent dollars par an, vous avez présenté un argument convaincant. Les arguments en faveur de la réforme de notre système monétaire visent directement les intérêts matériels des hommes d'affaires du pays et de leurs employés ; et les plaidoyers en faveur de l'un ou l'autre système tentent de montrer comment chacun contribuera à une plus grande sécurité et à un plus grand profit du plus grand nombre de personnes.

Toutefois, pour que de tels arguments comptent, il faut les traiter en termes concrets. Un récent argument [61] en faveur de la création d'un service général de colis postaux dans ce pays présente des chiffres montrant que pour le transport d'un colis par express au tarif de quarante-cinq cents, le chemin de fer reçoit vingt-deux cents et demi pour le service. ce qu'elle pourrait faire avec un beau bénéfice pour cinq cents. Je n'ai aucun moyen de juger de la validité de ces chiffres ; mais l'efficacité de l'argument réside dans le fait qu'il fait comprendre à chacun de ses lecteurs un fait qui touche sa poche chaque fois qu'il envoie un colis par exprès. C'est ce genre d'argument qui est convaincant, car la façon dont nous dépensons notre argent et ce que nous en obtenons sont très proches de la plupart d'entre nous. De tous les intérêts pratiques, celui de la bourse est nécessairement le plus émouvant pour tous, sauf pour les très riches.

Les intérêts financiers, cependant, sont loin d'être les seuls intérêts pratiques qui nous préoccupent : il existe de nombreuses questions de commodité et de confort pour lesquelles un individu ou une communauté ne pense pas au coût. Des questions telles que quel type de fourneau installer, s'il faut construire une maison en brique ou en ciment, quel chemin de fer prendre entre deux villes, sont des questions qui suscitent des arguments chez d'autres personnes que les agents publicitaires. Les questions qui concernent l'éducation sont d'un autre ordre. Dans quelle université un garçon doit-il aller ? doit-il être préparé dans une école publique, ou dans un externat privé, ou dans un internat ? Un collège donne doit-il admettre sur certificat ou exiger son propre examen ? Une certaine école publique doit-elle rayer le grec de sa liste d'études ? doit-il mettre en place un cursus de formation manuelle ? Ce sont là autant d'exemples d'une autre série de questions qui touchent de très près aux intérêts pratiques. Par conséquent, dans les débats sur de telles questions, si vous voulez avoir le pouvoir de persuader et donc d'influencer l'action, vous devez vous concentrer sur les intérêts des personnes que vous essayez d'influencer. La question de l'école est très différente pour un garçon d'un petit village de campagne et pour un garçon de New York ; la question de l'admission est différente pour une université d'État et pour une école supérieure dotée ; la question du grec est différente pour une école qui envoie peu d'élèves au collège et pour une école qui en envoie beaucoup : et dans chaque cas, si vous voulez influencer l'action, vous devez exposer les faits qui portent sur le problème tel qu'il se pose à ce public particulier. . Sauf peut-être pour la plus haute éloquence, la force de persuasion universelle n'existe pas . Les questions qui affectent activement l'homme moyen concernent généralement de petits groupes de personnes, et chaque groupe doit être incité à l'action par des incitations adaptées à ses intérêts particuliers.

57. L'appel aux intérêts moraux. Encore plus loin des intérêts qui touchent la poche, et constamment dans une action saine et élevée contre eux, se trouvent les intérêts moraux. L'appel aux motivations morales est parfois ridiculisé par les hommes qui se disent pratiques, mais en Amérique, c'est, à long terme, l'appel le plus puissant qui puisse être lancé. Nous sommes encore suffisamment proches des hommes qui ont combattu pendant la guerre civile, au cours de laquelle chaque camp tenait passionnément à ce qu'il croyait être le droit moral, pour que nous croyions sans trop de complaisance que les forces morales sont celles qui nous gouvernent en tant que tels. une nation. M. Bryan et M. Roosevelt ont tous deux été qualifiés de prédicateurs, et l'emprise qu'ils ont exercée sur de grandes parties du peuple américain, bien que différentes, est incontestable. Si une question sur laquelle vous devez argumenter a un côté moral, ce n'est pas seulement votre devoir, mais c'est aussi la voie de l'opportunité, de faire appel à travers le principe moral impliqué.

La principale difficulté lorsqu'on fait appel aux principes moraux est de les énoncer en des termes autres qu'abstraits, car ils sont le produit d'un ensemble de sentiments trop profonds pour qu'il soit facile de les formuler avec des mots précis. Dans la plupart des cas, nous savons ce qui est juste bien avant de pouvoir expliquer pourquoi c'est juste ; et un homme qui peut exprimer clairement les forces morales qui animent ses semblables est un prophète et un leader des hommes. De plus, il ne faut pas oublier, lorsqu'on fait appel à des principes moraux, que les hommes intègres ne sont pas tous d'accord sur chacun d'eux, et qu'il y a encore plus de doutes et de désaccords lorsqu'il s'agit de l'application pratique de ces principes. Nous avons vu au chapitre premier quelle amère division s'est produite à l'époque de nos pères sur le droit et la justice de l'esclavage ; et comment, dans de nombreux États, les gens bons et ceux qui craignent Dieu sont aujourd'hui divisés sur la question de l'interdiction.

Mais même lorsque les deux parties à une question s'accordent sur le principe moral en jeu, il ne s'ensuit nullement qu'elles seront d'accord sur son application dans un cas particulier. Les membres de l'Église acceptent le principe selon lequel il faut pardonner aux pécheurs et les aider à se réformer ; mais c'est autre chose lorsqu'il s'agit de trouver du travail pour un homme qui a été en prison, ou d'aider une femme qui a quitté son mari. Dans quelle mesure l'apologie des délits est-elle compatible avec le maintien des normes de la société ? Et dans quels cas appliquera-t-on le principe du pardon ? Dans une transaction commerciale, jusqu'où peut-on pousser la Règle d'Or ? La vie serait plus simple si les principes moraux étaient toujours faciles à appliquer à des cas concrets.

Il faut donc user de l'appel aux principes moraux avec sobriété et discrétion. Le bon sens des lecteurs se rebellera si leur sens moral est inutilement sollicité ; et même s'ils ne peuvent pas expliquer pourquoi ils croient qu'un tel appel n'est pas fondé, leur instinct leur dira qu'il en est ainsi. Le créateur dont la main droite s'élève toujours au ciel pour prendre Dieu à témoin dégoûte le bon sentiment de son auditoire. En revanche, lorsqu'il s'agit réellement de principes moraux, il ne devrait y avoir aucun compromis. Si, dans une campagne politique, le problème se situe entre l'honnêteté et la corruption dans le service public, ou entre une discussion ouverte sur toutes les transactions qui touchent au bien public et des négociations privées avec les dirigeants du parti, les principes moraux ne peuvent pas rester cachés. Si un véritable principe moral est sérieusement impliqué dans une question, le débat doit s'élever au niveau de ce principe et laisser de côté les considérations pratiques. Et tout citoyen qui a l'avantage d'avoir reçu une éducation plus élevée que ses semblables se trouve ainsi obligé de porter le débat à ce niveau supérieur.

58. L'attrait du style. Enfin, il faut considérer l'appel aux émotions, qui est l'essence distinctive de l'éloquence, et les tentatives qui y sont faites. Cet appel passe en partie par l'appel à des principes et à des associations qui sont proches du cœur du public, en partie par un langage concret et figuratif, en partie par le frisson indéfinissable et la musique d'un style qui se situe au-delà de la définition et de l'instruction.

L'appel au principe vénéré que nous avons déjà examiné, est considéré du point de vue de la morale plutôt que du point de vue des émotions. Mais la moralité, dans la mesure où elle constitue une force coercitive dans la conduite humaine, est émotionnelle ; nos normes morales se situent au-delà de la raison dans cette partie plus large de notre nature qui connaît par le sentiment et l'intuition. Tous les hommes ont certaines normes et principes dont les noms suscitent des émotions fortes et respectueuses. Ces normes ne sont pas toutes religieuses ou morales au sens strict du terme ; certains d'entre eux trouvent leurs racines dans des systèmes de gouvernement. Dans une affaire de droit, débattue uniquement sur une question de droit, il ne semble pas y avoir beaucoup de chance de faire appel au sentiment ; mais M. Joseph H. Choate, dans son argument sur la constitutionnalité de l'impôt sur le revenu de 1894, devant la Cour suprême des États-Unis, a fait l'appel suivant au principe du caractère sacré de la propriété privée, et les mots qu'il a utilisés pourraient n'a pas manqué de susciter des émotions profondes et fortes à la cour.

Il n'y a pas plus longtemps, s'il plaît à la Cour, que le jour du cortège funèbre du général Sherman à New York, j'ai eu la chance de passer de nombreuses heures avec l'un des ex-présidents des États-Unis, qui a depuis suivi ce grand guerrier à la borne où nous l'emmenions alors. Le président Hayes a exprimé une grande sollicitude quant au sort futur de ce peuple. Durant sa retraite, il avait observé l'évolution des objectifs et des événements politiques et sociaux. Il a observé comment, ces dernières années, les détenteurs du pouvoir politique ont appris pour la première fois à l'utiliser à des fins sociales et personnelles. Il m'a dit : « Vous vivrez probablement assez longtemps pour voir le jour où, en cas de décès d'un homme très riche, l'État s'appropriera tout ce qui dépasse une certaine limite prescrite de sa fortune et la divisera ou l'appliquera à l'utilisation égale de tout le peuple, afin de punir l'homme riche pour sa richesse et de la partager entre ceux qui, quels qu'aient pu être leurs péchés, du moins ne l'ont pas commis. Je considérais cela comme les errances d'un homme rêveur ; et pourtant, si j'avais su que moins de cinq ans après, je me présenterais devant ce tribunal pour contester la validité d'un prétendu acte du Congrès, d'une soi-disant loi, qui a été défendue ici par les représentants légaux autorisés du Congrès. Gouvernement fédéral, sous prétexte qu'il s'agissait d'un impôt levé uniquement sur des classes sociales et des hommes extrêmement riches, j'aurais prêté une attention et une oreille tout à fait différentes aux avertissements de cet homme d'État distingué. [62]

Nos émotions ne s'élèvent cependant pas plus sûrement dans le cas de notre vénération pour les principes fondamentaux de la religion et du gouvernement que dans le cas d'émotions plus personnelles. L'appel à la Constitution est quelque peu usé par les hommes politiques qui l'invoquent à chaque élection, petite ou grande, tout comme l'appel aux principes des Pères Pèlerins. Il faut maintenant de l'éloquence pour éveiller nos sentiments sur ces principes. Si vous avez un cas suffisamment important pour justifier un appel à de si grands principes et si vous possédez les compétences linguistiques nécessaires pour donner de la vitalité à votre appel, vous pouvez réellement éveiller vos lecteurs. Mais dans l'ensemble, c'est un bon conseil de dire : attendez quelques années avant de faire appel à eux.

Le deuxième moyen de faire appel aux sentiments de votre public, à travers un langage concret et figuratif, est plus à la portée des défenseurs qui sont encore en âge d'aller à l'université. Cela est particulièrement vrai de l'utilisation d'un langage concret. Il est de notoriété publique que les hommes ne s'inquiètent pas de principes abstraits ; ils donneront leur assentiment, souvent sans vraiment savoir ce qu'implique le principe général, et s'en iront en bâillant. D'un autre côté, l'homme qui parle des choses réelles et actuelles que vous connaissez retiendra probablement votre attention. Cela nous ramène à la vérité selon laquelle nos émotions et nos sentiments sont avant tout une réaction à des choses concrètes qui nous arrivent. Le sifflement et le bourdonnement spontanés des airs qui indiquent un cœur joyeux s'élèvent naturellement en réponse à la lumière du soleil au printemps ; la peur face à la terreur qui vole dans un cauchemar est la réaction instinctive et physique à l'indigestion ; nous souffrons de la perte de nos propres amis, mais pas de celle de quelqu'un d'autre. Les histoires qui nous touchent sont celles qui traitent de réalités réelles et tangibles dans des termes tels qu'elles nous donnent le sentiment de vivre nous-mêmes l'histoire. Stevenson a quelques paroles sages à ce sujet dans son essai « A Gossip on Romance ». La doctrine est vraie pour la formulation d'arguments.

Même si, comme dans le discours de Burke « Sur la conciliation avec l'Amérique », l'abstraction n'est pas le flou, le style serait plus efficace pour le sentiment plus riche qui plane sur et autour d'un vocabulaire concret. La grande vivacité du style de Macaulay, et son audace auprès de tant de lecteurs, est en grande partie due à son utilisation infaillible du mot spécifique. Si vous prenez la peine de remarquer quels arguments des derniers mois vous ont semblé particulièrement convaincants, vous serez surpris de constater à quel point les termes qu'ils utilisent sont précis et concrets.

Par conséquent, si vous souhaitez garder les lecteurs de votre argument éveillés et attentifs, utilisez des termes qui touchent à leur expérience quotidienne. Si vous plaidez pour l'établissement d'une forme de gouvernement à commission, donnez en dollars et en cents la somme qu'il en coûtait sous l'ancien système pour paver les trois cents mètres de la rue A, entre la 12e et la 13e rue. Le regretté M. Godkin du New York *Evening Post* , dans sa campagne de toute une vie contre le gouvernement corrompu, pour faire comprendre à ses lecteurs l'état réel du gouvernement de leur ville et le caractère des hommes qui le dirigeaient, a utilisé leurs surnoms ; « Long John » Corrigan, par exemple (s'il y avait eu un tel personnage) ; et "Bath-house John Somebody" a été un élément caractéristique des campagnes à Chicago. La valeur de tels noms, lorsqu'ils sont habilement utilisés, est que, par leurs associations et leur connotation, ils suscitent des émotions. De même , si vous plaidez devant un public de diplômés pour passer d'un système de groupe à un système de cours optionnels gratuits dans votre collège, vous utiliserez les noms des cours qu'ils connaissent et les noms des professeurs auprès desquels ils ont étudié. Si vous plaidiez pour l'introduction de la formation manuelle dans une école, vous intéresseriez les contribuables si vous leur communiquiez le nombre exact d'élèves de cette école qui sont allés directement dans des moulins ou dans d'autres travaux de ce genre, et si vous décrivez de manière vivante ce que l'on entend par formation manuelle. Si votre description est en termes généraux, ils peuvent vous accorder votre principe, puis, par simple inertie et par un vague sentiment contre le changement, voter dans l'autre sens.

Votre vocabulaire est un test approximatif du caractère concret : si vos mots sont principalement anglo-saxons, vous parlerez généralement de choses concrètes ; s'il est latin et polysyllabique, il est probablement abstrait et général. La plupart des choses et des actions de la vie quotidienne, les choses individuelles comme les « murs » et les « chiots », « l'été » et les « garçons », « acheter » et « vendre », « prier » et « chanter » portent des noms appartenant à la partie anglo-saxonne de la langue ; et bien qu'il y ait de nombreuses exceptions, comme les « tables », les « téléphones » et les « professeurs », plus votre vocabulaire est constitué de mots non latins, plus il a de chances d'être concret, et donc de retenir vos lecteurs. 'attention et sentiments vivants. Utilisez donc les termes simples de la vie quotidienne plutôt que les mots savants qui vous seraient utiles si vous généralisiez à partir de nombreux cas. Tenez-vous-en au cas unique dont vous êtes saisi et aux intérêts des personnes particulières que vous essayez de convaincre. Pour toucher leurs sentiments, rappelez-vous que vous devez parler des choses qui les intéressent.

L'utilisation de comparaisons, de métaphores et d'autres langages figuratifs soulève une question difficile. Dans l'ensemble, le meilleur conseil concernant leur utilisation est peut-être le suivant : ne le faites pas , sauf si vous y êtes obligé. En d'autres termes, là où une figure de style est une nécessité d'expression, où vous ne pouvez rendre votre pensée claire et lui conférer la chaleur du sentiment dont elle est revêtue dans votre propre esprit que par une touche de couleur imaginative, alors utilisez une figure de style. figure de style, si l'une d'entre elles vous vient à l'esprit. Si vous l'ajoutez délibérément pour embellir votre discours, cela donnera une fausse note ; si vous l'inventez laborieusement, l'effort sera visible. À moins que votre pensée et votre enthousiasme pour votre sujet ne se transforment naturellement et inévitablement en une image, il est préférable de s'en tenir à un discours simple, car toute suggestion de manque de sincérité est fatale à la force de persuasion d'un argument.

La valeur de la figure de style réside principalement dans le fait qu'elle exprime des sentiments qui ne peuvent être exprimés dans des mots abstraits, dont le sens tout entier peut être défini : dans la connotation des mots - cette partie indéfinissable de leur sens qui consiste dans leurs associations, leurs implications et leur coloration émotionnelle générale — réside dans leur pouvoir de revêtir la pensée de la riche couleur de sentiment qu'est la vie. En même temps, ils servent à attirer l'attention. Rares sont ceux qui peuvent maintenir longtemps leur esprit fixé sur une ligne de pensée purement abstraite, et personne ne peut y parvenir sans un certain effort. Le professeur William James est un exemple remarquable d'écrivain dont la pensée s'est spontanément transformée en figures de style nécessaires :

> Quand on se tourne vers le magnifique édifice des sciences physiques et qu'on voit comment il a été élevé ; quels milliers de vies morales désintéressées reposent enfouies dans ses simples fondations ; quelle patience et quel ajournement, quel étouffement des préférences, quelle soumission aux lois glaciales des faits extérieurs sont incorporés dans ses pierres et son mortier mêmes ; combien il est absolument impersonnel dans sa vaste auguste, et combien semble avare et méprisable tout petit sentimental qui vient souffler ses guirlandes de fumée volontaires et faire semblant de décider des choses à partir de son rêve privé ⸲

On ne peut pas s'endormir devant un style pareil, car outre la sincérité évidente et l'élan de chaleur, la vivacité des personnages est comme celle de la poésie. D'un côté ou de l'autre, il ne faut pas oublier qu'il est donné à peu d'hommes d'atteindre l'éloquence inculte du professeur James.

Les fables et les anecdotes servent à peu près le même but, mais plus spécialement elles donnent une forme mémorable au principe qu'elles sont censées exposer. Il existe un bon nombre de vérités qui sont si complexes ou si subtiles qu'elles défient toute formulation compacte, mais nous connaissons tous leur vérité par intuition. Si, pour une telle vérité, vous pouvez trouver une illustration compacte, vous pouvez la laisser bien plus fermement ancrée dans l'esprit de vos lecteurs que par n'importe quelle exposition systématique. Lincoln, dans son discours de Springfield, par exemple, a mis en évidence le sentiment si répandu dans le Nord, que chaque pas en avant dans le progrès de l'esclavage s'intégrait tellement dans tous les précédents qu'il fallait supposer quelque chose comme un plan concerté :

> Nous ne pouvons pas absolument savoir que toutes ces adaptations exactes sont le résultat d'un préconcert. Mais lorsque nous voyons un grand nombre de charpentes, dont nous savons que différentes parties ont été coupées à des époques et des lieux différents et par des ouvriers différents, Stephen, Franklin, Roger et James, par exemple, et que nous voyons ces charpentes assemblées. ensemble, et veillez à ce qu'ils fassent exactement la charpente d'une maison ou d'un moulin, tous les tenons et mortaises s'ajustant exactement, et toutes les longueurs et proportions des différentes pièces

exactement adaptées à leurs places respectives, et pas une
pièce de trop ou de trop peu. , sans même omettre
l'échafaudage, - ou, s'il manque une seule pièce, nous voyons
l'endroit dans le cadre exactement adapté et préparé encore
pour apporter une telle pièce, - dans un tel cas, il nous est
impossible de ne pas croire que Stephen et Franklin et Roger
et James se comprirent tous dès le début, et tous
travaillèrent sur un plan ou un projet commun élaboré avant
que le premier coup ne soit porté.

En revanche, on risque de faire le clown ou de faire le clown si l'on raconte
trop d'histoires. Que votre style paraisse fleuri ou non dépend en grande
partie de la région du pays pour lequel vous écrivez. Il ne fait aucun doute
que le goût du Sud et d'une bonne partie de l'Occident est pour un style plus
varié et plus coloré que ne convient le goût plus sobre de l'Orient. Mais quelle
que soit la région du pays pour laquelle vous écrivez, dès que votre style
paraîtra aux lecteurs spéciaux surchargé d'ornements, il ne semblera pas
sincère. De la même manière, si vous vous arrêtez trop souvent pour raconter
une histoire ou faire rire vos lecteurs, vous aurez l'impression de jouer avec
votre sujet. À ces deux égards, veillez à ne pas détourner l'attention de vos
lecteurs du sujet vers votre style.

L'attrait ultime et le moins analysable du style réside dans ce frisson de la voix
qui, dans le style écrit, apparaît comme rythme et harmonie. Certains hommes
sont doués de la capacité de moduler tellement leur voix et de mettre de la
vertu dans leur ton que quiconque les entend éprouve un frisson
indéfinissable. Ainsi dans l'écriture : là où les sons suivent les sons dans une
séquence harmonieuse, et où le battement de l'accent se rapproche de la
régularité sans y tomber, le langage prend l'expressivité de la musique. Il est
bien connu que la musique exprime une gamme de sentiments qui dépassent
le pouvoir des mots : qui peut expliquer, par exemple, le frisson que procure
en lui une bonne fanfare, ou la mélancolie et la tristesse indéfinissables créées
par les harmonies mineures d'un des grandes marches funèbres, ou, dans une
autre direction, l'impulsion qui le pousse à siffler ou à chanter par un beau
matin d'été ? Il existe de nombreux types de sentiments de ce type, des parties
réelles et puissantes de notre conscience ; et si nous pouvons les amener à
s'exprimer, nous devons le faire à travers le rythme et d'autres qualités
sensuelles du style qui sont de pures sensations.

Comment cela doit-il être fait ? La réponse est difficile, et comme celle
concernant l'usage du langage figuré : ne le cherchez pas trop délibérément.
Si, sans y penser, vous vous sentez plus sérieux dans votre discours et plus
impressionné par la gravité du problème que vous défendez, votre voix le
montrera naturellement. Ainsi, lorsque vous écrivez : votre sérieux se
manifestera, si vous avez eu la formation et si vous avez le don naturel de

vous exprimer avec des mots, dans un rythme plus long et plus fortement marqué, dans une coloration sonore intangiblement plus riche. Dans le discours, le rythme peut se manifester dans ce qu'on appelle une structure parallèle, la répétition de la même forme de phrase et dans des questions rhétoriques. Dans l'écriture, ces formes ont plus facilement tendance à paraître excitées ou artificielles. Une structure périodique soutenue peut également être portée par la voix parlante, alors qu'elle serait en retard si elle était écrite. Tout le monde reconnaît ce frisson d'éloquence incommunicable chez les grands orateurs et écrivains, mais c'est tellement un don de la nature qu'il n'est pas sage de le cultiver consciemment.

59. Équité et sincérité . À long terme, cependant, rien ne rend un argument plus attrayant pour les lecteurs qu'un air d'équité et de sincérité. S'il est évident dans un argument factuel que vous cherchez à établir la vérité, ou dans un argument politique que votre seul objectif est le plus grand bien de tous, votre public vous écoutera avec des oreilles favorables. Si, au contraire, vous semblez être principalement préoccupé par la vanité d'une victoire personnelle ou si vous pensez à des avantages égoïstes, ils vous écouteront froidement et examineront jalousement vos arguments.

En conséquence, en faisant votre enquête préliminaire pour préparer l'exposé des faits sur lesquels les deux parties sont d'accord, allez aussi loin que possible en cédant des points. Si la question mérite d'être débattue, vous aurez toujours les mains occupées pour y parvenir dans votre espace. Renoncez notamment à tous les points triviaux : rien n'est plus fastidieux pour les lecteurs que de débattre en détail d'argumentations sur des points qui, en fin de compte, ne intéressent personne. Et rencontrez l'autre partie au moins à mi-chemin pour se mettre d'accord sur les faits qui n'ont pas besoin d'être argumentés. Vous porterez préjudice à votre public si vous faites des concessions à contrecœur. De même, partout où vous devez répondre aux arguments avancés par l'autre partie, exposez-les avec une scrupuleuse équité ; Si votre auditoire a des raisons de supposer que vous déformez les affirmations de l'autre partie à votre propre avantage, vous avez ébranlé sa confiance en vous et affaibli par là même la force de persuasion de votre argument. Utilisez le sarcasme avec prudence et méfiez-vous de toute apparence de triomphe. Le sarcasme devient facilement bon marché et un air de triomphe peut ressembler à de la mesquinerie.

Bref, en écrivant votre argumentation, adoptez partout l'attitude de celui qui cherche sérieusement à mettre un terme au désaccord entre les deux parties. S'il s'agit d'une question de fait, votre seul devoir est d'établir la vérité. Si vous traitez d'une question de politique, vous savez dès le début que, quelle que soit la direction prise par la décision, une partie subira un certain désavantage ; mais visez à atténuer ce désavantage et à découvrir une voie qui apportera le plus grand gain au plus grand nombre. Un esprit de conciliation évident est un atout majeur en matière de persuasion.

Avec la conciliation, montrez votre sincérité. La principale difficulté qu'il y a à rendre convaincants les arguments écrits à l'école et au collège est qu'ils traitent si souvent de sujets dans lesquels il est évident que les propres sentiments de l'écrivain ne sont pas vraiment concernés. Cette difficulté disparaîtra lorsque vous sortirez dans le monde et présenterez des arguments sérieux. On dit qu'une grande partie du succès de Lincoln en tant qu'avocat était due au fait qu'il essayait toujours de rédiger ses dossiers et de faire la paix entre les plaideurs, et qu'il ne prenait jamais une affaire en laquelle il ne croyait pas. Si vous laissez à votre public l'impression que vous êtes sincère et sérieux, vous avez fait un grand pas en avant pour conquérir ses sentiments.

Dans l'ensemble donc, lorsqu'on considère la question de la persuasion, la figure de style d'une bataille n'est pas très appropriée. C'est très bien de préparer son exposé, de déployer ses différents arguments, de diriger une attaque sur le point le plus faible de son adversaire, de faire valoir des réserves de matériel en guise de réfutation ; mais si ce chiffre vous amène à penser qu'il faut toujours démolir votre adversaire et le traiter en ennemi, il fait du mal. Si vous prenez la peine de suivre les controverses qui se déroulent dans votre propre ville et dans votre État au sujet des affaires publiques, vous verrez bientôt que dans la plupart d'entre elles, les deux côtés sont à l'équilibre, en ce qui concerne l'intelligence et le civisme. Dans chaque transaction, il y a deux côtés : et le président d'un chemin de fer urbain peut être aussi honnête et aussi désintéressé en cherchant à tirer le meilleur parti du marché pour sa route, tout comme les représentants de la ville le sont en essayant d'obtenir le meilleur pour le public. Il ne sert à rien d'aborder une question de ce genre en supposant que vous vous situez sur un plan moral plus élevé que l'autre côté. Dans certains cas où une question morale est en jeu, il n'existe qu'une seule vision de ce qui est juste ; si l'honnêteté est en jeu, il ne peut y avoir d'autre côté. Mais, comme nous l'avons vu, il y a des questions morales dans lesquelles il faut déployer toutes ses forces pour le droit tel qu'il le considère, tout en sachant à tout moment que des hommes tout aussi honnêtes se battent tout aussi durement de l'autre côté. Aucun Américain qui se souvient du cas du général Robert E. Lee ne peut oublier cette vérité déconcertante. Par conséquent, à moins qu'il n'y ait aucun doute sur la malhonnêteté de votre adversaire, tournez vos énergies contre sa cause et non contre lui ; et soutiennent que la bonne fin d'un débat n'est pas tant de remporter des victoires que de rassembler le plus grand nombre possible de personnes.

DES EXERCICES

1. Comparez la longueur de la partie introductive de l'argumentation des spécimens à la fin de ce livre ; Indiquez les raisons de la différence de longueur, si vous en trouvez.

2. Trouvez deux arguments, absents de ce livre, dans lesquels les principaux points en litige sont numérotés.

3. Trouvez un argument, pas dans ce livre, dans lequel un historique de l'affaire fait partie de l'introduction.

4. Trouver un argument, pas dans ce livre, dans lequel les définitions des termes occupent une certaine place.

5. Dans l'argumentation sur laquelle vous travaillez, quels termes nécessitent une définition ? Quelle place les définitions doivent-elles occuper dans l'argumentation complétée ? Pourquoi?

6. Dans l'argumentation sur laquelle vous travaillez, quelle part du matériel de l'introduction du mémoire allez-vous utiliser dans l'argumentation elle-même ? Le public auquel vous pensez influence-t-il la décision ?

7. Comment comptez-vous répartir votre espace entre les principales questions que vous discuterez ?

8. Dans quelle mesure l'explication entrera-t-elle dans votre argument ?

9. Trouvez un argument, pas dans ce livre, dans lequel l'explication fait principalement le pouvoir convaincant.

10. Dans lequel des arguments de ce livre l'explication joue-t-elle le plus petit rôle ?

11. Examinez cinq paragraphes consécutifs de l'argument de Huxley sur l'évolution, ou de l'argument *de The Outlook* sur la Workman's Compensation Act, du point de vue d'une bonne explication.

12. Trouvez deux exemples d'arguments, absents de ce livre, dont le principal attrait réside dans les sentiments.

13. Trouvez un argument, pas dans ce livre, qui illustre bien le pouvoir du tact.

14. Nommez un argument que vous avez lu il y a quelques mois et qui vous a particulièrement impressionné par sa clarté.

15. Trouver dans les journaux quotidiens, sur des affaires locales ou universitaires, un argument qui fait efficacement appel aux intérêts pratiques de son public. Analysez cet appel.

16. Nommez trois sujets d'intérêt local et immédiat sur lesquels vous pourriez rédiger un argumentaire dans lequel vous feriez principalement appel aux intérêts pratiques de vos lecteurs.

17. Nommez deux questions politiques actuelles qui touchent aux intérêts pratiques du pays dans son ensemble.

18. Nommez deux questions publiques actuellement en discussion dans lesquelles entrent en jeu des questions morales. Les deux côtés sur ces questions acceptent-ils le même point de vue sur la portée des questions morales ?

19. Trouvez un argument, pas dans ce livre, dans lequel l'éloquence du style est une partie distincte du pouvoir de persuasion.

20. Que pensez-vous du pouvoir persuasif du discours de Burke « Sur la conciliation avec l'Amérique » ? de sa force de conviction ?

21. Trouvez un argument, pas dans ce livre, dans lequel le caractère concret du langage ajoute au pouvoir de persuasion.

22. Trouvez deux exemples, absents de ce livre, de figures de style appropriées et efficaces dans un argument.

23. Trouvez un exemple d'anecdote ou de fable pertinente utilisée dans un argument.

24. Dans le discours de Lincoln au Cooper Institute, que pensez-vous de son attitude envers le Sud en matière d'équité ?

25. Dans l'argumentation sur laquelle vous travaillez, quelle chance y aurait-il d'aboutir à un accord entre les deux parties ?

CHAPITRE V

DÉBAT

60. La nature du débat . La différence essentielle entre débat et argument écrit ne réside pas tant dans la différence naturelle entre tout discours parlé et écrit que dans le fait que dans un débat, quel qu'il soit, il existe une possibilité d'obtenir une réponse immédiate à un adversaire. La vivacité d'esprit pour déceler les points faibles de l'autre camp, la promptitude à les attaquer et la ressource pour défendre ses propres arguments font que le débatteur se distingue de l'homme qui, si on lui laisse suffisamment de temps, peut présenter un débat formidable et important. argumentation par écrit. Les meilleurs débats se déroulent dans des instances délibérantes qui ne sont pas trop grandes et où les règles ne sont pas trop élaborées. Le meilleur au monde se trouve peut-être à la Chambre des Communes britannique, car la salle n'est pas si grande qu'il soit difficile d'entendre, et l'habileté à l'estoc et à la parade est appréciée et pratiquée depuis des générations.

Le personnage militaire comme argument est plus approprié dans les débats que partout ailleurs, car dans le vote il y a une victoire et une défaite réelles, de nature très différente de la décision stérile des juges dans les concours intercollégiaux et interscolaires. Il est sans doute rare qu'un débat particulier au sein d'un organe législatif modifie réellement le résultat ; mais à la longue, les débats au sein de ces organismes façonnent l'opinion publique et, au sein de l'organisme, fusionnent ou brisent les liens entre partis. Les ressources et la connaissance immédiate du sujet en débat, nécessaires pour se défendre dans de telles luttes d'esprit, constituent une caractéristique presque essentielle d'un chef de parti. C'est sur ces deux qualités que je m'arrêterai principalement dans ce chapitre.

61. Sujets de débat . Le débat porte presque toujours sur des questions de politique. Dans les procès devant jury, il y a quelque chose qui ressemble à un débat sur des questions de fait ; mais les règles de la preuve sont si spéciales et si strictes dans leur champ d'application, que même si les arguments sont prononcés, ils ne peuvent avoir que peu de choses du libre échange qui fait la vie et l'intérêt d'un véritable débat. En conséquence , je tirerai ici mes illustrations de questions de politique et, dans la mesure du possible, du type de questions sur lesquelles les étudiants sont susceptibles de tourner leur attention. Les dernières années de l'école et l'ensemble des études universitaires sont souvent des années de formation de l'opinion d'un homme sur toutes sortes de questions publiques. On a dit que les opinions d'un homme changent rarement après l'âge de vingt-cinq ans ; et même s'il ne faut pas prendre une telle affirmation trop au pied de la lettre, elle est incontestablement vraie. Quoi qu'il en soit, il est certain qu'un étudiant, qu'il soit au lycée ou à l'université, s'il veut accomplir son devoir de citoyen, doit commencer à réfléchir à bon nombre des questions qui sont tranchées au Congrès, dans les législatures des États et dans les des organismes plus petits et plus locaux. En même temps, dans chaque école et collège, des questions sont constamment débattues, de nature à fournir une bonne pratique en matière de débat. Certaines de ces questions doivent être tranchées par le comité d'école, le directeur, les professeurs ou les administrateurs, et la plupart d'entre elles nécessitent une vérification des faits. Ils fourniraient un matériel admirable pour le développement du jugement et des ressources dans le débat, et dans certains cas, un débat à leur sujet pourrait avoir un effet sur la décision elle-même.

Le choix du sujet est encore plus important pour un débat que pour une argumentation écrite. Dans une argumentation écrite, si vous avez une question qui a deux côtés défendables, peu importe que l'un soit plus facile à défendre que l'autre : dans un débat, une telle différence pourrait détruire l'utilité du sujet. Même si, pour certains esprits plus âgés, l'abolition du football est une question discutable, devant un parterre d'étudiants qui devaient voter sur le fond de la question, le sujet serait inutile, puisque le camp qui devrait insister pour l'abolition aurait ici une chance presque impossible. tâche. Ainsi, dans un débat sur « l'atelier fermé », dans la plupart des clubs ouvriers, les partisans négatifs ne pourraient pas accomplir grand-chose, car l'autre camp serait retranché dans les préjugés et les préjugés de l'auditoire. Dans les instances politiques, les inégalités entre les partis sont monnaie courante, car une minorité doit toujours défendre ses doctrines, même si le vote sera certainement écrasant. En revanche, dans les débats formels à l'école et au collège, où les conditions doivent être plus ou moins artificielles, la première condition est de choisir une question qui donnera aux deux parties une chance égale.

Un bon test de cette égalité des côtés est de voir si le public concerné par la question est également divisé : si à peu près le même nombre d'hommes qui connaissent le sujet et sont reconnus comme impartiaux prennent des côtés opposés, la question est probablement un bon sujet de débat. Cependant, même ce test peut s'avérer trompeur, car croire qu'une politique est saine et être capable de démontrer qu'elle l'est sont des choses très différentes. Les raisons qui justifient l'introduction du système d'honneur dans une école ou un collège donné sont probablement plus faciles à énoncer et à soutenir que les raisons qui s'y opposent ; mais cette dernière peut être incontestablement importante.

En général, les arguments qui reposent sur des principes vastes et plus ou moins abstraits sont désavantagés par rapport aux arguments fondés sur un mal immédiat et pressant ou sur quelque opportunité évidente. Les arguments pour ou contre un tarif protecteur fondé sur des principes généraux d'économie politique sont plus difficiles à rendre intéressants et, par conséquent, convaincants pour le public moyen que ceux fondés sur des gains ou des pertes pratiques directs. Cette différence dans la facilité avec laquelle les deux côtés d'une question peuvent être argumentés doit être prise en compte dans le choix du sujet.

En deuxième lieu, le sujet doit être formulé de manière à provoquer inévitablement une collision « frontale » entre les deux parties. Si une proposition telle que « Le gouvernement actuel de la ville devrait être modifié » était choisie pour un débat, un camp pourrait la faire valoir comme une question de parti ou d'hommes qui étaient au pouvoir à l'époque, et l'autre comme une question de parti. question de la forme du gouvernement. Ainsi, sur la question de l'autonomie gouvernementale d'un collège ou d'une école, à moins que le type d'autonomie gouvernementale ne soit soigneusement défini, les deux parties pourraient débattre sans se voir. Ce qui a été dit au chapitre II sur la formulation de la proposition pour un argument s'applique avec encore plus de force à la recherche de la proposition pour un débat ; car ici, s'ils ne se rencontrent pas sur un différend irréconciliable, il ne sert à rien de se réunir.

En troisième lieu, il est souhaitable que la proposition soit formulée de manière à rejeter la charge de la preuve sur l'affirmative. À moins que le camp qui ouvre le débat n'ait quelque chose de précis à proposer, le débat doit s'ouvrir plus ou moins boiteusement, car il est difficile d'attaquer ou de s'opposer à quelque chose qui va être exposé après avoir fini de parler. Ici cependant, comme dans le cas des arguments écrits, il ne faut pas oublier que la charge de la preuve est un terme vague et glissant ; « Celui qui affirme doit prouver » est une maxime qui, dans le débat, ne s'applique qu'aux questions plus vastes, et le public moyen ne se souciera guère de ses applications plus fines. Si vous proposez un changement dans les conditions actuelles, et que les conditions actuelles ne sont pas très mauvaises, ils attendront de vous que vous leur montriez pourquoi il devrait y avoir un changement et que vous leur disiez clairement que le changement que vous proposez entraînera une amélioration. Ce n'est que lorsque les conditions sont devenues intolérables que le public pense d'abord au remède. Dans une école ou un collège ordinaire, par exemple, il n'y a guère de raison, dans les conditions actuelles, d'introduire le système de distinction dans les examens : dans un tel cas, la charge de la preuve affirmative serait évidente. Il y avait une épidémie de malhonnêteté dans le travail écrit, alors les autorités de l'école et les parents voudraient savoir pourquoi il ne devrait pas y avoir de changement. Mais il serait à la fois ennuyeux et déroutant un auditoire de lui expliquer longuement la théorie du renversement de la charge de la preuve ; et il y a de fortes chances qu'ils diraient : « Pourquoi ne prouve-t-il pas son point de vue et ne passe-t-il pas son temps à tourner autour du pot ?

Enfin, la proposition doit, si possible, donner à la négative aussi bien qu'à l'affirmative un argument constructif. Si l'un des côtés s'occupe entièrement de montrer la faiblesse des arguments de l'autre côté, on n'arrive à rien sur le fond de la question ; Malgré tout ce qui a été démontré au cours du débat, la proposition avancée par l'affirmative peut être valable, et la seule faiblesse réside dans ses défenseurs. De plus, lorsque le côté négatif ne trouve aucun argument constructif sur le fond de la question, ou choisit de se limiter à des arguments destructeurs, il doit se méfier du caractère fallacieux « des objections » ; c'est-à-dire supposer que lorsqu'il a soulevé quelques objections à la proposition, il a réglé la question. Comme je l'ai si souvent souligné dans ce traité, aucune question ne vaut la peine d'être débattue si elle n'a pas deux faces ; et cela revient simplement à dire, d'une autre manière, que les deux parties ont des objections raisonnables. Lorsqu'un côté négatif se limite à des arguments destructeurs, il doit montrer clairement que les objections qu'il présente sont réellement destructrices, ou en tout cas sont nettement plus graves que celles qu'on peut opposer au maintien des choses telles qu'elles sont. Et s'ils se limitent à détruire les arguments avancés par l'affirmative dans ce débat particulier, ils doivent faire comprendre que ces arguments sont les plus forts qui puissent être avancés de ce côté-là.

Sur toutes les questions de construction des termes et de charge de la preuve, il faut comprendre au préalable que les juges d'un débat formel pénaliseront lourdement tout ce qui relève de la chicane ou de l'argutie. Les deux parties devraient faire de leur mieux pour parvenir à une solution « frontale » ; et toute tentative de s'appuyer sur une définition précise, ou toute pratique rigoureuse visant à éloigner l'autre partie de la question principale, doit être considérée comme un manque de jeu. Lorsque les juges sont choisis parmi des hommes expérimentés en affaires, comme c'est habituellement le cas, ils estimeront ces habiletés enfantines à leur vraie valeur.

62. Formulaires techniques . Les débats formels de l'école et du collège ont certaines formes et conventions qui sont en partie basées sur la procédure parlementaire, en partie ont été élaborées pour rendre ces débats plus intéressants et meilleurs en tant que pratique ; et il existe certaines dispositions préliminaires qui améliorent le débat à la fois en tant qu'entraînement intellectuel et en tant que divertissement. Je parlerai d'abord des formes et des conventions.

Dans les débats à l'école et au collège, il est habituel d'en avoir deux ou trois, et pour de bonnes raisons. En premier lieu, le travail d'élaboration du sujet est partagé, et il est préférable de s'amuser avec quelqu'un d'autre. Ensuite, dans le débat lui-même, il y a plus de variété. Dans les débats en classe, il y a généralement deux orateurs de chaque côté, avec du temps pour plusieurs discours de quatre ou cinq minutes avant les discours de clôture en guise de réfutation. [64] S'il y a autant d'orateurs, un délai de deux heures doit être accordé. Cette répartition du temps sera naturellement adaptée aux conditions particulières ; comme, par exemple, lorsqu'il est souhaitable qu'il y ait plus d'orateurs dans la salle, ou lorsqu'on souhaite donner tout le temps aux débatteurs réguliers. Dans les débats intercollégiaux importants, il y a généralement trois orateurs, chacun disposant de dix minutes pour son discours principal et de cinq minutes pour sa réfutation. Cet arrangement varie cependant considérablement selon les endroits, et il n'est pas rare qu'il n'y ait qu'un seul discours de réfutation. L'affirmative est généralement donnée lors du dernier discours, en partant du principe que c'est un désavantage de devoir ouvrir le débat. Cependant, dans la pratique, l'inverse peut souvent être vrai, puisqu'un discours d'ouverture habile peut déterminer dans une large mesure le cours du débat ; et c'est pour cette raison que de nombreuses sociétés de débat et collèges autorisent le discours final sur la négative. Il est sage de ne considérer aucune de ces règles comme inviolable. [65]

La répartition des points entre les intervenants d'un même camp doit être faite à l'avance, mais toujours en sachant que les exigences du débat peuvent bouleverser l'arrangement. Nous verrons tout à l'heure l'avantage qu'il y a à avoir chaque membre d'une « équipe » prêt à défendre tous les points de son côté. Le seul discours pour lequel un programme fixe peut être établi à l'avance est le premier discours affirmatif : évidemment, celui-ci doit en tout cas exposer les principaux faits que l'auditoire doit connaître pour comprendre les discours qui suivent. Ensuite, chaque orateur doit être prêt soit à répondre directement à ce qui vient d'être dit, soit à expliquer pourquoi il ajourne la réponse. En même temps, à moins qu'on lui ait forcé la main, il doit faire valoir le ou les points qui lui ont été confiés dans le plan préliminaire de campagne. Chaque orateur après le premier prend généralement une minute ou deux pour résumer la position telle que son camp la voit ; et le dernier orateur de chaque côté devrait gagner du temps pour récapituler et faire ressortir les principaux points avancés par son camp et les principales objections aux arguments de l'autre côté. Au-delà de ces suggestions, qui ne doivent pas se transformer en règles invariables, beaucoup de choses doivent être laissées au jugement rapide des débatteurs. C'est un bon test d'habileté en matière de débat que de savoir quand s'en tenir à de telles règles et quand s'en écarter.

Le débatteur utilise certaines formes établies depuis longtemps dans le droit parlementaire. Pour commencer, il n'utilise jamais le nom de son adversaire : s'il doit se référer à lui , il le fait indirectement sous une forme telle que « le dernier orateur », « le premier orateur affirmatif », « les messieurs du

Wisconsin », "nos adversaires", "mon collègue qui vient de parler". Il s'agit d'une règle inviolable de tous les organes de débat, qu'il s'agisse d'une classe d'école ou d'université ou d'une des chambres du Congrès.

Dans un débat formel, le sujet est exposé par le président, qui n'est généralement pas l'un des juges, et il présente également chacun des orateurs dans l'ordre convenu au préalable.

Dans les débats en classe, le sujet est généralement donné par l'instructeur, qui peut désigner les orateurs, ou faire appel à des volontaires, ou encore laisser chaque membre de la classe prendre son tour à tour de rôle. Cette répartition s'adaptera généralement d'elle-même à la classe et aux circonstances. Dans les débats interscolaires et intercollégiaux , le sujet est généralement choisi en laissant une partie proposer un certain nombre de sujets parmi lesquels l'autre en sélectionne un. Parfois, l'équipe qui n'a pas le choix du sujet a le choix du camp après que l'autre équipe a choisi le sujet. Dans un débat triangulaire, deux ou trois sujets sont proposés par chaque équipe, puis un est choisi par vote préférentiel de tous les candidats, le premier choix comptant trois points, le deuxième deux et le troisième un. Dans un tel concours, chaque institution dispose de deux équipes, dont l'une soutient l'affirmative et l'autre la négative ; et les trois débats ont lieu le même jour ou le même soir.

Lors des débats en classe, les deux parties doivent s'unir pour préparer un exposé commun des faits, qui contiendra autant d'histoire de l'affaire que nécessaire, les faits et les questions pour lesquels il est convenu qu'ils seront écartés, ainsi qu'un exposé des principales questions. En outre, il est hautement souhaitable que les parties se soumettent mutuellement des mémoires décrivant les principaux points de leur argumentation. Avec de tels préparatifs, il est peu probable que la réunion échoue. Les mêmes préparations seraient utiles dans les débats interscolaires et intercollégiaux, partout où ils sont réalisables. Tout ce qui conduit à une discussion approfondie de points identiques et à l'éclairage conséquent de la question rend ces divertissements plus précieux.

Pour les débats intercollégiaux et interscolaires , il est sage d'avoir une sorte d'instructions pour les juges, qui doivent être convenues au préalable. Ces instructions doivent préciser que la décision ne dépend pas du fond de la question, comme dans la vie réelle, mais du mérite des débatteurs. Parmi ces mérites, le fond devrait compter bien plus que la forme. Parmi les points qui comptent pour juger du fond du débat, les instructions peuvent noter la rigueur de l'analyse, la puissance de l'exposition, la minutie de la préparation, le jugement dans la sélection des preuves, la promptitude et l'efficacité de la réfutation et la compréhension du sujet dans son ensemble. Pour la forme, les instructions peuvent mentionner l'allure, la facilité et la pertinence du geste, la qualité et l'expressivité de la voix, l'énonciation et la prononciation, ainsi que l'efficacité générale de l'élocution. Parfois, ces points sont rédigés avec des pourcentages pour suggérer leur poids proportionnel ; mais il est douteux qu'un calcul aussi exact puisse jamais avoir une valeur pratique. Dans la plupart des cas, les juges décideront sur la base d'un sentiment beaucoup moins précis quant à savoir quel camp a l'avantage. 66

63. Préparatifs du débat . Puisque la principale valeur du débat, à la différence des arguments écrits, est de cultiver la promptitude et la flexibilité de l'esprit, la prise de parole doit être autant que possible improvisée. Cela n'implique pas que parler doit se faire sans préparation : au contraire, la préparation pour un bon débat est plus ardue que pour une argumentation écrite, car lorsque vous êtes debout sur l'estrade, vous ne pouvez pas courir vers vos livres ou vers vos notes. pour vous rafraîchir la mémoire ou pour trouver du nouveau matériel. Le débatteur idéal est l'homme qui porte le sujet dans son esprit de telle sorte que les faits lui viennent à l'esprit pendant qu'il parle et s'intègrent sans interruption dans le plan de son argumentation. Pour les rares hommes qui se souviennent de tout ce qu'ils lisent, une telle préparation est naturelle, mais pour la plupart des locuteurs, cela ne vient que par une étude approfondie du matériel. Daniel Webster a déclaré que les documents de sa célèbre Réponse à Hayne étaient dans son bureau depuis des mois. Dans la mesure où le débat consiste en la récitation de discours préalablement écrits et mémorisés, il rejette la plupart de ce qui fait la valeur du débat et tend à se transformer en élocution. Nous examinerons donc ici les moyens par lesquels les orateurs peuvent se familiariser suffisamment avec le sujet à débattre pour pouvoir se détacher en toute confiance de leurs notes.

En premier lieu, chaque débatteur d'une équipe doit se préparer sur l'ensemble du sujet, non seulement sur l'ensemble de son côté, mais aussi sur l'ensemble de l'autre côté. Il est d'usage de répartir les principaux points qu'une équipe doit faire valoir entre ses différents membres ; mais dans les tournures soudaines auxquelles tout débat est susceptible, une telle attribution peut facilement devenir impossible. Si l'autre partie présente des éléments nouveaux ou fait valoir un argument de manière à impressionner manifestement l'auditoire, l'orateur suivant devra peut-être abandonner le point qui lui a été assigné et se consacrer immédiatement à réfuter les arguments qui viennent d'être avancés. Ensuite, ses arguments doivent être laissés à ses collègues, et ils doivent pouvoir les utiliser à bon escient. De même, une équipe doit connaître les points forts de l'autre camp ainsi que de son propre camp et de présenter sur la plateforme avec des arguments pour y faire face. Dans les concours intercollégiaux, pour s'assurer de cette connaissance préalable de l'autre camp, les orateurs, dans le cadre de leur préparation, rencontrent des hommes de leur propre collège qui débattent longuement et en détail du camp adverse. Dans une compétition triangulaire, chaque équipe d'un collège a l'avantage d'avoir abordé le sujet lors d'un véritable débat contre l'autre. Plus vous avez étudié à fond les deux côtés de la question, moins vous risquez d'être surpris par un argument auquel vous ne savez pas comment répondre.

64. Sur la plateforme . En ce qui concerne le débat proprement dit, l'expérience montre que les discours mémorisés sont presque toujours inefficaces par rapport aux discours improvisés. Même lorsque votre confiance n'est pas troublée par un souvenir glissant, il reste dans le discours préparé une touche impalpable d'artificiel qui altère sa vitalité. Par contre, surtout avec les premiers discours de chaque côté, on ne peut pas se lever et se fier entièrement à l'inspiration du moment ; tu dois avoir pensé à quelque chose. L'un des conférenciers les plus éminents de l'Université Harvard prépare ses conférences d'une manière qui constitue un excellent modèle pour les débatteurs. Il rédige au préalable un plan analytique et tabulé complet de sa conférence, similaire aux mémoires qui ont été recommandés ici au chapitre II, avec chacun des grands principes de sa conférence, et avec les subdivisions et illustrations insérées. Puis il laisse ce schéma à la maison et parle avec un esprit plein et bien ordonné. Un tel plan est le meilleur possible pour les discours principaux d'un débat. Souvent, le plan peut être plus facilement préparé en rédigeant l'argumentation dans son intégralité ; et cet élargissement de l'argumentation a l'avantage supplémentaire de vous fournir une grande partie de votre formulation. Mais il vaut mieux ne pas mémoriser l'intégralité de l'argumentation : le résumé, s'il est soigneusement digéré et étudié de manière à venir facilement à l'esprit, suffit. Ensuite, la pratique, la pratique, la pratique vous donneront la facilité et la fluidité dont vous avez besoin.

La réfutation doit toujours être improvisée. Même si vous avez prévu les points forts de votre adversaire et que vous vous êtes préparé à les affronter , vous ne pouvez pas prévoir exactement la manière dont il fera valoir ces points. Rien n'est plus gênant dans un débat que de commencer par quelques remarques manifestement improvisées, puis de lâcher un petit discours qui a été pour ainsi dire conservé au froid et qui manque de peu d'être adapté au discours auquel il devrait être une réponse. Il est préférable de rendre la réfutation un peu moins radicale qu'elle ne pourrait l'être et de la faire tomber sur le discours qu'elle attaque. L'habileté immédiate et spontanée de la réfutation est l'excellence finale du débat. En même temps, l'habileté doit être si naturelle que l'esprit et la bonne humeur puissent avoir leur chance. Si dès le début vous vous entraînez à faire vos discours de réfutation avec désinvolture, vous gagnerez constamment en confiance lorsque vous serez appelé à prendre la parole.

La question de savoir s'il faut ou non prendre des notes sur la plateforme est quelque peu controversée. Si vous pouvez parler sans eux et tenir sans trébucher sur l'essentiel de votre argumentation, tant mieux. D'un autre côté, la plupart des avocats ont leurs mémoires lorsqu'ils plaident sur des points de droit, et des sortes de notes approximatives lorsqu'ils plaident devant un jury ; et lorsqu'elles sont utilisées de manière modeste et naturelle, les notes sont à peine observées par le public. Seulement, si vous avez des notes, n'essayez pas de les cacher : tenez-les de manière à ce que le public sache de quoi il s'agit et ne se demande pas ce que vous faites en regardant dans la paume de votre main.

Si vous avez des passages à citer d'un livre ou d'un autre document, placez le livre sur la table à côté de vous ; son apparence ajoutera de la substance à votre argument et le public aura la preuve visuelle que vous citez exactement.

Aux fins de réfutation, il est habituel de disposer les documents sur des fiches classées sous les principales subdivisions du sujet, de manière à pouvoir les retrouver facilement. Ces cartes peuvent être conservées dans les petites boîtes en bois ou en carton vendues à cet effet dans les papeteries des collèges. Si les cartes ont le type de titre approprié, vous pouvez facilement les parcourir pendant que votre adversaire parle et en extraire quelques-uns qui portent sur le point que vous devez aborder. Des exemples de ces cartes ont été donnés au chapitre II. L'important pour leur utilisation dans un débat est que les titres soient si clairs et pertinents que vous puissiez trouver instantanément la carte particulière que vous recherchez. Bien entendu, vous vous en êtes familiarisé au préalable.

Lorsque vous devez utiliser des statistiques, simplifiez-les pour que vos auditeurs puissent les assimiler sans effort. Les grands nombres doivent être donnés sous forme de chiffres ronds, sauf lorsqu'il est nécessaire d'obtenir un accent particulier ou peut-être un effet semi-humoristique en les donnant en entier. Les citations de livres ou de discours doivent nécessairement être courtes : là où vous ne disposez que de dix minutes, vous ne pouvez pas consacrer cinq minutes aux paroles d'un autre homme.

Gardez votre public de bonne humeur ; si vous pouvez à l'occasion atténuer la solennité de l'occasion en les faisant rire, ils vous apprécieront davantage et ne penseront pas plus mal à votre argument. D'un autre côté, rappelez-vous qu'un tel détournement est accessoire et que votre tâche principale est de traiter sérieusement une question sérieuse. La gêne inquiète qui pousse un homme à toujours essayer d'être drôle n'est nulle part plus déplacée que dans un débat.

65. Voix et position . La question de la délivrance est très importante, et ici aucun homme ne peut se fier à la lumière de la nature. N'importe quelle voix peut être amenée à porter plus loin et à être plus expressive, et la voix la plus pauvre et la plus fine peut être améliorée. Tout étudiant qui rêve de devenir orateur public devrait suivre des cours d'élocution, de chant ou les deux.

L'expressivité ainsi que la portance et l'endurance d'une voix dépendent de la connaissance de l'utilisation des muscles de la poitrine, de la gorge et du visage ; et les entraîneurs de la voix ont élaboré des méthodes pour le bon usage de tous ces muscles. Un homme qui souffle du haut de sa poitrine et n'utilise pas le grand soufflet qui descend jusqu'à son diaphragme ne peut obtenir que peu de force de transport. Ainsi en est-il de la gorge : si elle est raide et pincée, les sons seront aigus et forcés, et les écouter fatiguera l'auditoire presque autant que les faire entendre fatiguera l'orateur. Enfin, l'expressivité d'une voix, le frisson qui remue inconsciemment mais puissamment les auditeurs, est en grande partie une question de résonance qui provient des espaces situés au-dessus de la bouche et derrière le nez. Un professeur de chant humoristique a déclaré un jour que l'âme réside dans l'arête du nez ; et le dicton n'est pas aussi paradoxal qu'il y paraît. Des leçons sur l'emploi de toutes ces parties et une pratique fidèle des exercices qui les accompagnent sont essentielles à tout homme qui souhaite se démarquer dans l'art oratoire.

Avec l'usage de la voix, quoique moins indispensable, dépend la position et le relèvement sur la plateforme. Il n'est pas nécessaire d'insister sur le fait que plus c'est naturel, mieux c'est. Si vous parvenez à vous oublier complètement et à ne penser qu'à vos arguments, il y a de fortes chances que vos attitudes et votre position se règlent d'elles-mêmes. Seulement, avant de vous oublier ainsi, prenez l'habitude de parler sans mettre les mains dans les poches. Vous devriez avoir besoin de vos mains pour parler, sinon autant qu'un Français ou un Italien, mais suffisamment pour souligner naturellement vos points. Le simple fait de stimuler physiquement l'œil d'un public en suivant vos mouvements aidera à maintenir son attention éveillée. Quiconque a essayé de donner un cours devant une classe nombreuse sait combien il est plus facile de les retenir s'il se lève et bouge un peu de temps en temps. Apprenez à vous tenir debout facilement et naturellement, avec votre poitrine bien élargie et votre poids confortablement équilibré sur vos pieds. Si cela vous semble naturel, bougez légèrement de temps en temps sur la scène ; mais veillez à ne pas avoir l'air à chaque mouvement comme si une ficelle avait été tirée. Dans l'attitude et dans le geste, le seul conseil profitable est : Soyez naturel.

Pour toutes ces questions de préparation, qu'il s'agisse de ce que vous allez dire, de l'utilisation de votre voix, de votre attitude et de votre action sur la plateforme, soyez prêt à une pratique difficile avec des critiques compétentes. C'est un bon plan de s'entraîner à parler à partir de vos contours avec votre montre ouverte, jusqu'à ce que vous puissiez mettre fin à votre discours exactement dans le temps qui vous est imparti. Le gain de confiance lorsque vous participerez au débat en vaudra à lui seul la peine. Encore une fois, entraînez-vous à parler devant un verre pour vous assurer que vous n'avez pas l'habitude de grimacer ou de faire des grimaces lorsque vous parlez, et pour vous habituer à vous tenir droit et à bien vous tenir. Ce que vous voyez par vous-même de vos propres voies vous aidera plus que les conseils d'un critique.

Mais dans toute votre préparation, pensez au-delà du débat spécial auquel vous vous préparez. Ce que vous visez ou devriez viser, c'est l'habitude, l'exécution instinctive et spontanée de règles que vous avez oubliées. Lorsque l'habitude est prise, vous pouvez laisser tomber toutes ces questions de voix, d'attitude, de gestes, de votre esprit et consacrer toute votre attention aux idées que vous développez et au langage dans lequel vous les revêtirez. Alors le ton de votre voix répondra au sérieux de vos sentiments, et vos gestes seront la réponse spontanée à l'accent mis sur votre pensée. Vous ne serez pas un parfait débatteur tant que toutes ces questions ne seront pas réglées depuis les profondeurs inconscientes de votre esprit.

Dans votre attitude envers les débatteurs de l'autre côté, soyez scrupuleusement juste et amical. Dans les débats en classe, l'affaire est terminée lorsque le débat est terminé ; et ce que vous recherchez, c'est l'habileté, et non pas battre quelqu'un . Dans les débats interscolaires et intercollégiaux, la victoire est la fin ; mais même là, après le débat, vous irez souvent souper avec vos adversaires. Démolissez donc leurs arguments, mais n'écrasez pas leurs créateurs.

Si le premier discours vous revient, exposez les faits de manière que non seulement vos adversaires n'aient aucune correction ni protestation à faire, mais qu'ils soient tout à fait disposés à partir de votre fondation. Cédez tous les points insignifiants : c'est une perte de temps et une preuve d'un sens des proportions peu développé que de marchander sur des points qui, en fin de compte, ne se soucient pas. Vous avez gagné un point si vous parvenez à faire sentir au public et aux juges que vous êtes soucieux de permettre tout ce qui est possible à l'autre partie.

Si votre adversaire trébuche sur un petit point de fait ou de raisonnement, ne le chahutez pas ; laissez-le passer, ou tout au plus signalez-le avec une touche d'humour bienveillante. Si ses faits ou son raisonnement sont erronés sur des points importants, c'est votre opportunité et vous devez en profiter au maximum. Mais même dans ce cas, restez fidèle à l'argumentation et évitez toute apparence personnelle.

66. La morale du débat . Il y a un côté moral ou éthique à pratiquer le débat qu'on ne peut ignorer. Il est dangereux de prendre l'habitude d'argumenter a la légère pour des choses auxquelles on ne croit pas ; et les étudiants peuvent être contraints de le faire si un grand soin n'est pas apporté au choix des matières et des orientations. Le remède consiste à utiliser, dans la mesure où elles peuvent rester intéressantes, des questions dans lesquelles il n'y a aucun élément moral ; mais c'est encore mieux en assignant des côtés qui correspondent aux opinions et préférences réelles des débatteurs. Lorsqu'une question de principe est en jeu, personne ne devrait jamais contester ses convictions. La classe supérieure des avocats est scrupuleuse à ce sujet : ils n'accepteront pas un mémoire qu'ils croient être en faveur d'une cause qui ne devrait pas gagner. Si vous avez clairement pris votre décision sur une question de politique publique, vous vous trouvez dans une fausse position si vous argumentez, même pour la pratique, contre ce que vous pensez être le juste.

Les débats formels de l'école et du collège sont nécessairement dépourvus de résultats pratiques ; Pourtant, même ici, vos discussions ont un effet puissant sur la formation de vos opinions. C'est une habitude de l'humanité de commencer à parler vainement sur un sujet et de prendre parti tout aussi vainement ; puis, lorsque la conversation devient plus chaleureuse, dans le désir naturel de faire valoir un point pour se convaincre. Il s'agit là d'une manière humaine, quoique peu raisonnable, de formuler votre point de vue sur des questions publiques ; et cela ne garantit ni la cohérence ni l'utilité en tant qu'électeur. Il n'est pas bon de s'appuyer sur des opinions sur ce qui contribue au bien commun.

D'ailleurs, le débat est quelque chose de très différent de la dispute : parler sans cesse d'un sujet, contredire aveuglément et affirmer sans avancer de faits, a sa place dans notre vie avec nos amis, pourvu que ce soit de bonne humeur ; mais cela n'apporte pas d'illumination. L'essence du débat, que ce soit dans une salle de classe, au sein d'un conseil municipal ou au Congrès, devrait être d'éclairer les coins sombres et de démêler les points de vue qui sont le plus favorables au bien général. Pour nous, en Amérique, *la noblesse oblige* s'applique à tout homme instruit. Le diplômé d'une école secondaire et, plus encore, le diplômé d'un collège, a tiré des avantages exceptionnels de la communauté. Il peut en partie rembourser cette obligation en aidant tous les citoyens à mieux comprendre les enjeux sur lesquels repose le progrès de la nation.

Enfin, le débat doit partager le goût de tout bon jeu qui implique un travail acharné et une lutte honorable avec des adversaires que l'on respecte et qu'on aime. C'est avant tout une activité sociale. La Chambre des Communes est depuis longtemps considérée comme le meilleur club d'Angleterre ; et ce sentiment de camaraderie, d'amitié et d'intimité continues, donne un charme à la vie parlementaire anglaise, qui est difficilement possible avec le nombre encombrant et l'immense salle de notre propre Chambre des Représentants, mais qui jaillit du nombre restreint et continu de membres du Sénat. . Un cours de débat doit avoir le sens de la camaraderie qui naît du travail acharné ensemble et de la mise à l'épreuve de ses propres forces contre ses égaux et ses supérieurs, et du souvenir de luttes âprement disputées ; et les concours intercollégiaux et interscolaires devraient être menés dans le même esprit d'enthousiasme pour le travail acharné, de désir sain de gagner et de camaraderie avec de dignes adversaires.

DES EXERCICES

1. Nommez trois questions d'affaires nationales qui ont été débattues au cours d'un mois et sur lesquelles vous pourriez débattre avec profit ; trois dans les affaires de l'État ; trois dans les affaires locales.

2. Nommez deux sujets touchant votre école ou collège qui sont actuellement en débat.

3. Nommez deux sujets sur lesquels vous pourriez rédiger une argumentation, mais qui ne seraient pas profitables au débat. Expliquez la raison.

4. Nommez deux bons sujets de débat tirés de l'athlétisme ; deux sur une question académique actuelle ; deux des affaires locales ou municipales.

5. Trouvez une proposition dans laquelle les deux parties à un débat pourraient s'affronter de bonne foi sans se rencontrer. Réparez-le pour que le problème soit inévitable.

6. Formulez une proposition dans laquelle la charge de la preuve ne reposerait pas sur l'affirmative. Remplacez-le pour que la charge de la preuve repose sur l'affirmative.

7. Élaborez un schéma de débat sur l'une des propositions de l'exercice 4, avec une attribution provisoire de points à trois débatteurs d'un côté.

8. Rédigez un ensemble d'instructions aux juges pour un débat intercollégial ou interscolaire, structuré de manière à aboutir à une décision sur les points qui vous paraissent les plus importants.

9. Préparez-vous à un discours improvisé de cinq minutes sur un sujet sur lequel vous avez écrit un argument.

10. Nommez trois questions sur lesquelles vous ne pourriez, sans violence à vos convictions, argumenter sur plus d'un côté.

ANNEXE I

EXEMPLES D'ARGUMENTATION

LES TROIS HYPOTHÈSES CONCERNANT L'HISTOIRE DE LA NATURE [67]

THOMAS H. HUXLEY

Il s'agit de la première des trois conférences qui présentent un argument continu et qui ont été prononcées à New York. 18, 20 et 22 septembre 1876. Il faut donc le considérer comme la partie introductive de l'argumentation ; et en fait, elle n'atteint pas la preuve positive de Huxley, mais s'occupe d'éliminer les autres théories. Cette réfutation terminée, Huxley était alors libre de poursuivre l'argumentation affirmative, comme il l'indique dans le dernier paragraphe de la conférence.

Cet argument constitue un raisonnement remarquable sur un sujet scientifique, rédigé dans des termes qui le rendent intelligible à tous les hommes instruits. Lorsque Huxley parla, la chaleur qui avait été allumée par la première annonce de la théorie de l'évolution dans « L'Origine des espèces » de Darwin était toujours flamboyante ; et de nombreux membres d'Église estimaient que cette théorie était subversive à l'égard de la religion, sans se donner la peine de la comprendre. Cet état d'esprit timide explique la façon dont Hurley aborde le sujet.

Nous vivons et faisons partie d'un système de choses d'une immense diversité et perplexité, que nous appelons Nature ; et il est du plus grand intérêt pour nous tous que nous nous forgions des conceptions justes de la constitution de ce système et de son histoire passée. Par rapport à cet univers, l'homme n'est, en étendue, qu'un point mathématique : en durée, mais une ombre passagère : il n'est qu'un simple roseau secoué par les vents de la force. Mais, comme Pascal l'a fait remarquer il y a longtemps, bien qu'il ne soit qu'un simple roseau, il est un roseau pensant ; et en vertu de cette merveilleuse capacité de pensée, il a le pouvoir de se forger une conception symbolique de l'univers qui, bien que sans doute très imparfaite et inadéquate en tant qu'image du grand tout, est pourtant suffisante pour lui servir de diagramme. pour la direction de ses affaires pratiques. Il a fallu de longues périodes de travail pénible et souvent infructueux pour permettre à l'homme de regarder fixement les scènes changeantes des fantasmagories de la nature, de remarquer ce qui est fixe parmi ses fluctuations, et ce qui est régulier parmi ses irrégularités apparentes ; et ce n'est que relativement récemment, au cours des derniers siècles, que la conception d'un ordre universel et d'un cours défini des choses, que nous appelons le cours de la nature, a émergé.

Mais une fois née, la conception de la constance de l'ordre de la Nature est devenue l'idée dominante de la pensée moderne. Pour quiconque est familier avec les faits sur lesquels repose cette conception et est compétent pour en estimer la signification, il n'est plus concevable que le hasard ait une place quelconque dans l'univers, ou que les événements dépendent d'autre chose que de la nature. séquence de cause à effet. Nous en sommes venus à considérer le présent comme l'enfant du passé et comme le parent du futur ; et, de même que nous avons exclu le hasard d'un endroit de l'univers, de même nous ignorons, même en tant que possibilité, la notion d'interférence avec l'ordre de la Nature. Quelles que soient les doctrines spéculatives des hommes, il est tout à fait certain que toute personne intelligente guide sa vie et risque sa fortune en croyant que l'ordre de la nature est constant et que la chaîne de causalité naturelle n'est jamais rompue.

En fait, aucune croyance que nous entretenons n'a une base logique aussi complète que celle à laquelle je viens de faire référence. Cela sous-tend tacitement tout processus de raisonnement ; c'est le fondement de tout acte de volonté. Elle repose sur l'induction la plus large et est vérifiée par le processus déductif le plus constant, le plus régulier et le plus universel. Mais nous devons nous rappeler que toute croyance humaine, aussi large que soit son fondement, aussi défendable qu'elle puisse paraître, n'est, après tout, qu'une croyance probable, et que nos généralisations les plus larges et les plus sûres sont simplement des déclarations du plus haut degré de probabilité. Bien que nous soyons tout à fait clairs sur la constance de l'ordre de la nature, à l'heure actuelle et dans l'état actuel des choses, il ne s'ensuit pas nécessairement que nous soyons fondés à étendre cette généralisation dans un passé infini et à nier que absolument, qu'il peut y avoir eu une époque où la nature ne suivait pas un ordre fixe, où les relations de cause à effet n'étaient pas définies et où des agents extranaturels interféraient avec le cours général de la nature. Des hommes prudents admettront qu'un univers si différent de celui que nous connaissons a pu exister ; tout comme un penseur très honnête peut admettre qu'il peut exister un monde dans lequel deux et deux ne font pas quatre, et dans lequel deux lignes droites enferment un espace. Mais la même prudence qui force à admettre de telles possibilités exige beaucoup de preuves avant de les reconnaître comme étant quelque chose de plus substantiel. Et quand on affirme que, il y a tant de milliers d'années, les événements se sont produits d'une manière totalement étrangère et incompatible avec les lois existantes de la Nature, les hommes, qui sans être particulièrement prudents, sont simplement d'honnêtes penseurs, peu disposés à se tromper eux-mêmes ou à tromper les autres. , demandez des preuves fiables du fait. Est-ce que les choses se sont passées ainsi ou non ? Il s'agit d'une question historique à laquelle il faut chercher la réponse au même titre que la solution de tout autre problème historique.

Autant que je sache, il n'y a que trois hypothèses qui ont jamais été envisagées, ou qui peuvent l'être, concernant l'histoire passée de la Nature. J'énoncerai d'abord les hypothèses, puis j'examinerai quelles preuves les concernant sont en notre possession et à quelle lumière critique ces preuves doivent être interprétées.

Dans la première hypothèse, on suppose que des phénomènes naturels semblables à ceux présentés par le monde actuel ont toujours existé ; en d'autres termes, que l'univers existe depuis toute éternité dans ce que l'on peut appeler au sens large son état actuel.

La seconde hypothèse est que l'état actuel des choses n'a eu qu'une durée limitée ; et que, à une certaine époque dans le passé, une condition du monde, essentiellement semblable à celle que nous connaissons maintenant, est née, sans aucune condition préalable dont elle aurait pu naturellement provenir. L'hypothèse selon laquelle des états successifs de la Nature sont apparus, chacun sans aucune relation de causalité naturelle avec un état antérieur, n'est qu'une simple modification de cette seconde hypothèse.

La troisième hypothèse suppose également que l'état actuel des choses n'a eu qu'une durée limitée ; mais il suppose que cet état a été développé par un processus naturel à partir d'un état antérieur, et celui-ci à partir d'un autre, et ainsi de suite ; et, dans cette hypothèse, on abandonne généralement toute tentative d'assigner une limite à la série des changements passés.

Il est si nécessaire de se faire des notions claires et distinctes de ce que signifie réellement chacune de ces hypothèses que je vous demanderai d'imaginer ce qui, selon chacune, aurait été visible à un spectateur des événements qui constituent l'histoire de la terre. . Dans la première hypothèse, aussi loin dans le temps que puisse se situer le spectateur, il verrait un monde essentiellement, mais peut-être pas dans tous ses détails, semblable à celui qui existe aujourd'hui. Les animaux qui existaient seraient les ancêtres de ceux qui vivent aujourd'hui, et semblables à eux ; les plantes, de la même manière, seraient telles que nous les connaissons ; et les montagnes, les plaines et les eaux préfigureraient les caractéristiques saillantes de notre terre et de nos eaux actuelles. Cette vision était plus ou moins distincte, parfois combinée à la notion de cycles récurrents de changement, dans les temps anciens ; et son influence s'est fait sentir jusqu'à nos jours. Il convient de remarquer qu'il s'agit d'une hypothèse qui n'est pas incompatible avec la doctrine de l'uniformitarisme, familière aux géologues. Cette doctrine était défendue par Hutton et, à ses débuts, par Lyell. Hutton fut frappé par la démonstration des astronomes que les perturbations des corps planétaires, si grandes soient-elles, se corrigent tôt ou tard d'elles-mêmes ; et que le système solaire possède un pouvoir d'auto-ajustement par lequel ces aberrations sont toutes ramenées à un état moyen. Hutton imaginait que la même chose pourrait être vraie pour les changements terrestres ; bien que personne n'ait reconnu plus clairement que lui le fait que la terre ferme est constamment emportée par la pluie et les rivières et déposée dans la mer ; et qu'ainsi, dans un temps plus ou moins long, les inégalités de la surface de la terre devront être aplanies, et ses hauts saindoux descendus dans l'océan. Mais, compte tenu des forces internes de la terre qui, en soulevant le fond de la mer, donnent naissance à de nouvelles terres, il pensait que ces opérations de dégradation et d'élévation pouvaient se compenser : et qu'ainsi, pour un temps assignable, l'effet général Les caractéristiques de notre planète pourraient rester ce qu'elles sont. Et dans la mesure où, dans ces circonstances, il n'y a aucune limite à la propagation des animaux et des plantes, il est clair que la mise en œuvre cohérente de l'idée uniformitariste pourrait nuire à la conception de l'éternité du monde. Non que je veuille dire que Hutton ou Lyell partageaient cette conception – assurément non ; ils auraient été les premiers à le répudier. Néanmoins, le développement logique de leurs arguments mène directement à cette hypothèse.

La seconde hypothèse suppose que l'ordre actuel des choses a eu, à une époque pas très lointaine, une origine soudaine et que le monde, tel qu'il est aujourd'hui, a eu le chaos pour antécédent phénoménal. C'est la doctrine que vous trouverez énoncée de la manière la plus complète et la plus claire dans le poème immortel de John Milton, la *Divina Commedia* anglaise , « Paradis perdu ». Je crois que c'est en grande partie à l'influence de cet ouvrage remarquable, combiné aux enseignements quotidiens que nous avons tous écoutés dans notre enfance, que cette hypothèse doit sa large diffusion générale comme l'une des croyances actuelles des anglophones. Si vous vous tournez vers le septième livre du « Paradis perdu », vous y trouverez l'hypothèse à laquelle je fais référence, qui est brièvement la suivante : que notre univers visible a vu le jour à peu de distance du présent ; et que les parties qui le composent ont fait leur apparition, dans un certain ordre défini, dans l'espace de six jours naturels, de telle manière que, le premier de ces jours, la lumière est apparue ; que, dans le second cas, le firmament, ou ciel, séparait les eaux du haut des eaux du dessous du firmament ; que, le troisième jour, les eaux se retirèrent de la terre ferme, et sur celle-ci une vie végétale variée, semblable à celle qui existe aujourd'hui, fit son apparition ; que le quatrième jour fut signalé par l'apparition du soleil, des étoiles, de la lune et des planètes ; que le cinquième jour, les animaux aquatiques sont nés dans les eaux ; que, le sixième jour, la terre donna naissance à nos créatures terrestres à quatre pattes, et à toutes les variétés d'animaux terrestres, à l'exception des oiseaux, qui étaient apparus la veille ; et, finalement, cet homme est apparu sur la terre, et l'émergence de l'univers du chaos a été achevée. Milton nous raconte, sans la moindre ambiguïté, ce qu'aurait vu un spectateur de ces merveilleux événements. Je ne doute pas que son poème vous soit familier à tous, mais je voudrais vous rappeler un passage, afin que je puisse être justifié dans ce que j'ai dit concernant l'image parfaitement concrète et définitive de l'origine de l'animal. monde que Milton dessine. Il dit:

> "Le sixième, et dernier de la création, s'est levé
> avec les harpes du soir et les matines, lorsque Dieu a dit :
> 'Que la terre produise une âme vivante selon son espèce,
> du bétail et des reptiles, et des bêtes de la terre, chacune
> selon son espèce !' La terre obéit, et, ouvrant droit son sein
> fertile, grouilla à une naissance. D'innombrables créatures
> vivantes, aux formes parfaites, membres et adultes. Du sol
> surgit, comme de son antre, la bête sauvage, où elle gagne
> dans la forêt sauvage
> . , dans les fourrés, les freins ou les tanières :parmi les
> arbres par paires, ils se sont levés, ils ont marché ;le bétail
> dans les champs et les prairies est vert ;ceux rares et
> solitaires ; ceux-ci en troupeauxPâturant à la fois, et en
> larges troupeaux surgis.Les mottes herbeuses maintenant
> vêlé ; maintenant la moitié apparaîtLe lion fauve, piaffant
> pour se libérer de ses parties postérieures, puis ressort,
> comme rompu des liens,Et rampant secoue sa crinière
> fauve ; l'once,Le libbard , et le tigre, comme la taupe
> se levant, la terre émiettée au-dessus d'eux jeté dans les
> collines ; le cerf rapide du sous-sol a soulevé sa tête
> ramifiée ; à peine sorti de son moule
> Behemoth, le plus grand né de la terre, a bouleversé son
> immensité ; a tondu les troupeaux et les roses bêlantes
> comme des plantes ; ambigu entre la mer et la terre, le
> cheval de rivière et le crocodile écailleux. Une fois surgit
> tout ce qui rampe sur le sol, insecte ou ver.

Il n'y a aucun doute quant au sens de cette déclaration, ni quant à ce à quoi un homme du génie de Milton s'attendait et qui aurait été réellement visible pour un témoin oculaire de ce mode d'origine des êtres vivants.

La troisième hypothèse, ou hypothèse de l'évolution, suppose qu'à une époque relativement tardive du temps passé, notre spectateur imaginaire se trouverait confronté à un état de choses très semblable à celui qui existe actuellement ; mais que la ressemblance du passé avec le présent deviendrait graduellement de moins en moins, à mesure que la période d'observation s'éloignerait d'aujourd'hui : que la répartition actuelle des montagnes et des plaines, des rivières et des mers, se montrerait à être le produit d'un lent processus de changement naturel opérant sur des conditions antérieures de plus en plus différentes de la structure minérale de la terre ; jusqu'à ce qu'enfin, à la place de ce cadre, il ne voie plus qu'une vaste masse nébuleuse, représentant les constituants du soleil et des corps planétaires. Précédant les formes de vie qui existent aujourd'hui, notre observateur verrait des animaux et des plantes non identiques à elles, mais comme elles : augmentant leurs différences avec leur antiquité, et en même temps devenant de plus en plus simples ; jusqu'à ce que, finalement, le monde de la vie ne présente plus que cette matière protoplasmique indifférenciée qui, dans la mesure où nous le savons aujourd'hui, est le fondement commun de toute activité vitale.

L'hypothèse de l'évolution suppose que dans toute cette vaste progression, il n'y aurait aucune rupture de continuité, aucun point où l'on pourrait dire « Ceci est un processus naturel » et « Ceci n'est pas un processus naturel » ; mais que l'ensemble pourrait être comparé à ce merveilleux processus de développement que l'on peut voir se dérouler chaque jour sous nos yeux, en vertu duquel naît, de la substance semi-fluide et relativement homogène que nous appelons œuf, l'organisation compliquée de l'œuf. l'un des animaux supérieurs. Voilà, en quelques mots, ce qu'entend l'hypothèse de l'évolution.

J'ai déjà suggéré qu'en traitant de ces trois hypothèses, en essayant de former un jugement quant à savoir laquelle d'entre elles est la plus digne de foi, ou si aucune n'est digne de foi, auquel cas notre état d'esprit devrait être cette suspension de jugement si difficile à tous sauf aux intellects exercés, nous devrions être indifférents à toutes les considérations *a priori* . La question est une question de fait historique. L'univers a vu le jour d'une manière ou d'une autre, et le problème est de savoir s'il a vu le jour d'une manière ou s'il a vu le jour d'une autre ; et, comme préalable essentiel à une discussion plus approfondie, permettez-moi de dire deux ou trois mots sur la nature et les types de preuves historiques.

La preuve quant à la survenance de tout événement dans le passé peut être classée sous deux chefs que, pour des raisons de commodité, je qualifierai de preuve testimoniale et de preuve circonstancielle. Par témoignage, j'entends le témoignage humain ; et par preuve circonstancielle j'entends une preuve qui n'est pas un témoignage humain. Permettez-moi d'illustrer par un exemple familier ce que j'entends par ces deux sortes de preuves, et ce qu'il faut dire concernant leur valeur.

Supposons qu'un homme vous dise qu'il a vu une personne en frapper une autre et la tuer ; c'est un témoignage témoignant du fait du meurtre. Mais il est possible d'avoir des preuves circonstancielles du meurtre , c'est-à-dire que vous pouvez trouver un homme mourant avec une blessure à la tête ayant exactement la forme et le caractère de la blessure faite par une hache, et, en tenant compte avec soin des circonstances environnantes, vous pouvez conclure avec le la plus grande certitude que l'homme a été assassiné ; que sa mort est la conséquence d'un coup porté par un autre homme avec cet instrument. Nous avons très souvent l'habitude de considérer les preuves circonstancielles comme ayant moins de valeur que les preuves testimoniales, et il se peut que, lorsque les circonstances ne sont pas parfaitement claires et intelligibles, il s'agisse d'une sorte de preuve dangereuse et peu sûre ; mais il ne faut pas oublier que, dans de nombreux cas, la preuve circonstancielle est tout aussi concluante que la preuve testimoniale, et qu'il n'est pas rare qu'elle ait beaucoup plus de poids que la preuve testimoniale. Par exemple, prenons le cas que je viens de mentionner. Les preuves circonstancielles peuvent être meilleures et plus convaincantes que les preuves testimoniales ; car il peut être impossible, dans les conditions que j'ai définies, de supposer que l'homme a trouvé la mort pour une autre cause que le violent coup de hache brandi par un autre homme. Dans ce cas, les preuves circonstancielles en faveur de la commission d'un meurtre sont aussi complètes et convaincantes que peuvent l'être les preuves. Il s'agit d'une preuve qui ne laisse aucun doute ni aucune falsification. Mais le témoignage d'un témoin est sujet à de nombreux doutes. Il s'est peut-être trompé. Il a peut-être été motivé par la malveillance. Il arrive constamment que même un homme précis déclare qu'une chose s'est produite de telle ou telle manière, ou d'une autre manière, alors qu'une analyse minutieuse des preuves circonstancielles a montré que cela ne s'est pas produit de cette manière, mais d'une autre manière. .

Nous pouvons maintenant examiner les éléments de preuve en faveur ou contre les trois hypothèses. Permettez-moi d'abord d'attirer votre attention sur ce qu'il faut dire de l'hypothèse de l'éternité de l'état de choses dans lequel nous vivons actuellement. Ce qui vous frappera d'abord, c'est qu'il s'agit d'une hypothèse qui, qu'elle soit vraie ou fausse, ne peut être vérifiée par aucune preuve. Car, pour obtenir des preuves circonstancielles ou testimoniales suffisantes pour prouver l'éternité de la durée de l'état actuel de la nature, il faut avoir une éternité de témoins ou une infinité de circonstances, et aucune de celles-ci n'est réalisable. Il est absolument impossible que de telles preuves soient conservées au-delà d'une certaine période de temps ; et tout ce qu'on pourrait dire, tout au plus, c'est que, autant que l'on puisse retrouver les preuves, rien ne venait contredire l'hypothèse. Mais si vous examinez non pas les preuves testimoniales – qui, compte tenu de l'insignifiance relative de l'ancienneté des archives humaines, pourraient ne pas être d'une grande utilité dans ce cas – mais les preuves circonstancielles, vous constaterez alors que cette hypothèse est absolument incompatible. avec les preuves dont nous disposons ; qui est d'un caractère si clair et si simple qu'il est impossible d'échapper en aucune façon aux conclusions qu'il nous impose.

Vous savez sans doute tous que la substance extérieure de la terre, seule accessible à l'observation directe, n'est pas d'un caractère homogène, mais qu'elle est constituée d'un certain nombre de couches ou strates, titres des principaux groupes. dont sont placés sur le diagramme ci-joint. [68]Chacun de ces groupes représente un certain nombre de lits de sable, de pierre, d'argile, d'ardoise et de divers autres matériaux.

Un examen attentif révèle que les matériaux dont chacune de ces couches de roches plus ou moins dures est composée sont, pour la plupart, de la même nature que ceux qui se forment actuellement dans des conditions connues à la surface de la roche. La terre. Par exemple, la craie, qui constitue une grande partie de la formation du Crétacé dans certaines parties du monde, est pratiquement identique dans ses caractères physiques et chimiques à une substance qui se forme actuellement au fond de l'océan Atlantique et recouvre une zone énorme; d'autres couches de roches sont comparables aux sables qui constituent l'art ; se formant sur les bords de mer, regroupés, et ainsi de suite. Ainsi, en omettant les roches d'origine ignée, il est démontrable que tous ces lits de pierre, dont on connaît un total d'au moins soixante-dix mille pieds, ont été formés par des agents naturels, soit à partir des déchets et du lessivage de la terre sèche. , ou bien par l'accumulation d'exuvies de plantes et d'animaux. Beaucoup de ces strates regorgent de telles exuvies, appelées « fossiles ». Les restes de milliers d'espèces d'animaux et de plantes, aussi parfaitement reconnaissables que ceux des formes de vie existantes que l'on rencontre dans les musées, ou que les coquillages que l'on ramasse sur la plage, ont été incrustés dans les sables ou boues antiques, ou calcaires, tels qu'ils sont actuellement enchâssés dans des dépôts subaquatiques sableux, argileux ou calcaires. Ils nous fournissent un enregistrement, dont la nature générale ne peut être mal interprétée, du genre de choses qui ont vécu à la surface de la terre pendant le temps enregistré par cette grande épaisseur de roches stratifiées. Mais même une étude superficielle de ces fossiles nous montre que les animaux et les plantes qui vivent aujourd'hui n'ont eu qu'une durée temporaire ; car les restes de ces formes de vie modernes ne se rencontrent, pour la plupart, que dans les tertiaires supérieurs ou les plus récents, et leur nombre diminue rapidement dans les dépôts inférieurs de cette époque. Dans les tertiaires plus anciens, la place des animaux et des plantes existants est prise par d'autres formes, aussi nombreuses et diversifiées que celles qui vivent aujourd'hui dans les mêmes localités, mais plus ou moins différentes d'elles ; dans les roches mésozoïques, celles-ci sont remplacées par d'autres encore plus divergentes des types modernes ; et dans les formations paléozoïques, le contraste est encore plus marqué. Ainsi, les preuves circonstancielles rejettent absolument la conception de l'éternité de l'état actuel des choses. Nous pouvons dire avec certitude que l'état actuel des choses existe depuis une période relativement courte , et que, en ce qui concerne la nature animale et végétale, elle a été précédée d'une condition différente. Nous pouvons poursuivre ces preuves jusqu'à ce que nous atteignions la partie la plus basse des roches stratifiées, dans laquelle nous perdons complètement les indications de vie. L'hypothèse de l'éternité de l'état actuel de la nature peut donc être écartée.

Nous arrivons maintenant à ce que j'appellerai l'hypothèse de Milton : l'hypothèse selon laquelle l'état actuel des choses a duré relativement peu de temps ; et, au commencement de cette période, il existait en l'espace de six jours. Je ne doute pas que vous ayez été surpris que j'aie parlé de cela comme de l'hypothèse de Milton, plutôt que d'avoir choisi les termes les plus usuels, comme « la doctrine de la création » ou « la doctrine de la création ». Doctrine biblique », ou « doctrine de Moïse », toutes dénominations, appliquées à l'hypothèse à laquelle je viens de faire allusion, vous sont certainement beaucoup plus familières que le titre de l'hypothèse de Milton . Mais j'ai eu ce que je pense être des raisons très sérieuses pour suivre la voie que j'ai suivie. En premier lieu, j'ai écarté le titre de la doctrine de la « création », parce que mon affaire actuelle ne porte pas sur la question de savoir pourquoi les objets qui constituent la nature ont vu le jour, mais quand ils sont venus à l'existence et dans quel ordre. C'est une question aussi strictement historique que la question de savoir quand les Angles et les Jutes ont envahi l'Angleterre, et s'ils ont précédé ou suivi les Romains. Mais la question de la création est un problème philosophique qui ne peut être résolu, ni même abordé, par la méthode historique. Ce que nous voulons savoir, c'est si les faits, pour autant qu'ils soient connus, fournissent la preuve que les choses se sont produites de la manière décrite par Milton, ou si ce n'est pas le cas ; et, lorsque cette question sera réglée, il sera temps de rechercher les causes de leur origine.

En second lieu, je n'ai pas parlé de cette doctrine comme de la doctrine biblique. Il est tout à fait vrai que des personnes aussi diverses dans leurs vues générales que Milton le protestant et le célèbre père jésuite Suarez ont chacune donné au premier chapitre de la Genèse l'interprétation incarné dans le poème de Milton. Il est bien vrai que cette interprétation est celle qui a été inculquée à chacun de nous dans notre enfance ; mais je n'ose pas un seul instant dire qu'on puisse à juste titre l'appeler la doctrine biblique. Ce n'est pas mon affaire, et cela ne relève pas de ma compétence, de dire ce que fait le texte hébreu et ce qu'il ne signifie pas ; de plus, si je devais affirmer que telle est la doctrine biblique, je serais accueilli par l'autorité de nombreux savants éminents, sans parler des hommes de science qui, à diverses époques, ont absolument nié l'existence d'une telle doctrine. dans la Genèse. Si nous devons écouter de nombreux exposants d'une grande autorité, nous devons croire que ce qui semble si clairement défini dans la Genèse – comme si de très grands soins avaient été pris pour qu'il n'y ait aucune possibilité d'erreur – n'est pas le sens du texte au fond. tous. Le compte est divisé en périodes que nous pouvons rendre aussi longues ou courtes que cela nous convient. Nous devons également comprendre qu'il est cohérent avec le texte original de croire que les plantes et les animaux les plus complexes peuvent avoir évolué par des processus naturels, durant des millions d'années, à partir de rudiments sans structure. Quiconque n'est pas un érudit en hébreu ne peut que rester à l'écart et admirer la merveilleuse flexibilité d'une langue qui se prête à des interprétations si diverses. Mais assurément, face à de telles contradictions d'autorité sur des questions sur lesquelles il est incapable de former un jugement, il s'abstiendra, comme moi, de donner une opinion.

En troisième lieu, je me suis soigneusement abstenu de parler de cela comme de la doctrine mosaïque, parce que nous sommes maintenant assurés, sous l'autorité des plus hauts critiques, et même des dignitaires de l'Église, qu'il n'y a aucune preuve que Moïse a écrit le Livre de Genesis, ou en savait quelque chose. Vous comprendrez que je ne porte aucun jugement — ce serait une impertinence de ma part de proposer ne serait-ce qu'une suggestion — sur un tel sujet. Mais, étant donné l'état de l'opinion parmi les savants et le clergé, il est bon que ceux qui ne connaissent pas la tradition hébraïque et les laïcs évitent de s'empêtrer dans une question aussi épineuse. Heureusement, Milton ne nous laisse aucune excuse pour douter de ce qu'il veut dire, et je peux donc parler en toute sécurité de l'opinion en question comme de l'hypothèse de Milton.

Il nous reste maintenant à tester cette hypothèse. Pour ma part, je n'ai aucun préjugé dans un sens ou dans l'autre. S'il existe des preuves en faveur de ce point de vue, je n'ai aucune difficulté théorique à l'accepter : mais il doit y avoir des preuves. Les scientifiques ont la fâcheuse habitude – non, je ne l'appellerai pas ainsi, car c'est une habitude précieuse – de ne rien croire à moins qu'il n'y ait des preuves de cela ; et ils ont une façon de considérer les croyances qui ne sont pas fondées sur des preuves, non seulement comme illogiques, mais aussi immorales. Nous allons, s'il vous plaît, tester ce point de vue par les seules preuves circonstancielles ; car, d'après ce que j'ai dit, vous comprendrez que je n'ai pas l'intention de discuter la question de savoir quelle preuve testimoniale doit être présentée en sa faveur. Si ceux dont la tâche est de juger ne sont pas d'accord sur l'authenticité de la seule preuve de ce genre qui est présentée, ni sur les faits dont elle témoigne, la discussion de cette preuve est superflue.

Mais il m'est permis de regretter d'autant moins cette nécessité de rejeter la preuve testimoniale, que l'examen des preuves circonstancielles conduit à la conclusion, non seulement qu'il est incompétent pour justifier l'hypothèse, mais que, dans la mesure où elle va, elle est contraire à l'hypothèse.

Les considérations sur lesquelles je fonde cette conclusion sont des plus simples possibles. L'hypothèse de Miltonic contient des affirmations d'un caractère très précis relatives à la succession des formes vivantes. On affirme que les plantes, par exemple, faisaient leur apparition le troisième jour, et pas avant. Et vous comprendrez que ce que le poète entend par plantes, ce sont les plantes qui vivent aujourd'hui, les ancêtres, selon la manière ordinaire de propagation de semblable à semblable, des arbres et des arbustes qui fleurissent dans le monde actuel. Il doit en être ainsi ; car, si elles étaient différentes, ou bien les plantes existantes ont été le résultat d'une origine distincte depuis celle décrite par Milton, dont nous n'avons aucune trace, ni aucune raison de supposer qu'un tel événement ait eu lieu ; ou bien ils sont nés d'un processus d'évolution à partir des stocks originaux.

En deuxième lieu, il est clair qu'il n'y avait pas de vie animale avant le cinquième jour, et que, le cinquième jour, apparurent des animaux aquatiques et des oiseaux. Et. il est clair en outre que les êtres vivants terrestres, autres que les oiseaux, ont fait leur apparition le sixième jour, et non avant. Il s'ensuit que si, dans la grande masse de preuves circonstancielles sur ce qui s'est réellement passé dans l'histoire passée du globe, nous trouvons des indications de l'existence d'animaux terrestres, autres que les oiseaux, à une certaine période, il est il est parfaitement certain que tout ce qui s'est passé depuis lors doit être rapporté au sixième jour.

Dans la grande formation carbonifère, d'où l'Amérique tire une si grande proportion de sa richesse actuelle et potentielle, dans les couches de charbon qui ont été formées à partir de la végétation de cette époque, nous trouvons d'abondantes preuves de l'existence d'animaux terrestres. Ils ont été décrits non seulement par des naturalistes européens, mais par vos propres naturalistes. On y retrouve de nombreux insectes alliés à nos blattes. On y trouve des araignées et des scorpions de grande taille, ces derniers si semblables aux scorpions existants qu'il faut l'œil exercé du naturaliste pour les distinguer. Dans la mesure où il est prouvé que ces animaux étaient vivants à l'époque carbonifère, il est parfaitement clair que, si l'on doit accepter le récit de Milton, l'énorme masse de roches s'étendant du milieu des formations paléozoïques jusqu'aux membres supérieurs de la série, doit appartenir au jour que Milton appelle le sixième. Mais de plus, il est expressément déclaré que les animaux aquatiques sont nés le cinquième jour, et non avant ; par conséquent, toutes les formations dans lesquelles il peut être prouvé qu'il existe des restes d'animaux aquatiques, et qui témoignent donc que de tels animaux vivaient à l'époque où ces formations étaient en cours de dépôt, doivent avoir été déposées pendant ou depuis la période dont parle Milton comme le cinquième. Mais il n'existe absolument aucune formation fossilifère dans laquelle les restes d'animaux aquatiques soient absents. Les fossiles les plus anciens des roches siluriennes [70] sont des exuvies d'animaux marins ; et si l'opinion du principal Dawson et du Dr Carpenter concernant la nature de l' *éozoôn* est fondée, les animaux aquatiques existaient à une époque aussi antérieure au dépôt du charbon que le charbon l'est de chez nous ; dans la mesure où l' *éozoôn* se rencontre dans les couches laurentiennes qui se trouvent au fond de la série de roches stratifiées. Il s'ensuit clairement que toute la série de roches stratifiées, si l'on veut les mettre en harmonie avec Milton, doit être rapportée aux cinquième et sixième jours, et que nous ne pouvons espérer trouver la moindre trace des produits de les premiers jours dans les archives géologiques. Lorsque nous considérons ces simples faits, nous voyons à quel point les tentatives qui ont été faites pour établir un parallèle entre l'histoire racontée par la majeure partie de la croûte terrestre que nous connaissons et l'histoire racontée par Milton sont absolument futiles. Toute la série des roches stratifiées fossilifères doit être rapportée aux deux derniers jours ; et ni le Carbonifère, ni aucune autre formation ne peut fournir de preuve du travail du troisième jour.

Non seulement il y a cette objection à toute tentative d'établir une harmonie entre le récit de Miltonic et les faits enregistrés dans les roches fossilifères, mais il existe une autre difficulté. D'après le récit de Miltonic, l'ordre dans lequel les animaux auraient dû faire leur apparition dans les roches stratifiées serait le suivant : les poissons, y compris les grandes baleines, et les oiseaux ; après eux, toutes les variétés d'animaux terrestres, sauf les oiseaux. Rien ne pourrait être plus éloigné des faits tels que nous les trouvons ; nous ne connaissons pas la moindre preuve de l'existence d'oiseaux avant la formation du Jurassique, ou peut-être du Trias ; [71] tandis que les animaux terrestres, comme nous venons de le voir, se rencontrent dans les roches carbonifères.

S'il y avait une quelconque harmonie entre le récit de Milton et les preuves circonstancielles, nous devrions avoir des preuves abondantes de l'existence d'oiseaux dans les roches du Carbonifère, du Dévonien et du Silurien. Inutile de dire que ce n'est pas le cas et qu'aucune trace d'oiseaux ne fait son apparition avant la période ultérieure de Tar que j'ai mentionnée.

Et encore, s'il est vrai que toutes les variétés de poissons et les grandes baleines, etc., ont fait leur apparition le cinquième jour, nous devrions trouver les restes de ces animaux dans les roches les plus anciennes, dans celles qui ont été déposées avant le jour. Époque carbonifère. Nous trouvons des poissons en nombre et en variété considérables ; mais les grandes baleines sont absentes et les poissons ne sont plus ceux qui vivent aujourd'hui. Aucune espèce solitaire de poisson n'existe actuellement dans les formations du Dévonien ou du Silurien. Nous voici donc de nouveau confrontés au dilemme que je vous ai déjà posé : ou bien les animaux qui sont apparus le cinquième jour n'étaient pas tels que ceux que l'on trouve aujourd'hui, ou bien ils ne sont pas les ancêtres directs et immédiats de ceux qui existent aujourd'hui. ; auquel cas, ou bien de nouvelles créations dont rien n'est dit, ou bien un processus d'évolution doit s'être produit ; ou bien l'histoire entière doit être abandonnée, non seulement comme étant dépourvue de toute preuve circonstancielle, mais comme contraire aux preuves qui existent.

J'ai présenté devant vous, en quelques mots, il y a peu de temps, un exposé de la somme et de la substance de l'hypothèse de Milton. Permettez-moi maintenant d'essayer d'énoncer aussi brièvement l'effet des preuves circonstancielles portant sur l'histoire passée de la terre qui sont fournies, sans possibilité d'erreur, sans aucune chance d'erreur quant à ses principales caractéristiques, par les roches stratifiées. Ce que nous constatons, c'est que la grande série de formations représente une période de temps dont nos chronologies humaines nous fournissent à peine une unité de mesure. Je n'aurai pas la prétention de dire comment il faut estimer ce temps, en millions ou en milliards d'années. Pour moi, la détermination de sa durée absolue n'est absolument pas essentielle. Mais il ne fait aucun doute que le temps a été énorme.

Il résulte des méthodes d'interprétation les plus simples qu'en laissant hors de vue certaines parcelles de roches métamorphisées et certains produits volcaniques, tout ce qui est aujourd'hui terre ferme a été autrefois au fond des eaux. Il est parfaitement certain qu'à une période relativement récente de l'histoire du monde — l'époque du Crétacé — aucun des grands traits physiques qui marquent aujourd'hui la surface du globe n'existait. Il est certain que ce n'était pas le cas des Montagnes Rocheuses. Il est certain que les montagnes de l'Himalaya ne l'étaient pas. Il est certain que les Alpes et les Pyrénées n'existaient pas. La preuve est du caractère le plus clair possible, et est simplement la suivante : — Nous trouvons dressées sur les flancs de ces montagnes, élevées par les forces de soulèvement qui les ont provoquées, des masses de roches du Crétacé qui formaient le fond de la mer. avant que ces montagnes n'existent. Il est donc clair que les forces élévatrices qui ont donné naissance aux montagnes ont opéré postérieurement à l'époque du Crétacé ; et que les montagnes elles-mêmes sont en grande partie constituées de matériaux déposés dans la mer qui occupaient autrefois leur place. En remontant le temps, nous rencontrons des alternances constantes de mer et de terre, d'estuaire et d'océan ouvert ; et, en correspondance avec ces alternances, nous observons les changements de la faune et de la flore auxquels j'ai fait allusion.

Mais l'examen de ces changements ne nous donne pas le droit de croire qu'il y ait eu une quelconque discontinuité dans les processus naturels. Il n'y a aucune trace de cataclysmes généraux, de déluges universels, ni de destructions soudaines de toute une faune ou d'une flore. Les apparences qui étaient autrefois interprétées de cette manière se sont toutes révélées illusoires, à mesure que nos connaissances se sont accrues et que les espaces qui semblaient autrefois exister entre les différentes formations ont été comblés. Qu'il n'y a pas de rupture absolue entre formation et formation, qu'il n'y a pas eu de disparition soudaine de toutes les formes de vie et de leur remplacement par d'autres, mais que les changements se sont produits lentement et progressivement, qu'un type s'est éteint et qu'un autre a disparu. a pris sa place, et qu'ainsi, par degrés insensibles, une faune a été remplacée par une autre, sont des conclusions renforcées par des preuves sans cesse croissantes. De sorte que, dans toute l'immense période indiquée par les roches stratifiées fossilifères, il n'y a assurément pas la moindre preuve d'une rupture dans l'uniformité des opérations de la nature, aucune indication que les événements se soient succédés autre qu'une séquence claire et ordonnée.

C'est, dis-je, l'enseignement naturel et évident des preuves circonstancielles contenues dans les roches stratifiées. Je vous laisse considérer jusqu'à quel point, par une ingéniosité d'interprétation, par un étirement quelconque du sens du langage, il peut être mis en harmonie avec l'hypothèse de Milton.

Reste la troisième hypothèse, celle dont j'ai parlé comme de l'hypothèse de l'évolution ; et je me propose que, dans les conférences à venir, nous en discutions avec autant de soin que nous avons examiné les deux autres hypothèses. Je n'ai pas besoin de dire qu'il est tout à fait désespéré de rechercher des preuves testimoniales de l'évolution. La nature même du cas exclut la possibilité d'une telle preuve, car on ne peut pas plus attendre de la race humaine qu'elle témoigne de sa propre origine, pas plus qu'un enfant ne peut être présenté comme témoin de sa propre naissance. Notre seule question est de savoir quel fondement les preuves circonstancielles donnent à l'hypothèse, ou si elles n'en prêtent aucun, ou si elles contredisent l'hypothèse. Je traiterai cette question entièrement comme une question d'histoire. Je ne me lancerai pas dans une discussion sur des probabilités spéculatives. Je n'essaierai pas de montrer que la nature est inintelligible à moins d'adopter une telle hypothèse. Pour tout ce que je sais à ce sujet, la nature est peut-être inintelligible ; elle est souvent déroutante, et je n'ai aucune raison de supposer qu'elle soit obligée de s'adapter à nos idées.

Je présenterai devant vous trois sortes de preuves entièrement basées sur ce que l'on sait des formes de vie animale contenues dans la série de roches stratifiées. Je vais m'efforcer de vous montrer qu'il existe un type de preuve qui est neutre, qui n'aide pas l'évolution ni n'est incompatible avec elle. J'avancerai ensuite un deuxième type de preuves qui indiquent une forte probabilité en faveur de l'évolution, mais ne la prouvent pas ; et, enfin, j'apporterai un troisième type de preuves qui, étant aussi complètes que toutes les preuves que nous pouvons espérer obtenir sur un tel sujet, et étant entièrement et remarquablement en faveur de l'évolution, peuvent à juste titre être qualifiées de preuves démonstratives de son apparition. .

LA TRANSMISSION DE LA FIÈVRE JAUNE PAR LES MOUSTIQUES

GEORGE M STERNBERG, MD, LLD, CHIRURGIEN GÉNÉRAL DE L'ARMÉE AMÉRICAINE [22]

Cet article est une démonstration scientifique d'un fait nouveau. Il montre clairement les processus de raisonnement scientifique basés sur les méthodes connues de la logique sous le nom de méthodes d'accord et de différence. La théorie selon laquelle les germes de la maladie sont transportés par les moustiques semble s'être d'abord imposée au Dr Sternberg et au Dr Finlay en remarquant une similitude des phénomènes dans de nombreux cas et dans des conditions différentes. Pourtant, si plausible que soit la théorie, aucun d'eux ne pouvait déclarer avoir découvert le fait avant que les expériences menées avec de rigoureuses précautions n'aient été tentées. Par ces expériences, toutes les autres causes ont été écartées.

Les découvertes faites au cours des vingt-cinq dernières années en ce qui concerne l'étiologie [73] des maladies infectieuses constituent la plus grande réussite de la médecine scientifique et fournissent une base substantielle pour l'application de mesures intelligentes de prophylaxie. [74] On connaît la cause spécifique (« germe ») de la fièvre typhoïde, de la phtisie pulmonaire, du choléra, de la diphtérie, de l'érysipèle, de la pneumonie croupeuse, des fièvres paludéennes et de diverses autres maladies infectieuses de l'homme et des animaux domestiques. , mais, jusqu'à présent, tous les efforts visant à découvrir le germe de la fièvre jaune ont été vains. L'auteur du présent article, en tant que membre de la Commission de La Havane contre la fièvre jaune, a fait en 1879 la première tentative systématique de résoudre les questions non résolues relatives à l'étiologie de la fièvre jaune par des méthodes de recherche modernes.

Naturellement, la première et la plus importante question qui retint mon attention fut celle relative à l'agent infectieux spécifique, ou « germe », dont il y avait toutes les raisons de croire qu'il devait se trouver dans le corps des individus infectés. Ce germe était-il présent dans le sang, comme dans le cas d'une fièvre récurrente ? ou bien se trouvait-il dans les organes et les tissus qui, après une autopsie, révèlent des changements pathologiques, comme dans la fièvre typhoïde, la pneumonie et la diphtérie ; ou bien se trouvait-il dans le tube digestif, comme dans le choléra et la dysenterie ? L'histoire clinique de la maladie indiquait une infection générale du sang. Comme mon équipement comprenait le meilleur appareil microscopique fabriqué, j'avais de grands espoirs que, dans des préparations correctement colorées de sang prélevé dans la circulation de patients atteints de fièvre jaune, mon objectif à immersion dans l'huile Zeiss 1-18 me révélerait le germe que je cherchais. Mais j'étais voué à la déception. Des examens répétés du sang de patients à tous les stades de la maladie n'ont pas permis de démontrer la présence de micro-organismes de quelque nature que ce soit. Mes enquêtes ultérieures à La Havane, Vera Cruz et Rio de Janeiro, faites en 1887, 1888 et 1889, furent également infructueuses. Et de nombreux microscopistes compétents de diverses nations ont depuis lors recherché en vain ce germe insaisissable. Une autre méthode pour s'attaquer à ce problème consiste à introduire du sang provenant de malades de la fièvre jaune ou de cadavres récents dans divers « milieux de culture » afin de cultiver tout germe qui pourrait être présent. Des recherches approfondies de ce type ont également donné un résultat négatif, que j'ai déclaré dans mon rapport final comme suit :

La cause spécifique de la fièvre jaune n'a pas encore été démontrée.

Il est démontré que les micro-organismes, capables de se développer dans les milieux de culture habituellement employés par les bactériologistes, ne sont retrouvés dans le sang et les tissus des cadavres de fièvre jaune que dans des cas exceptionnels, lorsque les cultures sont réalisées très peu de temps après la mort.

Depuis la publication de ce rapport, divers chercheurs se sont attaqués à la question de l'étiologie de la fièvre jaune, et l'un d'eux a fait des déclarations très positives sur la découverte du germe spécifique. Je fais référence au bactériologiste italien Sanarelli . Ses recherches furent faites au Brésil, et, chose singulière, il trouva dans le sang du premier cas examiné un bacille. Il était présent en grand nombre, mais ce cas s'est avéré unique, car ni Sanarelli ni personne d' autre ne l'a fait depuis ; je l'ai trouvé en si grande abondance. Il a été retrouvé en faible quantité dans le sang et les tissus des cadavres de fièvre jaune dans un certain nombre de cas examinés. Mais des recherches soigneusement menées par des bactériologistes compétents n'ont pas réussi à démontrer sa présence dans une proportion considérable de cas, et les recherches récentes de Reed, Carroll et Agramonte , auxquelles je parlerai bientôt, démontrent de manière concluante que le bacille de Sanarelli n'a rien à voir avec le bacille de Sanarelli . à voir avec l'étiologie de la fièvre jaune.

À ma connaissance, le Dr Carlos Finlay, de La Havane, à Cuba, a été le premier à suggérer la transmission de la fièvre jaune par les moustiques. Dans une communication faite à l'Académie des Sciences de La Havane, en octobre 1881, il rendit compte de ses premières tentatives pour démontrer la vérité de sa théorie. Dans un article publié dans *le Edinburgh Medical Journal* en 1894, le Dr Finlay donne un résumé de ses inoculations expérimentales jusqu'à cette date comme suit :

Un compte rendu résumé des expériences effectuées par moi-même (et quelques-unes aussi par mon ami le Dr Delgado), au cours des douze dernières années, permettra au lecteur d'en juger par lui-même. L'expérience a consisté à appliquer d'abord un moustique captif sur un malade de la fièvre jaune, en lui permettant d'introduire sa lance et de se remplir de sang , puis, après un intervalle de deux jours ou plus, appliquer le même moustique sur la peau d'une personne considérée comme sensible à la fièvre jaune ; et enfin, observer les effets, non seulement pendant les deux premières semaines, mais pendant des périodes de plusieurs jours. années, afin d'apprécier le degré d'immunité qui devrait en découler.

Entre le 30 juin 1881 et le 2 décembre 1893, quatre-vingt-huit personnes ont été ainsi vaccinées. Tous étaient des adultes blancs, réunissant les conditions qui justifient l'hypothèse qu'ils étaient sensibles à la fièvre jaune. Trois seulement étaient des femmes. La répartition chronologique des inoculations était la suivante : sept en 1881, dix en 1883, neuf en 1885, trois en 1886, douze en 1887, neuf en 1888, sept en 1889, dix en 1890, huit en 1891, trois en 1892, et dix en 1893.

Les malades de la fièvre jaune sur lesquels les moustiques ont été contaminés étaient, presque dans tous les cas, des cas bien marqués de formes albuminuriques ou mélanoalbuminuriques , au deuxième, troisième, quatrième, cinquième ou sixième jour de la maladie. Chez certains sujets sensibles, l'inoculation a été répétée lorsque la source de la contamination semblait incertaine.

Parmi les quatre-vingt-sept qui ont été observés, les résultats suivants ont été enregistrés :

En quelques jours, variant entre cinq et vingt-cinq jours après l'inoculation, *l'un* présenta une légère crise albuminurique , et *treize, seulement* des « fièvres d'acclimatation ».

Alors que la théorie de Finlay semblait plausible et pouvait expliquer de nombreux faits relatifs à l'étiologie de la fièvre jaune, ses inoculations expérimentales non seulement n'ont pas réussi à lui apporter un soutien substantiel, mais les résultats négatifs, tels qu'ils ont été rapportés par lui-même, semblaient être en contradiction avec la théorie de Finlay. l'opinion selon laquelle la fièvre jaune est transmise par le moustique. Il est vrai qu'il rapporte un cas qui « présenta une légère crise albuminurique » que l'on peut considérer comme une crise de fièvre jaune. Mais étant donné que ce cas s'est produit dans la ville de La Havane, où la fièvre jaune est endémique, et que parmi les quatre-vingt-six résultats négatifs obtenus avec des vaccinations similaires, il semble justifié de conclure que dans ce cas la maladie a été contractée d'une autre manière. plutôt qu'à la suite de ce qu'on appelle « l'inoculation des moustiques ». Les treize cas dans lesquels seules des « fièvres d'acclimatation » sont survenues « dans un délai variant entre cinq et vingt-cinq jours après l'inoculation » ne m'ont pas semblé avoir aucune valeur pour étayer la théorie de Finlay ; Premièrement, parce que ces « fièvres d'acclimatation » n'ont pas pu être identifiées comme des cas bénins de fièvre jaune ; deuxièmement, parce que la méthode ordinaire d'incubation de la fièvre jaune dure moins de cinq jours ; et troisièmement, parce que ces individus, récemment arrivés à La Havane, étaient sujets à des crises de fièvre jaune, ou de « fièvre d'acclimatation », du fait de leur résidence dans cette ville et tout à fait indépendamment des vaccinations contre les moustiques du Dr

Finlay. Pour ces raisons, les expériences du Dr Finlay n'ont pas réussi à convaincre le corps médical en général de la véracité de sa théorie relative à la transmission de la fièvre jaune, et cette question importante est restée incertaine et sujette à controverse. Certains considéraient la maladie comme personnellement contagieuse et supposaient qu'elle se transmettait directement du malade au puits, comme dans le cas d'autres maladies contagieuses, comme la variole, la scarlatine, etc. À cette théorie s'opposait le fait que dans d'innombrables il est arrivé que des personnes non immunisées soignent des patients atteints de la fièvre jaune en tant qu'infirmières ou médecins, sans contracter la maladie ; aussi le fait que l'extension épidémique de la maladie dépend des conditions extérieures liées à la température, à l'altitude, aux précipitations, etc. Il est bien établi que la maladie s'arrête par le froid et ne prévaut pas sous les latitudes septentrionales ni à des altitudes considérables. . Mais les maladies qui se transmettent directement d'homme à homme par contact personnel ne connaissent pas de telles limitations. La théorie alternative tenait compte des faits mentionnés ci-dessus et supposait que la maladie se transmettait indirectement du malade au bien-être, comme c'est le cas de la fièvre typhoïde et du choléra, et que son germe était capable de se développer à l'extérieur du corps humain lorsque les conditions étaient réunies. favorable. On pensait que ces conditions étaient une certaine élévation de la température, la présence d'humidité et des conditions appropriées ; pabulum organique (saleté) pour le développement du germe. Les deux premières conditions étaient réputées essentielles, la troisième était sujette à controverse.

Les épidémies de fièvre jaune ne surviennent pas pendant les mois d'hiver dans la zone tempérée et elles ne surviennent pas dans les régions arides. Comme les épidémies ont souvent sévi dans des villes côtières connues pour être dans des conditions insalubres, il a été généralement admis que la présence de matières organiques en décomposition était favorable au développement d'une épidémie et que, comme la fièvre typhoïde et le choléra, la fièvre jaune était une " maladie de la saleté." Toutefois, à l'opposé de ce point de vue, des épidémies se sont produites fréquemment dans des localités (par exemple dans des postes militaires) où l'on ne trouvait aucune situation locale insalubre. En outre, il existe des différences marquées en ce qui concerne la transmission des maladies connues comme la fièvre typhoïde et le choléra, ainsi que la fièvre jaune. Les premières maladies mentionnées se propagent en grande partie par le biais d'un approvisionnement en eau contaminé, alors que rien ne prouve que la fièvre jaune se transmette de cette manière. La fièvre typhoïde et le choléra prévalent dans toutes les régions du monde et peuvent survenir à n'importe quelle saison de l'année, bien que le choléra soit généralement une maladie des mois d'été. En revanche, la fièvre jaune a une zone de prévalence très restreinte et est essentiellement une maladie des villes côtières et des climats chauds. De toute évidence, aucune des théories évoquées ne rend compte de tous les faits observés en ce qui concerne la prévalence endémique et l'extension épidémique de la maladie considérée.

Ayant longuement réfléchi à ce sujet pendant des années, j'ai été depuis quelque temps impressionné par l'idée selon laquelle, probablement, dans la fièvre jaune, comme dans les fièvres paludéennes, il existe un « hôte intermédiaire ». J'ai donc suggéré au Dr Reed, président du conseil nommé sur ma recommandation pour l'étude de cette maladie dans l'île de Cuba, d'accorder une attention particulière à la possibilité de transmission par quelque insecte, bien que les expériences de Finlay semblaient montrent que cet insecte n'était pas un moustique du genre *Culex*, tel qu'il l'avait utilisé dans ses expériences d'inoculation. J'ai également insisté pour que des efforts soient faits pour déterminer avec certitude si la maladie peut être transmise d'homme à homme par des inoculations sanguines. Il est évident que si tel est le cas, le sang doit contenir l'agent infectieux vivant dont dépend la propagation de la maladie, même si toutes les tentatives visant à démontrer la présence d'un tel germe dans le sang, au moyen de méthodes de microscope et de culture, ont échoué. s'est révélé inefficace. J'avais déjà démontré par des expériences répétées que l'inoculation de sang de fièvre jaune à des animaux inférieurs - chiens, lapins, cobayes - donnait un résultat négatif, mais ce résultat négatif pourrait bien être dû au fait que ces animaux n'étaient pas sensibles à la maladie et ne pouvaient pas être acceptés. comme montrant que le germe de la fièvre jaune n'était pas présent dans le sang. Une seule expérience d'inoculation sur l'homme avait été faite en ma présence dans la ville de Vera Cruz, en 1887, par le docteur Daniel Ruiz, qui était responsable de l'hôpital civil de cette ville. Mais cette expérience n'a pas été concluante, car le malade dont on a prélevé le sang était au huitième jour de la maladie, et il était fort possible que le germe spécifique ait pu être présent plus tôt et qu'après un certain nombre de jours Aujourd'hui, les ressources naturelles du corps sont suffisantes pour opérer sa destruction, ou en quelque sorte pour le faire disparaître de la circulation.

Telle était la situation de la question de l'étiologie de la fièvre jaune lorsque le Dr Reed et ses associés commencèrent leurs investigations à Cuba au cours de l'été 1900. Dans une « note préliminaire », lue lors de la réunion de l'American Public Health Association, le 22 octobre, En 1900, le comité rendit compte de trois cas de fièvre jaune qu'il croyait être le résultat direct d'inoculations de moustiques. Deux d'entre eux étaient membres du conseil d'administration, à savoir le Dr Jesse W. Lazear et le Dr James Carroll, qui se sont volontairement soumis à l'expérience. Le Dr Carroll a subi une grave crise de maladie et s'est rétabli, mais le Dr Lazear a été victime de son enthousiasme et est mort pour la cause de la science et de l'humanité. Son décès est survenu le 25 septembre, après une maladie de six jours. À peu près au même moment, neuf autres individus volontaires pour l'expérience ont été piqués par des moustiques infectés, c'est-à-dire par des moustiques qui avaient auparavant pu se remplir de sang provenant de cas de fièvre jaune, et dans ces cas, le résultat s'est révélé négatif. En considérant les preuves expérimentales obtenues jusqu'à présent, l'attention des membres du comité a été attirée par le fait que dans les neuf inoculations avec un résultat négatif "le temps s'écoulant entre la piqûre du moustique et l'inoculation du sujet sain variait en sept cas de deux à huit jours, et dans les deux autres de dix à treize jours, alors que dans deux des trois cas réussis, le moustique avait été gardé douze jours ou plus. Dans le troisième cas, celui du Dr Lazear, les faits sont exposés comme suit dans le rapport de la commission :

Cas 3. Le Dr Jesse W. Lazear, chirurgien adjoint par intérim de l'armée américaine, membre de ce conseil, a été piqué le 16 août 1900 (cas 3, tableau III) par un moustique (Culex fasciatus), qui avait été piqué dix jours *auparavant* . contaminé par piqûre d'un cas très bénin de fièvre jaune (cinquième jour). Aucun trouble appréciable de la santé n'a suivi cette inoculation.

Le 13 septembre 1900 (avant-midi), le Dr Lazear, lors d'une visite à l'hôpital Las Animas et lors d'une collecte de sang auprès de patients atteints de fièvre jaune pour étude, a été piqué par un moustique Culex (variété indéterminée) . Comme le Dr Lazear avait déjà été piqué sans séquelles par un insecte contaminé, il a délibérément laissé ce moustique, qui s'était posé sur le dos de sa main, rester jusqu'à ce qu'il ait satisfait sa faim.

Le soir du 18 septembre, cinq jours après la morsure, le Dr Lazear s'est plaint de se sentir « de mauvaise humeur » et a eu un frisson à 20 heures.

Le 19 septembre, à midi, sa température était de 102,4°, son pouls était de 112 ; ses yeux étaient injectés et son visage imprégné ; à 15 heures, la température était de 103,4°, le pouls était de 104 ; 18h, température 103,8° et pouls 106 ; de l'albumine est apparue dans les urines. La jaunisse est apparue le troisième jour. L'histoire ultérieure de ce cas fut celle d'une fièvre jaune progressive et mortelle, la mort de notre tant déploré collègue étant survenue dans la soirée du 25 septembre 1900.

Évidemment, dans ce cas, les preuves ne sont pas satisfaisantes quant à l'attaque mortelle résultant de la piqûre d'un moustique "lors d'une visite à l'hôpital Las Animas", même si le Dr Lazear lui-même était profondément convaincu que c'était la cause directe de son accident. attaque.

La conclusion du Dr Reed et de ses associés, à partir des expériences faites jusqu'à présent, était que la fièvre jaune pourrait exister ; transmis par des moustiques du genre *Culex* , mais que pour transmettre l'infection à un individu non immunisé, l'insecte doit être gardé pendant douze jours ou plus après s'être rempli de sang provenant d'un patient atteint de fièvre jaune aux premiers stades de la maladie. En d'autres termes, qu'il faut une certaine période d'incubation dans le corps de l'insecte avant que le germe n'atteigne ses glandes salivaires, et par conséquent avant qu'il puisse inoculer à tout individu les germes de la fièvre jaune. Cette conclusion, basée sur des données expérimentales, a été confortée par d'autres observations, faites à plusieurs reprises, à propos de l'introduction et de la propagation de la fièvre jaune dans des localités favorables à sa propagation. Lorsqu'un cas est importé dans l'une de nos villes portuaires du sud, de La Havane, de Vera Cruz ou de tout autre foyer endémique de la maladie, un intervalle de deux semaines ou plus s'écoule avant que des cas secondaires ne se développent à la suite d'une telle importation. À la lumière de nos connaissances actuelles, cela est facilement compréhensible. Un certain nombre de moustiques s'étant remplis du sang de ce premier cas après un intervalle de douze jours ou plus piquent des individus non immuns vivant dans le voisinage, et ces individus après une brève période d'incubation tombent malades de la maladie ; étant piqués par d'autres moustiques, ils servent à transmettre la maladie à d'autres encore par l'intermédiaire de « l'hôte intermédiaire ». Ainsi l'épidémie s'étend, d'abord lentement de maison en maison, puis plus rapidement, comme par progression géométrique.

On verra que la différence essentielle entre les expériences réussies du conseil d'administration dont le Dr Reed est président et les expériences infructueuses de Finlay réside dans le temps pendant lequel les moustiques ont été gardés après s'être remplis de sang provenant d'un patient atteint de fièvre jaune. . Dans les expériences de Finlay, l'intervalle était généralement court, de deux à cinq ou six jours, et on notera que dans les expériences de Reed et de ses associés, le résultat était invariablement négatif lorsque l'insecte avait été gardé moins de huit jours (7 cas).

Après avoir obtenu ce qu'ils considéraient comme une preuve satisfaisante que la fièvre jaune est transmise par les moustiques, le Dr Reed et ses associés ont étendu leurs expériences dans le but d'établir le fait d'une manière si positive que la profession médicale et le monde scientifique en général pourraient être convaincus. de la fiabilité des preuves expérimentales sur lesquelles se fondaient leurs conclusions. Ces conclusions, qui ont été pleinement justifiées par leurs expériences ultérieures, ont été énoncées dans leur « Note préliminaire » comme suit :

1. Bacillus icteroides (Sanarelli) n'a aucun lien causal avec la fièvre jaune, mais, lorsqu'il est présent, il doit être considéré comme un envahisseur secondaire dans cette maladie.

2. Le moustique sert d'hôte intermédiaire au parasite de la fièvre jaune.

Dans "Une note complémentaire" lue au Congrès médical panaméricain tenu à La Havane, Cuba, les 4 et 7 février 1901, un rapport est fait sur les autres expériences réalisées jusqu'à cette date. Afin que la valeur scientifique absolue de ces expériences puisse être pleinement appréciée, je citerai assez librement ce rapport en référence aux méthodes adoptées dans le but d'exclure toutes les sources d'infection autres que l'inoculation des moustiques :

Afin d'exercer un contrôle parfait sur les déplacements des individus qui devaient être soumis à l'expérimentation et d'éviter toute autre source possible d'infection, un emplacement a été choisi dans un champ ouvert et inculte, à environ un mille de la ville de Quemados . Cuba. Ici, une station sanitaire expérimentale a été établie sous le contrôle total du membre le plus ancien de ce conseil. Cette station a été nommée Camp Lazear, en l'honneur de notre défunt collègue, le Dr Jesse W. Lazear, chirurgien adjoint par intérim aux États-Unis, décédé de la fièvre jaune, alors qu'il enquêtait courageusement sur les causes de cette maladie. Le site choisi était bien drainé, librement exposé au soleil et aux vents et, à tous points de vue, satisfaisant aux fins prévues.

Le personnel de ce camp était composé de deux médecins, le Dr Roger P. Ames, chirurgien adjoint par intérim des États-Unis, immunisé, en charge immédiate ; Dr RP Cooke, chirurgien adjoint par intérim aux États-Unis, non immunisé ; un steward hospitalier par intérim, un immunisé ; neuf soldats du corps hospitalier, dont un immunisé, et un ambulancier immunisé.

Pour le cantonnement de ce détachement et des individus non immuns qui devaient être reçus pour des expériences, des tentes-hôpitaux, correctement recouvertes de sols, ont été fournies. Ceux-ci étaient placés à une distance d'environ vingt pieds les uns des autres et numérotés respectivement de 1 à 7.

Le camp Lazear a été créé le 20 novembre 1900 et, à partir de cette date, il a été strictement mis en quarantaine, personne n'étant autorisé à sortir ou à entrer dans le camp, à l'exception des trois membres immunisés du détachement et des membres du conseil d'administration. Les fournitures provenaient principalement de la caserne Columbia et, à cette fin, un véhicule placé sous le contrôle d'un intendant d'hôpital agissant de manière immunitaire et ayant un conducteur immunisé a été utilisé.

Quelques immigrants espagnols récemment arrivés au port de La Havane ont été reçus de temps en temps au Camp Lazear, pendant que se déroulaient ces observations. Une personne non immunisée, une fois sortie du camp, n'était autorisée à y revenir sous aucun prétexte.

La température et le pouls de tous les résidents non immunisés ont été soigneusement enregistrés trois fois par jour. Dans ces circonstances, toute personne infectée entrant dans le camp pourrait être rapidement détectée et expulsée. En fait , seules deux personnes, non soumises à l'expérimentation, ont développé une élévation de température ; l'un, un immigrant espagnol, atteint probablement d'une tuberculose pulmonaire, qui fut libéré au bout de trois jours ; et l'autre, un immigrant espagnol, qui développa une température de 102,6° F. l'après-midi de son quatrième jour de camp. Il a été immédiatement retiré avec toute sa literie et ses bagages et placé dans le service de réception de la caserne Columbia. Sa fièvre, marquée par des intervalles quotidiens pendant trois jours, s'apaisa grâce à l'administration de cathartiques et de lavements. On a considéré que sa crise était due à une irritation intestinale. Il n'a cependant pas été autorisé à retourner au camp.

Aucun résident non immunisé n'a été soumis à la vaccination s'il n'avait pas passé dans ce camp la période complète d'incubation de la fièvre jaune, à une exception près, qui sera mentionnée ci-après.

Aux fins de l'expérimentation, les sujets ont été sélectionnés comme suit : dans la tente n° 2, 2 non immunisés , et dans la tente n° 5, 3 non immunisés . Plus tard, 1 non immunisé dans la tente n° 6 a également été désigné pour l'inoculation.

Il convient de garder à l'esprit qu'au moment où ces inoculations ont commencé, il n'y avait que 12 résidents non immunisés au Camp Lazear, et que 5 d'entre eux ont été sélectionnés pour l'expérience, à savoir 2 dans la tente n° 2 et 3 dans la tente n° 2. N° 5. Parmi eux, nous avons réussi à en infecter 4, à savoir 1 dans la tente n° 2 et 3 dans la tente n° 5, chacun d'entre eux développant une crise de fièvre jaune pendant la période d'incubation de cette maladie. Le seul résultat négatif a donc été celui du cas 2, Moran, inoculé avec un moustique le quinzième jour après que l'insecte avait piqué un cas de fièvre jaune le troisième jour. Ce moustique n'ayant pas réussi à infecter le cas 4, trois jours après avoir piqué Moran, il s'ensuit que le résultat ne pouvait être que négatif dans ce dernier cas. Nous savons maintenant, grâce à nos observations, que dans le cas d'un insecte maintenu à température ambiante pendant la fraîcheur du mois de novembre, quinze ou même dix-huit jours seraient, selon toute probabilité, un délai trop court pour le rendre capable de produisant la maladie.

En ce qui concerne la source de l'infection, nous attirons l'attention sur la période de temps pendant laquelle les sujets avaient été maintenus en quarantaine stricte, avant une inoculation réussie, qui était la suivante : Cas 1, quinze jours ; Cas 3, neuf jours ; Cas 4, dix-neuf jours ; Cas 5, vingt et un jours. Nous tenons en outre à souligner que cette épidémie de fièvre jaune, qui a touché 33,33 % des résidents non immunisés du Camp Lazear, n'a pas concerné les sept non immunisés occupant les tentes nos 1, 4, 6 et 7, *mais s'est strictement limitée aux les individus qui ont été piqués par des moustiques contaminés* .

Rien ne pourrait indiquer avec plus de force la source de cette infection que l'ordre dans lequel les événements se sont déroulés dans ce camp. La précision avec laquelle l' infection de l'individu suivait la piqûre du moustique ne laissait rien à désirer pour répondre aux exigences d'une expérience scientifique.

En résumant leurs résultats à la conclusion de ce rapport, la déclaration suivante est faite :

Sur un total de dix-huit personnes non immunisées à qui nous avons inoculé des moustiques contaminés depuis le début de cette enquête, huit, soit 44,4 pour cent, ont contracté la fièvre jaune. Si l'on exclut les individus piqués par des moustiques gardés moins de douze jours après la contamination, et qui étaient donc probablement incapables de transmettre la maladie, il faut enregistrer huit résultats positifs et deux négatifs, soit 80 %.

Dans un rapport encore ultérieur (mai 1901), le Dr Reed déclare : « Jusqu'à présent, nous avons réussi à transmettre la fièvre jaune à douze individus au moyen de piqûres de moustiques contaminés. »

Les individus non immuns sur lesquels l'expérience a été expérimentée étaient tous pleinement informés de la nature de l'expérience et de ses résultats probables et ont tous donné leur plein consentement. Heureusement, aucun de ces courageux volontaires de la cause de la science et de l'humanité n'a souffert d'une attaque mortelle de la maladie, même si plusieurs d'entre eux étaient très malades et ont suscité une grande anxiété parmi les membres du conseil d'administration, qui ont pleinement apprécié la grave responsabilité qui incombait à eux. Que ces expériences étaient justifiables dans les circonstances mentionnées est, je crois, hors de doute. Le fait établi n'aurait pu être démontré autrement et les connaissances acquises sont d'une valeur inestimable en tant que guide pour des mesures de prévention fiables. Elle est déjà appliquée à Cuba et, sans aucun doute, d'innombrables vies seront sauvées grâce à ces expériences montrant la méthode précise par laquelle la fièvre jaune est contractée chez les personnes exposées dans une « localité infectée ». Certains de ces volontaires étaient des hommes enrôlés dans l'armée américaine et d'autres étaient des immigrants espagnols récemment arrivés à Cuba. Lorsqu'ils tombaient malades, ils recevaient les meilleurs soins possibles et, après leur guérison, ils avaient l'avantage d'être "immunisés" et n'avaient plus rien à craindre de la maladie qui a causé la mort de milliers et de dizaines de milliers de soldats et d'immigrés espagnols qui ont venir à Cuba sous les ordres de leur gouvernement ou pour chercher fortune.

Les expériences déjà mentionnées ont montré de la manière la plus concluante que le sang des malades de la fièvre jaune contient l'agent infectieux, ou germe, auquel la maladie est due, et cela a été encore démontré par des inoculations directes d'homme à homme. Cette expérience a été faite par le Dr Reed au « Camp Lazear » sur quatre individus qui y ont librement consenti ; et chez trois des quatre patients, une crise typique de fièvre jaune a résulté de l'injection de sang. Le sang a été prélevé dans une veine au pli du coude le premier ou le deuxième jour de la maladie et a été injecté par voie sous-cutanée aux quatre individus non immunisés, la quantité étant de 2 cc dans un cas positif, de 1,5 cc dans un cas et de 1,5 cc dans un cas positif. 0,5 cm3. Dans le cas qui s'est révélé négatif, celui d'un immigrant espagnol, l'inoculation d'un moustique s'est également révélée sans effet, et le Dr Reed suppose que cet individu « possède probablement une immunité naturelle contre la fièvre jaune ». Le Dr Reed dit à propos de ces expériences :

> Il est important de noter que dans les trois cas où l'injection du sang a provoqué une crise de fièvre jaune, une culture minutieuse du même sang, prélevé immédiatement après l'injection, n'a pas permis de mettre en évidence la présence du bacille de Sanarelli .

Après avoir démontré que la fièvre jaune se propage par les moustiques, le Dr Reed et ses collaborateurs se sont efforcés de déterminer si elle pouvait également se propager, comme on l'a généralement supposé, par les vêtements, la literie et d'autres articles utilisés par ces moustiques. malade de cette maladie. En ce qui concerne les expériences faites pour résoudre cette question, je ne peux faire mieux que de citer *in extensa* l'article du Dr Reed lu au Congrès médical panaméricain de La Havane.

[Cet extrait de l'article du Dr Reed décrit de manière minutieuse et scientifiquement détaillée les expériences qui ont finalement établi le fait que la contagion s'est produite par les moustiques, et par aucune autre manière. Dans une petite maison parfaitement étanche à l'air, furent amenés des draps, des vêtements et d'autres articles contaminés par des malades de la fièvre jaune. Puis, pendant vingt jours, des hommes non immunisés contre la fièvre ont dormi dans ce bâtiment, sans aucun effet néfaste. Cette expérience a été répétée plusieurs fois. Puis, dans un autre bâtiment semblable, sauf qu'il était aéré par des fenêtres anti-moustiques et qu'il avait été soigneusement désinfecté, un autre volontaire a été piqué par des moustiques qui avaient d'abord piqué des patients atteints de fièvre jaune ; et il a développé la maladie. Le dernier paragraphe de l'extrait est le suivant :]

> " Ainsi au Camp Lazear, sur sept non immuns que nous avons tenté d'infecter au moyen de piqûres de moustiques contaminés, nous avons réussi à transmettre la maladie à six, soit 85,71 pour cent. Par contre, sur sept non immuns que nous avons essayé de "Nous n'avons pas réussi à infecter au moyen de vecteurs passifs [tissus et autres matériaux généralement capables de transporter des germes] dans des

circonstances particulièrement favorables, nous n'avons pas réussi dans un seul cas."

Il est évident que, compte tenu de nos connaissances actuelles sur le mode de transmission de la fièvre jaune, les mesures préventives qui ont jusqu'ici été considérées comme les plus importantes, à savoir l'isolement des malades, la désinfection des vêtements et de la literie et l'assainissement municipal, sont soit inutile, soit relativement peu utile. Il est vrai que les épidémies de fièvre jaune résultent, en règle générale, de l'introduction dans une localité auparavant saine d'une ou de plusieurs personnes atteintes de la maladie. Mais nous savons maintenant que son extension ne dépendait pas du contact direct des malades avec des individus non immunisés et que l'isolement des malades de ce contact est inutile et inutile. En revanche, un isolement complet de l'agent responsable de la propagation de la maladie est primordial. En l'absence d'un patient atteint de fièvre jaune sur lequel prélever du sang, le moustique est inoffensif, et en l'absence de moustique, le patient atteint de fièvre jaune est inoffensif – comme l'indiquent actuellement les preuves expérimentales. Les épidémies de fièvre jaune s'arrêtent par temps froid car les moustiques meurent ou s'engourdissent. L'état sanitaire de nos villes portuaires du sud n'est pas meilleur en hiver qu'en été, et si l'infection s'attache aux vêtements et à la literie, on comprend mal pourquoi les premières gelées de l'automne devraient arrêter la progression d'une épidémie. Mais tout cela s'explique maintenant que le mode de transmission a été démontré.

Les conditions locales insalubres peuvent cependant avoir une certaine influence sur la propagation de la maladie, car il a été constaté que les espèces de moustiques qui servent d'hôtes intermédiaires au germe de la fièvre jaune peuvent se reproduire dans les puisards et les égouts, ainsi que dans les des flaques d'eau stagnantes. Si, par conséquent, les rues d'une ville ne sont ni pavées ni nivelées et qu'il existe des espaces ouverts où l'eau peut s'accumuler dans des mares, ainsi que des puisards ouverts pour servir de lieux de reproduction pour Culex fasciatus, la ville présentera des conditions plus favorables à la *propagation* de la fièvre jaune qu'elle ne le serait si elle était bien pavée, drainée et dotée d'égouts.

La question de savoir si la fièvre jaune peut être transmise par une autre espèce de moustique que *Culex fasciatus* n'a pas été tranchée. Les faits relatifs à la propagation de la maladie indiquent que le moustique qui sert d'hôte intermédiaire au germe de la fièvre jaune a une aire de répartition géographique quelque peu restreinte et se rencontre surtout sur le littoral et au bord des rivières dans ce qu'on appelle la "zone jaune". zone de fièvre. Bien que des épidémies occasionnelles se soient produites sur la côte sud-ouest de la péninsule ibérique, la maladie, en tant qu'épidémie, est inconnue ailleurs en Europe et rien ne prouve qu'elle ait jamais envahi le grand et peuplé continent d'Asie. En Afrique, il est limité à la côte ouest. En Amérique du Nord, bien qu'elle ait parfois prévalu sous forme d'épidémie dans chacune de nos villes portuaires aussi loin au nord que Boston, et dans la vallée du Mississippi jusqu'à Saint-Louis, elle ne s'est jamais imposée comme une maladie épidémique dans les limites des États-Unis. Vera Cruz, et probablement d'autres points de la côte du golfe du Mexique, sont cependant à l'heure actuelle des foyers endémiques de la maladie. En Amérique du Sud, elle s'est répandue sous forme d'épidémie dans tous les ports maritimes des côtes du Golfe et de l'Atlantique, jusqu'à Montevideo et Buenos Aires au sud, ainsi que dans le Pacifique, le long de la côte du Pérou.

La région dans laquelle la maladie a eu la prévalence la plus grande et la plus fréquente est délimitée par les rives du golfe du Mexique et comprend les îles des Antilles. Au cours des dernières années, la fièvre jaune s'est propagée jusqu'à la côte ouest de l'Amérique du Nord et s'est répandue sous forme d'épidémie jusqu'au port mexicain de Guaymas , dans le golfe de Californie.

Il faut supposer que *Culex fasciatus* ne se rencontre que là où sévit la fièvre jaune. La propagation de la maladie dépend de l'introduction d'un individu infecté dans une localité où se trouve ce moustique, à une saison de l'année où il est actif. En raison de la courte période d'incubation (cinq jours ou moins), de la brève durée de la maladie et surtout de la période pendant laquelle l'agent infectieux (le germe) est retrouvé dans le sang, il est évident que les navires venant de ports infectés, dès les cas de fièvre jaune qui se développent ne sont pas susceptibles d'introduire la maladie dans des ports maritimes éloignés. La continuation d'une épidémie à bord des navires, comme à terre, doit dépendre de la présence de moustiques infectés et d'individus non immunisés. Dans ces conditions, on comprend aisément pourquoi la maladie ne devrait pas se propager des Antilles ou de l'Amérique du Sud vers la Méditerranée, vers la côte est de l'Afrique ou vers les villes portuaires asiatiques. D'un autre côté, si la maladie a pu être transmise par des vêtements, de la literie, etc. infectés, il ne semble pas y avoir de bonne raison pour qu'elle n'ait pas été transportée dans ces localités éloignées il y a longtemps.

La restriction quant à l'altitude dépend probablement du fait que le moustique qui sert d'hôte intermédiaire est une espèce côtière qui ne vit pas dans les régions élevées. C'est un fait bien établi que la fièvre jaune n'a jamais prévalu dans la ville de Mexico, bien que la ville ait des relations constantes et sans restriction avec le port maritime infecté, Vera Cruz. Les personnes qui ont été exposées à Vera Cruz pendant la saison épidémique tombent souvent malades après leur arrivée dans la ville de Mexico, mais elles ne communiquent pas la maladie à ceux qui les accompagnent ni aux autres personnes se trouvant à proximité. Il est évident qu'un facteur essentiel à la propagation de la maladie fait défaut, bien que nous ayons le malade, ses vêtements et sa literie, ainsi que les conditions locales insalubres qui sont censées constituer un facteur essentiel. À ma connaissance, aucune observation n'a été faite concernant la présence ou l'absence de *Culex fasciatus* à haute altitude, mais la conclusion selon laquelle on ne le trouve pas dans des localités telles que la ville de Mexico semble justifiée par les faits établis déjà mentionnés. à.

Comme le souligne Hirsch, « la maladie s'arrête en de nombreux points des Antilles où le climat est encore au plus haut degré tropical ». Aux Antilles, il est rarement apparu à plus de sept cents pieds d'altitude. Aux États-Unis, la localité la plus élevée où la maladie a régné sous forme d'épidémie est Chattanooga, Tennessee, qui se trouve à sept cent quarante-cinq pieds au-dessus du niveau de la mer.

On se souvient que les fièvres paludéennes sont contractées à la suite de l'inoculation de moustiques du genre *Anopheles* et que le parasite paludéen a été mis en évidence non seulement dans le sang des personnes souffrant d'une infection paludéenne, mais également dans l'estomac et les glandes salivaires. du moustique. Si le parasite de la fièvre jaune ressemblait à celui des fièvres paludéennes, il aurait sans doute été découvert depuis longtemps. Mais en réalité, ce parasite, dont on sait désormais qu'il est présent dans le sang des malades, a jusqu'à présent échappé à toutes les recherches. C'est peut-être ultramicroscopique. Quoi qu'il en soit, ce n'est pas le seul germe de maladie infectieuse qui reste à découvrir. Il existe sans doute un germe vivant dans la lymphe vaccinale et dans le virus des pustules varioliques, mais cela n'a pas été démontré au microscope. Il en va de même pour la fièvre aphteuse et la péripneumonie infectieuse des bovins, bien que nous sachions qu'un élément vivant d'une certaine sorte est présent dans le matériel infectieux par lequel ces maladies se propagent. Dans la fièvre du Texas, transmise par des tiques infectées, le parasite est très infime, mais par des méthodes de coloration appropriées et un bon microscope, il peut être détecté à l'intérieur des globules rouges. Drs. Reed et Carroll recherchent actuellement le germe de la fièvre jaune dans le sang et dans le corps des moustiques infectés. Reste à savoir quel sera le succès de leurs efforts, mais en tout cas les faits fondamentaux ont été démontrés : ce germe est présent dans le sang et la maladie est transmise par une certaine espèce de moustique : *Culex fasciatus* .

[À la fin de l'article, le général Sternberg reproduit les ordres généraux donnés à l'armée à Cuba avec des indications sur les précautions à prendre contre la maladie.]

LA LOI SUR LES ACCIDENTS DU TRAVAIL [75]

C'est un bon exemple de la grande qualité des écrits argumentatifs produits en grande quantité tout au long de l'année dans les journaux quotidiens et hebdomadaires. Cet article, issu d'un hebdomadaire, est plus long et plus approfondi que l'éditorial d'un quotidien, et participe dans une certaine mesure de la nature d'un essai. Il se distingue par la minutie de l'analyse de la question, par l'examen minutieux de l'historique de l'affaire et par l'énoncé précis des points en litige. Il y a peu de place pour la présentation des preuves, même si l'exposé précis des faits et les citations des autorités, dans la mesure où elles le sont, servent de preuve.

Nous avons pour objectif dans cet article de donner à nos lecteurs une interprétation de la récente décision de la Cour d'appel de New York déclarant que le Workman's Compensation Act est inconstitutionnel. Nous considérons cette décision comme d'une très grande importance, car, si la Cour a correctement interprété la Constitution des États-Unis, ce document empêche l'Amérique d'adopter une réforme industrielle qui a été considérée comme juste et nécessaire par la quasi-totalité du monde civilisé. Nous ne pensons pas que l'interprétation de la Cour soit correcte. Elle est, à notre avis, en conflit à la fois avec le progrès de la civilisation, avec l'esprit de la démocratie, avec les principes de la justice sociale et avec les analogies et les tendances du droit. Et nous pensons que cette tentative inconsciente d'imposer aux travailleurs un fardeau injuste et intolérable dont toutes les autres nations civilisées, à une exception près, l'ont soulagé, se révélera en fin de compte aussi vaine que l'a été la tentative consciente et délibérée de la Cour suprême des États-Unis. , sous la direction du juge en chef Taney, pour stopper le mouvement d'émancipation des esclaves.

Aux premiers stades du développement industriel, lorsque l'industrie n'était pas organisée, que les machines existaient à peine et que le travail était un métier individuel, les tribunaux pensaient naturellement que les accidents survenus à un ouvrier étaient probablement dus à sa propre négligence.

S'il tondait un champ et se coupait avec sa faux, s'il creusait un fossé et se foulait la cheville, s'il abattait un arbre et que celui-ci tombait sur lui et lui cassait la jambe, il ne pourrait récupérer auprès de son employeur que sur preuve que son employeur était en faute. Il ne pourrait pas non plus s'en remettre si l'accident était dû à la négligence d'un collègue. Il y avait toujours une présomption naturelle selon laquelle il pouvait mieux se prémunir contre une telle négligence que ne le ferait un employeur probablement absent. S'il tournait une meule et que son collègue maladroit tenait la faux de manière à le couper, s'il était dans la forêt et que son collègue ne prévenait pas la chute de l'arbre, il était naturel de présumer que la négligence était partagée entre les deux hommes. deuxièmement, et la loi ne saurait imputer la faute à l'employeur ni lui imputer le préjudice s'il n'était pas répréhensible.

Mais l'organisation du travail et la création de machines élaborées ont détruit cette présomption de bon sens et, par conséquent, dans tous les pays civilisés, ont détruit cette présomption de droit. Lorsqu'un train quitte la voie à cause d'un aiguillage mal placé ou d'un rail défectueux, il n'y a aucune présomption que l'ingénieur a été négligent ou aurait pu se prémunir contre la négligence de l'opérateur d'aiguillage ou du fabricant du rail. Lorsqu'un incendie se déclare dans une pièce où des dizaines de tailleurs de chemises sont confinés à leur travail et que cent quarante d'entre eux meurent brûlés vifs, il n'y a aucune présomption que l'impossibilité de s'échapper par des passages étroits et une porte verrouillée soit due à l'impossibilité de s'échapper par des passages étroits et une porte verrouillée. soit en raison de leur imprudence, soit qu'ils étaient responsables du fait que les tables sur lesquelles ils travaillaient étaient en bois et non en métal, soit qu'ils auraient pu empêcher le collègue imprudent de jeter sa cigarette dans la matière inflammable qui les entourait. En fait, seul un nombre très limité d'accidents modernes sont dus à la négligence de la personne lésée ; il est probable qu'un nombre un peu plus élevé soit dû à la négligence d'un autre employé ; tandis qu'une proportion très considérable sont des incidents de métier et ne sont dus à aucune culpabilité précise qu'il est possible de faire remonter soit à l'employeur, soit à l'employé.

Les nations chrétiennes du monde ont, avec une singulière unanimité, reconnu ce changement et ont modifié leurs lois pour répondre aux nouvelles conditions. Le changement qu'ils ont opéré leur a été indiqué par leurs lois maritimes, qui, à cet égard, ont été les mêmes dans toutes les nations civilisées et depuis une époque très ancienne. Un accident survenu à un marin à bord d'un navire a toujours été considéré comme un accident du navire ; et le navire a toujours dû supporter le fardeau de ses soins, de sa conservation et de sa guérison. Ce droit d'être soigné ne repose sur aucune présomption de négligence du capitaine du navire, et le marin n'est pas non plus privé de son droit d'être soigné, gardé et guéri par la preuve que l'accident était dû en partie, ou même en totalité, à sa négligence. Il n'est pas empêché de récupérer par la preuve de sa négligence ; il ne reçoit pas de dommages-intérêts plus importants sur preuve de la négligence du capitaine. Son droit d'être soigné repose, dit le juge Story, sur le fait que « les marins sont en quelque sorte des co-aventuriers du voyage ». La jurisprudence moderne dans toute la chrétienté reconnaît que, dans les conditions industrielles modernes, l'ouvrier du chemin de fer, de la mine et de l'usine est un co-aventurier de l'entreprise et que les risques liés à son emploi doivent être supportés, non pas par l'individu, mais par l'entreprise. L'industrie. Ce principe est désormais reconnu et incorporé dans leurs systèmes juridiques par tous les pays d'Europe (y compris la Russie mais pas la Turquie), à la seule exception de la Suisse. [76]

La justice et l'importance de cette réforme ont été reconnues par des hommes d'État tels que le président des États-Unis et son prédécesseur, par des avocats comme Elihu Root, par des ouvriers qui désirent une meilleure assurance contre les accidents que celle que leur fournit le droit à l'assurance. poursuivre leurs employeurs en justice, par des employeurs qui souhaitent être protégés des poursuites vexatoires et du péril de verdicts de lourdes sommes, et par environ une demi-douzaine d'États, dont le Kansas, le New Jersey, le Massachusetts et New York, qui ont tous adopté l'indemnisation des accidents du travail. Actes. Un tel acte, transférant la responsabilité des risques inhérents au commerce dans l'industrie organisée de l'individu à l'organisation, la Cour d'appel de New York déclare qu'aucun État de l'Union n'a le pouvoir de l'adopter, car la Constitution des États-Unis interdit sa promulgation. La Cour reconnaît la nécessité d'une modification de la loi. "Nous désirons", dit la Cour, "ne présenter aucun obstacle purement technique ou hypercritique à tout projet de réforme bénéfique d'une branche de notre jurisprudence dans laquelle, on peut l'admettre, la réforme est un aboutissement sincèrement souhaité. " Il présente avec force, appréciation et apparemment avec une entière approbation les arguments qui ont provoqué cette réforme dans d'autres pays : « Il ne peut y avoir aucun doute quant à la théorie de cette loi. Elle est basée sur la proposition selon laquelle les risques inhérents à une l'emploi devrait, en toute justice, être placé sur les épaules de l'employeur, qui peut se protéger contre la perte par une assurance et par une augmentation du prix de ses marchandises telle qu'elle en rejette finalement le fardeau sur le consommateur ; cette indemnité à un lésé que l'employé devrait être à la charge de l'entreprise autant que le coût du remplacement ou de la réparation des machines, appareils ou outils désactivés ou défectueux ; que dans notre système actuel, la perte incombe immédiatement à l'employé, qui est presque invariablement incapable de la supporter, et en fin de compte, sur la communauté, qui est imposée pour subvenir aux besoins des indigents ; et que notre système actuel est incertain, non scientifique et inutile, et qu'il entretient un esprit d'antagonisme entre l'employeur et l'employé auquel il est dans l'intérêt de l'État de remédier. "

A ces considérations, la Cour ne propose aucune réponse et n'émet aucune critique à leur égard. Au contraire, il concède en termes précis « la force de cet appel à un sentiment reconnu et largement répandu ». Il déclare qu'« aucun mot d'éloge ne saurait exagérer l'industrie et les renseignements de la Commission » qui a préparé la loi de New York, et il semble être d'accord avec la conclusion de la Commission, basée sur « un ensemble très volumineux de tableaux statistiques, d'extraits des œuvres d'écrivains philosophiques et les lois industrielles de nombreux pays » – la conclusion selon laquelle « notre propre système de gestion des accidents industriels est économiquement, moralement et juridiquement instable ». Mais toutes ces considérations de politique publique, de justice sociale et de conviction mondiale sont mises de côté « comme subordonnées à la question primordiale de savoir si elles peuvent être incorporées dans des lois sans enfreindre la lettre ou l'esprit de notre propre Constitution écrite ». Les pays qui ont adopté cette réforme souhaitable, dit-on, « sont des monarchies dites constitutionnelles dans lesquelles, comme en Angleterre, il n'y a pas de constitution écrite et où le Parlement ou l'organe législatif est suprême. sont les chartes qui délimitent l'étendue et la limitation du pouvoir législatif. »

En bref : Le changement de loi est juste : il est exigé par le changement survenu dans notre système industriel ; c'est presque universellement souhaité ; l'expérience et la conscience du monde civilisé l'exigent ; mais l'Amérique est impuissante à y parvenir avec sa Constitution actuelle. D'autres pays peuvent y parvenir parce qu'ils sont des monarchies : l'Amérique ne peut pas y parvenir parce qu'elle est libre.

La clause de la Constitution qui, de l'avis de la Cour d'appel, interdit au législateur de procéder à cette réforme sage et juste de notre droit est la clause qui prévoit que « nul ne sera... privé de la vie, de la liberté ou propriété sans procédure légale" - une interdiction qui apparaît deux fois dans notre Constitution fédérale (Amendements V et XIV) et que l'on retrouve dans de nombreuses, très probablement dans la plupart des Constitutions des États. Nous croyons que la Cour d'appel, dans son affirmation selon laquelle cette clause de notre Constitution interdit cette réforme juste et nécessaire de nos lois industrielles, n'est soutenue ni par l'esprit ni par la lettre de cette clause de la Constitution, ni par l'histoire de son origine et sa signification ni par l'interprétation judiciaire qui lui a été donnée par la Cour suprême des États -Unis .

Laissez le lecteur s'arrêter un instant ici et réfléchir au principe impliqué dans le droit adopté dans d'autres pays civilisés et proposé dans le nôtre. Ce n'est pas qu'un employeur doive se voir imposer des dommages-intérêts alors qu'il n'a commis aucune faute. Ce n'est pas qu'il doive être obligé de payer pour sa négligence sans avoir la possibilité de prouver au tribunal qu'il n'a pas été négligent. C'est que les accidents survenant au cours d'une industrie organisée devraient être considérés comme étant survenus non pas à l'individu, mais à l'industrie.

"Dans tout ce qui relève de l'activité humaine", dit la Cour d'appel, "les risques inhérents et inévitables doivent incomber à ceux qui y sont exposés". Les juristes de tous les pays civilisés d'Europe conviennent que, dans les industries organisées modernes, c'est l'industrie, et non l'individu, qui est exposée aux accidents. La loi applique désormais aux ouvriers d'usine le principe appliqué jusqu'ici aux marins en droit maritime. L'ouvrier d'usine doit désormais être considéré comme un "co-aventurier" avec l'employeur dans l'industrie.

La Loi sur les accidents du travail n'écarte pas non plus l'application régulière de la loi. Aucun dommage ne peut être récupéré auprès de l'employeur contre son consentement sans poursuite judiciaire. La loi prévoit que "toute question qui se posera en vertu de la présente loi sera tranchée soit par accord, soit par arbitrage comme le prévoit le Code de procédure civile, ou par une action en justice comme le prévoit le présent." Et ce qui est prévu, c'est que, si l'employeur ne verse pas l'indemnisation prévue par la loi, la partie lésée ou son tuteur ou exécuteur testamentaire peut intenter une action en justice pour obtenir le montant. La loi ne prive pas l'employeur de sa possibilité de comparaître devant le tribunal. Mais cela redéfinit la question que le tribunal doit trancher. Il n'a pas à décider si l'employeur est coupable d'une faute. Sa responsabilité ne dépend pas de sa faute. Le tribunal doit simplement décider si l'accident s'est produit dans le cours normal de l'entreprise et, si l'employeur choisit de soulever la question, s'il a été « causé en tout ou en partie par la faute grave et volontaire de l'ouvrier ». Dans le cas contraire, l'ouvrier a droit à récupération, et le montant auquel il a droit à récupération est fixé par la loi. La question est alors la suivante :

Une loi qui, en cas d'accidents survenus dans certains emplois soigneusement définis et particulièrement dangereux, transfère la responsabilité de l'individu à l' organisation, et qui préserve soigneusement le droit de l'employeur de soumettre aux tribunaux toute question soulevée en vertu de la loi, priver l'employeur de ses biens sans procédure légale régulière ? La Cour d'appel de l'État de New York affirme que oui. *The Outlook* affirme que non.

Poser cette question nous semble y répondre. Il est certain qu'il n'y a rien dans la Loi sur les accidents du travail qui viole la *lettre* de la Constitution. En aucun cas, il ne prend les biens de l'employeur sans une procédure légale régulière. Il nous est difficile de concevoir que l'on puisse trouver dans cette loi une violation de l' *esprit de la Constitution.* Et cette difficulté est renforcée, au lieu d'être soulagée, par une étude minutieuse des opinions de la Cour. Car dans ces avis, on suppose qu'à première vue la loi est inconstitutionnelle, et la Cour consacre toutes ses énergies intellectuelles à tenter de démontrer que les autorités invoquées à l'encontre sont exceptionnelles. Le fait que la loi et la Constitution ne soient pas incompatibles est toutefois établi à la fois par un examen de l'objet et de l'intention de la disposition constitutionnelle et par des décisions judiciaires l'interprétant. C'est sur ces deux considérations que nous attirons maintenant l'attention du lecteur.

La disposition de la Constitution fédérale selon laquelle « nul ne peut être... privé de la vie, de la liberté ou de la propriété, sauf dans le cadre d'une procédure légale régulière » (Cinquième amendement), et la disposition : « aucun État ne doit non plus priver une personne de la vie ». , la liberté ou la propriété sans procédure légale » (quatorzième amendement), sont dérivés de la Grande Charte arrachée au roi Jean par les barons en 1215.

« Aucun homme libre ne sera pris ou emprisonné, ou disséqué, ou mis hors la loi, ou banni, ou toute voie détruite, et nous ne le transmettrons pas, et nous ne l'enverrons pas non plus, à moins que ce ne soit par le jugement légitime de ses pairs, ou par la loi du pays. C'est peut-être la plus importante de ces clauses générales de la Grande Charte qui, dit Hallam dans son « Histoire du Moyen Âge », « protègent la liberté personnelle et la propriété de tous les hommes libres en les protégeant contre l'emprisonnement arbitraire et la spoliation arbitraire ». Hume donne quelques indications sur les abus qui ont conduit à cette disposition : les marchands avaient été soumis à des péages et à des impositions arbitraires ; les biens des mourants avaient été saisis et leurs héritiers légitimes dépossédés ; les officiers de la Couronne avaient levé sur les chevaux et les charrettes en temps de paix pour eux-mêmes ou pour le service public. Green, dans son « Histoire du peuple anglais », donne avec plus de détails une image du despotisme de Jean et de l'esprit de liberté croissant du peuple anglais. Les exactions du roi poussa les barons à s'allier avec le peuple. "Les exactions illégales, la saisie de leurs châteaux, la préférence accordée aux étrangers, étaient de petites provocations comparées à ses atteintes à l'honneur de leurs femmes et de leurs filles." L'exigence du peuple de substituer une procédure légale au pari par la bataille, et d'être en sécurité dans sa vie, ses libertés et ses biens contre les actes de pouvoir anarchiques et irresponsables, les barons l'ont fait sienne, et par le même acte réclamaient pour les autres ce qu'ils réclamaient pour eux-mêmes. "Les locataires étaient protégés contre toutes les exactions de leurs seigneurs exactement dans les mêmes termes qu'ils étaient protégés contre les exactions anarchiques de la Couronne."

à l'individu qui, en exerçant ces métiers, toutes les conséquences des accidents survenant dans les métiers extrêmement dangereux . commerce, se trouve soumis au péril. Le bon sens, ainsi que les fréquentes décisions des tribunaux, soutiennent la définition de Daniel Webster de la portée de la disposition constitutionnelle incarnant dans notre droit cette disposition de la Grande Charte : « Le sens est que chaque citoyen doit tenir sa vie, sa liberté et ses biens et immunités sous la protection des règles générales qui régissent la société. Que la société ne puisse jamais établir de nouvelles règles pour une meilleure protection de la vie, de la liberté, de la propriété et des immunités, est une doctrine aussi répugnante à la raison qu'au progrès social. Elle répugne également au principe d'interprétation posé par la Cour suprême des États-Unis : « Il est parfaitement établi en droit que les dix premiers amendements à la Constitution, communément appelés Bill of Rights, n'avaient pas pour objet de fixer aucun nouveau principe de gouvernement, mais simplement pour incarner certaines garanties et immunités que nous avions héritées de nos ancêtres anglais. [22]Et il ne semble même pas être venu à l'esprit des législateurs anglais que le Workman's Compensation Act est incompatible avec cette disposition de leur Grande Charte – une charte qui fait autant partie de la constitution britannique que les Cinquième et Dixième Amendements le sont de la nôtre. Dans la Constitution anglaise, comme dans la Constitution américaine, le principe est soigneusement défini par écrit. La seule différence est qu'en Angleterre, le Parlement est le juge final de sa signification ; aux États-Unis, le juge final est la Cour suprême des États-Unis.

Au moins, cela devrait l'être. Mais la Cour d'appel de New York n'admet pas qu'elle soit l'autorité finale. Dans le cas présent, ce n'est pas le cas, car le demandeur ne peut faire appel de l'État devant le tribunal national. Mais le public a un appel à faire. *The Outlook* répond à un tel appel. Et il déclare sans hésitation que la décision de la Cour d'appel de New York est en contradiction, non seulement avec la tendance des décisions judiciaires de cette Cour, mais aussi avec sa déclaration très explicite des principes fondamentaux à appliquer dans l'interprétation de la Constitution.

Nous avons déjà noté le fait que le droit maritime considère le marin comme un co-aventurier de l'armateur et rend donc le navire responsable de ses soins, de sa garde et de sa guérison au cas où un accident lui surviendrait, même s'il était dû à son propre faute. Nous ajoutons maintenant que la Cour suprême des États-Unis a décidé qu'une telle loi ne prend pas possession des biens du propriétaire du navire sans une procédure légale régulière. Il en va autrement, dit la Cour d'appel, car "le contrat et les services des marins ont un caractère exceptionnel... Lorsqu'il est malade ou blessé , il a droit à des soins aux frais du navire, et à défaut du capitaine d'accomplir son devoir à cet égard, le navire ou le propriétaire est responsable." Il y a sans aucun doute une différence entre un matelot sur un navire et un ouvrier dans une usine. Très probablement, cette différence devrait peser sur les représentants du peuple pour déterminer quelle différence il devrait y avoir dans leur traitement respectif. Mais si rendre un navire responsable des accidents survenus à un marin ne prend pas la propriété du propriétaire du navire sans une procédure légale régulière, alors rendre une usine responsable des accidents survenus à un ouvrier d'usine ne signifie pas priver la propriété du propriétaire de l'usine sans une procédure légale régulière. La Constitution des États-Unis est exactement la même sur mer que sur terre ; mais à la Constitution des États-Unis, la Cour d'appel donne un sens à bord d'un navire et un autre sens en ville.

Le droit du législateur d'imposer de nouvelles responsabilités à la propriété n'est pas limité par la Cour suprême des États-Unis à la mer. Elle s'appuie également sur la terre. L'État d'Oklahoma a prévu une évaluation de toutes les banques de l'État afin de créer un fonds destiné à garantir les déposants de toutes les banques de l'État. La Noble State Bank a intenté une action contre l'État pour l'empêcher de percevoir cette cotisation, au motif qu'elle s'appropriait des biens sans procédure légale régulière. La Cour suprême, sans opinion dissidente, a jugé que la loi était constitutionnelle, pour deux raisons : premièrement, parce qu'« il est établi par une série de décisions qu'un avantage public ultérieur peut justifier une expropriation relativement insignifiante de propriété privée pour ce qui, dans son sens, le but immédiat est un usage privé » ; et, deuxièmement, parce que « on peut dire d'une manière générale que le pouvoir de police s'étend à tous les grands besoins publics. Il peut être mis en avant pour soutenir ce qui est sanctionné par l'usage ou soutenu par la morale dominante ou une opinion forte et prépondérante. être grandement et immédiatement nécessaire au bien-être public. Une affaire similaire portée devant la Cour dans l'État du Kansas a été tranchée avec la même unanimité par la Cour au même moment. [78]

Cette définition du droit constitutionnel par l'opinion unanime de la Cour suprême des États-Unis , si elle est acceptée, détermine clairement la constitutionnalité du Workman's Compensation Act. Que cette loi « soit sanctionnée par l'usage et considérée par la moralité dominante et l'opinion forte et prépondérante comme étant grandement et immédiatement nécessaire au bien public » est prouvée par le fait qu'elle est exigée également par l'employeur et l'employé, qu'elle a été approuvée. par le grand public, qu'elle est apparemment considérée par la Cour d'appel elle-même comme une réforme très souhaitable et qu'elle a été adoptée par tous les pays civilisés d'Europe, à l'exception de la Suisse. La Cour d'appel de New York ne peut trouver qu'une seule échappatoire à cette déclaration de principe du plus haut tribunal du pays, dans ces deux cas, à savoir la répudiation de l'autorité de ce tribunal dans ces affaires : « Nous ne pouvons pas les reconnaître comme contrôlant notre construction de notre Constitution.

Dans cette analyse de la décision de la Cour d'appel de New York, nous avons passé sous silence certaines déclarations extraordinaires qui ne devraient pas être ignorées dans une analyse complète : l'affirmation selon laquelle « pratiquement tous ces pays [européens] sont des soi-disant constitutionnels ». des monarchies dans lesquelles, comme en Angleterre, il n'y a pas de constitution écrite », alors qu'en fait, pratiquement toutes les nations européennes ont des constitutions écrites ; et la déclaration selon laquelle le Workman's Compensation Act « ne fait rien pour préserver la santé, la sécurité ou la moralité de l'employé », alors qu'en fait, il vise et a pour objectif d'atteindre les trois résultats, et a été préconisé par la Chambre des Lords anglaise. par Lord Salisbury spécifiquement au motif que "à mon avis, le grand attrait de ce projet de loi est que je crois qu'il se révélera un formidable mécanisme pour sauver des vies humaines".

Mais nous avons délibérément négligé tous les détails mineurs dans le but de présenter à nos lecteurs profanes une véritable interprétation, et ce que nous espérons qu'ils considéreront généralement comme une juste critique, de cette décision de la plus haute cour de l'Empire State. Dans cette décision, à notre avis, la Cour a ignoré toutes les considérations de justice sociale et de politique publique, s'est opposée à la conscience et au jugement du monde civilisé et, dans son interprétation forcée de la Constitution, a également ignoré l'histoire de la Constitution. origine et de son interprétation judiciaire par le plus haut tribunal du pays.

ANNEXE II

QUELQUES SUGGESTIONS AUX INSTRUCTEURS

A quoi sert un cours de rédaction d'argumentaires ? Les arguments qui en résultent ne peuvent convaincre personne , puisqu'il n'y a personne à convaincre ; de sorte que le produit immédiat et tangible du cours doit être considéré comme un sous-produit et un sous-produit dont il ne peut y avoir aucune récupération.

Quels produits les enseignants peuvent-ils alors chercher à produire ? Premièrement, un respect vital pour les faits et pour les raisonnements solides qui en découlent ; deuxièmement, le pouvoir d'analyser et de rassembler les faits dans une affaire obscure et compliquée de manière à mettre de l'ordre et de la lumière dans la confusion ; et troisièmement, l'appréciation du point de vue des autres hommes et la formation au tact qui les influencera. Par ailleurs, un bon cours d'argumentation devrait laisser à ses étudiants la connaissance de certains dispositifs efficaces et économiques pour se rendre au travail, qui devraient leur être utiles plus tard dans la vie.

Je reprendrai chacun de ces points dans l'ordre et parlerai de quelques méthodes que j'ai trouvées utiles dans la pratique.

En premier lieu, comment un enseignant peut-il établir et renforcer la vénération des faits et la suspicion à l'égard de toute affirmation non étayée et de tout raisonnement *a priori* ? En partie par des exercices judicieux, en partie par des conseils discrets dans le choix des sujets. Laissez une classe se contre-interroger sur sa connaissance exacte des faits ultimes sur un sujet familier. Sur la question de la valeur du latin, par exemple, combien de personnes dans la classe ne connaissent pas le latin ? Dans un morceau de leur propre écriture, combien de mots sont dérivés du latin ? et de quel genre de mots s'agit-il ? Parmi les leaders de la classe en matière d'érudition, combien connaissent le latin ? Des meilleurs écrivains ? Parmi les auteurs dont ils étudient les œuvres en littérature anglaise, combien ont été formés en latin ? Parmi les auteurs de manuels scientifiques, combien sont-ils ? Quelques questions comme celles-ci en suggéreront d'autres ; et les membres de la classe doivent tenir un registre du nombre de questions auxquelles ils peuvent répondre avec précision. Très peu de gens maîtrisent exactement les faits sur des sujets dont ils parlent librement et avec autorité ; et un jeune homme qui a appris cette vérité par un examen personnel en viendra à écrire un argument avec plus de modestie et de scrupule.

Une classe peut alors être éloignée des grands sujets où, par nécessité, leur connaissance des faits est de seconde main, et dans lesquels leurs arguments, étant nécessairement courts, ne peuvent toucher que la surface du sujet. C'est ici, je pense, que réside une grande partie de l'inefficacité des cours d'argumentation. "Les juges devraient être élus par le vote direct du peuple", "Le droit de suffrage devrait être limité par un test éducatif", "Les entreprises engagées dans le commerce interétatique devraient être tenues de prendre une licence fédérale", sont des exemples de propositions recommandées comme sujets pour des arguments de deux mille mots ou moins. Aucun étudiant n'a la connaissance pratique des affaires pour juger de la valeur des faits avancés à l'appui de telles propositions, et à l'exception des membres des équipes de débat, qui consacrent à leurs compétitions un temps comparable à celui accordé par les athlètes à leurs sports, aucun étudiant ne peut faire connaissant lui-même les vastes domaines de l'économie et de la théorie gouvernementale couverts par ces sujets. Écrire un argument de douze cents mots sur un tel sujet affaiblirait plutôt que renforcerait le respect des faits.

Quels types de sujets peut-on alors utiliser ? C'est, je l'avoue, une question à laquelle il n'est pas tout à fait facile de répondre ; mais j'ai essayé de trouver une réponse dans la liste de sujets donnée au chapitre I, qui peut être adaptée à des conditions particulières de temps ou de lieu. En général , une question qu'un étudiant discuterait de son propre gré et avec une certaine chaleur est le meilleur sujet pour lui. Il existe de nombreux sujets de ce type en athlétisme : à l'heure actuelle, les règles du football ne semblent pas encore fixées au-delà de toute modification, et la matière à rechercher dans les archives des matchs passés est vaste ; Dean Briggs de Harvard lance un appel aux joueurs pour qu'ils élèvent le niveau de bonnes manières et d'éthique dans le baseball ; est-ce que tous vos élèves sont d'accord avec lui ? Les universités devraient-elles être autorisées à utiliser des hommes dans leurs écoles supérieures comme membres de leurs équipes ? Et quels sont les faits concernant le jeu de tels hommes dans les universités qui intéresseraient vos étudiants ?

Il existe ensuite diverses questions pédagogiques sur lesquelles les opinions des étudiants ont une réelle valeur, surtout si elles se fondent sur un examen des faits au cours de la rédaction d'un argument. Le président Lowell de Harvard a déclaré à un groupe d'étudiants qu'il consultait que ce qu'ils voulaient ne faisait pas beaucoup de différence, mais que leurs opinions, lorsqu'elles étaient exposées dans le but d'aider les autorités du collège, étaient d'une grande valeur. Les opinions de votre classe sur les examens d'entrée seraient basées sur des connaissances qu'un membre du corps enseignant ne peut pas avoir de première main. Quelle est l'estimation de la difficulté relative d'accès aux différentes universités, et sur quels chiffres des écoles cette estimation est-elle basée ? Pour combien de garçons les langues sont-elles plus faciles ou plus difficiles que l'histoire, les mathématiques ou les sciences ? L'admission par certificat offre-t-elle une garantie suffisante pour les normes du collège ? Une prescription rigide des matières à examiner fausse-t-elle le cours du lycée ? Combien de garçons, que l'on puisse nommer, ont vu leur éducation compromise par une telle prescription ? Les normes d'entrée ou d'obtention du diplôme devraient-elles être relevées ou abaissées dans votre collège ? Les étudiants honorés devraient-ils être dispensés des examens finaux ? Doivent-ils bénéficier de privilèges particuliers ? Les étudiants de première année devraient-ils être obligés d'être dans les limites de l'université à une heure fixe chaque soir ? Faut-il abolir les rushes de cours ? Voici seulement quelques suggestions de matières pouvant être adaptées aux besoins et aux connaissances des classes spéciales. Cependant, ils n'ont aucune valeur, à moins que les étudiants ne soient poussés à rassembler des faits et à raisonner à partir de ces faits, et non à partir d'impressions générales. Les catalogues scolaires, les catalogues universitaires, les recensements informels, les rapports des présidents et des comités et autres sources imprimées ou orales aideront à rassembler des faits.

Ensuite, il y a les innombrables questions locales et étatiques qui touchent les pères d'au moins la moitié de n'importe quelle classe sociale, et dont les fils peuvent être en train d'entendre discutés à la maison, ou peuvent être envoyés pour entendre des discussions dans les législatures et les conseils municipaux. Chaque instructeur qui prend un journal quotidien recevra plus de ces sujets que sa classe ne peut en utiliser. Pour connaître leurs faits, les étudiants peuvent consulter les journaux, les rapports imprimés, les personnes concernées par les questions qu'ils vont débattre. Dans certains cas , les étudiants bénéficieront d'un intérêt et de conseils précieux de la part des hommes plus âgés qui sont activement responsables des questions en discussion ; et il n'est pas inconcevable que si certains de ces derniers sont diplômés du collège ou de l'école, ils liront même les arguments et formuleront à leur sujet des critiques utiles. L'intérêt reconnaissant des diplômés est une source d'aide qui n'a pas été épuisée dans le processus d'enseignement.

Beaucoup des sujets que j'ai proposés ici à titre de suggestions peuvent être discutés en partie, du moins, dans l'espace d'un article éditorial ; et cela, à mon avis, correspond à la longueur que prendront la plupart des arguments écrits par les étudiants, à l'exception de ceux des cours spéciaux. Dans un espace aussi court, il est à peine nécessaire de le souligner, les preuves ne peuvent pas être présentées et discutées avec le détail, par exemple, du « Discours dans l'affaire du meurtre des Blancs » de Webster. Ce serait un bon exercice distinct que de demander une présentation aussi détaillée des preuves sur un seul point de l'argumentation. Cependant, dans la plupart des cours, l'instructeur ne peut pas faire grand-chose d'autre qu'exclure une affirmation totalement infondée et insister pour que la distinction entre les faits et les déductions à partir des faits soit gardée à l'esprit.

Le deuxième résultat que devrait viser un instructeur dans un cours d'argumentation est la capacité d'analyser des masses compliquées de faits et de les organiser et de les présenter de manière à mettre de l'ordre dans la confusion. Le président Taft a déclaré que le juge Hughes « a gagné sa réputation au barreau grâce à son don d'ennuyer jusqu'au cœur d'un sujet » ; et c'est ce que l'exercice d'introduction au mémoire devrait, dans une certaine mesure, transmettre aux étudiants. L'analyse ordonnée de la question, étape par étape, selon l'admirable schéma imaginé par le professeur Baker, ne peut contribuer à faire comprendre ce que signifie aller au cœur d'une question. Tout homme, tôt ou tard, doit faire face à des questions compliquées et déroutantes ; et l'homme ordinaire prendra un bon départ s'il met ainsi sur papier les points qui peuvent être avancés des deux côtés d'une question, et les étudie ensuite jusqu'à ce que les véritables points en litige émergent. Ensuite, l'exercice consistant à exposer le squelette logique d'un argument, si clairement qu'aucun lien faux ou rompu ne peut échapper à la détection, renforcera la conscience pour la clarté et la cohérence de la pensée ; et la nécessité de revenir aux faits ultimes pour chaque affirmation, et d'indiquer la source dont les faits sont dérivés, aidera à implanter un respect sain pour les faits comme quelque chose de différent de l'affirmation.

Puisque l'argumentation écrite est le test final de la pensée, il faut veiller à ce que les étudiants ne masquent pas par des paragraphes négligents et des phrases négligées la clarté de pensée qu'ils ont atteinte dans leur mémoire. J'ai trouvé utile de prescrire des titres marginaux aux paragraphes : un étudiant qui a eu du mal à trouver une seule phrase qui couvrirait la totalité d'un paragraphe tentaculaire aura appris un certain respect pour la fermeté des paragraphes. En général, un instructeur a le droit d'insister pour que sa classe mette en pratique tout ce qu'elle a appris sur les moyens ordinaires permettant d'obtenir de la clarté et de l'emphase.

En troisième lieu, cette pratique de la rédaction d'arguments devrait laisser aux étudiants une idée plus développée de la manière d'amener les lecteurs à considérer favorablement une proposition qu'ils préconisent. J'ai insisté, au risque de paraître répétitif, sur la nécessité de considérer le public dont il s'agit de conquérir l'esprit ; car ce que la persuasion peut signifier en dehors de personnes spécifiques pour persuader, je ne peux pas le concevoir. Une grande partie du vide superficiel des manuels lorsqu'ils abordent cette partie du sujet vient du fait qu'ils négligent cet aspect très pratique et évident de l'argumentation. La difficulté que cela soulève pour les arguments écrits en classe est tout aussi évidente ; plus que la plupart des types de compositions écrites pour la pratique, les arguments courent le risque de n'avoir aucun contact avec la réalité. Quelque chose peut cependant être fait si un instructeur guide sa classe vers le genre de questions que j'ai suggérées ci-dessus : un débat sur les règles du football serait adressé au comité des règles, et la plupart des jeunes connaîtraient un peu les préjugés de ce célèbre joueur. un homme comme M. Camp ; un débat sur une question collégiale serait adressé au professeur ou au président, et on peut supposer que les étudiants ont une certaine idée de leur attitude générale sur de telles questions. J'ai suivi l'habitude dans mes propres sections d'étudiants de première année de leur demander de mettre en tête de leur mémoire et de leur argumentation le public qu'ils avaient à l'esprit. Ensuite, quand on en vient à la critique et à la conférence, on peut, par un petit contre-interrogatoire, leur faire comprendre la nature très pratique de cette question de persuasion.

Il faut se garder d'insister trop strictement sur le modèle et le plan de travail présentés ici, et pratiquement sous la même forme dans d'autres ouvrages. C'est le meilleur qui ait jamais été conçu, mais tout étudiant qui s'apprête à faire un résumé de l'un des exemples d'argumentation à la fin de ce livre verra par lui-même qu'il n'existe pas de manière unique et infaillible de présenter un argument. Chaque argument doit s'adapter à son occasion et à son public ; et un instructeur sera sage de rester conscient de cette vérité en notant les divergences par rapport au modèle. Les règles exposées ici et le modèle construit sur elles sont utilisables aussi longtemps qu'ils le sont, et non plus. Leur principal service est rendu lorsqu'ils ont établi dans l'esprit des étudiants un niveau d'efficacité pour identifier et souligner les aspects critiques d'une question.

Quant aux exercices qui devraient accompagner le travail d'argumentation, mon expérience avec des classes de cinq à six cents étudiants de première année m'amène à penser que leur valeur pour l'étudiant ne peut guère être surestimée. Je parlerai ici de quelques-uns d'entre eux.

Les exercices d'utilisation d'ouvrages de référence sont quelque chose que chaque étudiant devrait suivre. J'ai trouvé simple et pas trop extravagant d'emmener mes sections à la bibliothèque par équipes de dix ou douze, de leur montrer et de les laisser manipuler les principaux livres de la liste. Puis, sur place, je leur ai donné à chacun une feuille de papier thématique sur laquelle j'avais écrit une sorte de fait tiré de l'un de ces livres, et je leur ai dit de rechercher ce fait et d'en rendre compte. Mon objectif était de les convaincre que la plupart des faits ordinaires peuvent être recherchés en moins de cinq minutes. J'ai obtenu le matériel pour cet exercice en feuilletant les ouvrages de référence et en notant presque tout ce qui attirait mon attention. On peut ainsi obtenir une grande variété de faits en très peu de temps. Dans certaines bibliothèques, il pourrait être possible d'amener les membres du personnel de la bibliothèque à partager cette instruction ; dans toutes les bibliothèques, on trouvera une coopération active.

Pour le travail préliminaire sur l' argumentation , nous avons constaté qu'il était souvent pratique et conseillé de laisser les étudiants se mettre en binôme sur les deux côtés de la question et de travailler ensemble tout au long des préliminaires. Deux hommes travaillant ainsi ensemble se discutent souvent avec le plus vif intérêt pour leur question ; et presque toujours ils se rapprochent des questions importantes en jeu en aiguisant leurs esprits les uns contre les autres. Leurs arguments sont également meilleurs, surtout dans la réfutation, car ils savent exactement quels arguments peuvent être avancés de l'autre côté.

C'est une excellente pratique, non seulement pour le mémoire et l'argumentation, mais aussi pour tous les autres travaux universitaires, d'amener les étudiants à rédiger des résumés de parties ou d'ensembles des arguments imprimés ici à titre d'exemples, ou d'autres arguments trouvés à l'extérieur. Non seulement les avocats, mais aussi les autres hommes d'affaires, doivent constamment digérer et résumer des documents ; et la capacité à extraire les faits essentiels et le fil de la pensée d'un document est un atout très précieux pour la vie pratique. L'exercice est parfois fastidieux pour les étudiants, car il s'agit au début d'un travail difficile et qui demande de la concentration d'esprit : mais il peut être adouci et rendu plus vivant par la compétition des discussions en classe.

Tout au long du travail sur l'argumentation, les élèves peuvent être amenés à regarder les quotidiens et les magazines pour trouver des exemples d'arguments, de bons et de mauvais raisonnements. Très souvent, un instructeur peut obtenir, au prix d'un ou deux centimes pièce, un ensemble d'arguments imprimés dans un journal pour que sa classe puisse les analyser. Les sénateurs et les représentants au Congrès sont particulièrement disposés à envoyer des copies de leurs discours, et ceux-ci fournissent parfois de bons exemples de raisonnements à la fois valables et erronés.

Si le temps le permet, les instructeurs feront bien de donner des bases en logique. J'ai inséré une brève discussion sur le sujet dans l'espoir qu'elle fournira la base d'une brève étude ; il peut être renforcé de quelques semaines sur un manuel tel que « Primer of Logic » de Jevons ou « Outline of Logic » de Bode si le temps le permet. Quelle que soit l'opinion que l'on se fait de la valeur positive de la logique déductive, il ne fait aucun doute que chaque étudiant devrait avoir une certaine connaissance des canons de la logique inductive et qu'une étude des propositions et des syllogismes est un puissant outil de discrimination pour le sens réel. de mots et de phrases.

Le court chapitre sur le débat que j'ai ajouté est destiné aux cours où un entraînement modéré à cet exercice des plus utiles est réalisable. Le débat peut être envisagé de deux manières, soit comme un entraînement à la vigilance et à l'efficacité dans la discussion, soit comme une forme de sport intercollégial ou interscolaire. Sur ce dernier aspect, une autorité reconnue a déclaré : « Le débat formel est une sorte de jeu. Dans le temps imparti, l'ordre des orateurs, l'alternance des côtés, les échanges de réfutation, les règles de conduite fixées, l'éthique de le combat, les qualifications pour le succès et l'attribution finale de la victoire, le débat a beaucoup en commun avec le tennis" ; [72] et il développe la ressemblance à travers une page de caractères plutôt fins. De ce point de vue, le débat a vivement intéressé un petit groupe d'étudiants ; dans certains collèges, il a été reconnu par des bandeaux ou d'autres emblèmes de distinction pour les « équipes » qui réussissent ; et il a développé un appareil complexe de règles et de « coachs ». Avec le jeu en pleine floraison, je n'ai pas de place pour m'occuper de ce petit livre ; pour un travail d'analyse et de préparation aussi élaboré, il faut consulter des manuels spéciaux qui en traitent en détail. Je me suis limité à une application des principes généraux du sujet à l'argumentation orale, et à quelques suggestions pour préparer et mener les discussions peu formelles dans lesquelles l'homme moyen se lance dans la vie ordinaire.

Même lorsque le temps manque pour une pratique systématique du débat, des discours improvisés de cinq minutes peuvent faire beaucoup. Il existe incontestablement un mouvement actif parmi les meilleurs professeurs d'anglais pour mettre davantage l'accent sur la composition orale ; ils reconnaissent que le pouvoir de se tenir tranquillement et à l'aise et d'expliquer son point de vue de manière claire et convaincante aidera tout homme dans le travail de sa vie.

Dans certains cas , des sujets locaux ou académiques peuvent être discutés au moment où la classe travaille sur un argument sur lequel elle peut se préparer à parler. Il serait peut-être possible d'intéresser les diplômés de l'école et du collège, afin qu'ils les aident à obtenir du matériel, et peut-être à juger et à critiquer. Parfois, peut-être, un homme qui a la responsabilité du règlement d'une question locale ou une part dans le règlement peut être disposé à entendre la discussion. Toute aide de ce type qui ramènerait le débat dans les limites de la réalité y ajouterait du piquant.

Pour l'utilisation de ce livre, lorsque l'instructeur dispose d'un temps relativement court, peut-être six semaines, mon conseil, basé sur la pratique élaborée avec mes collègues du cours de première année à Harvard, serait de commencer par le chapitre I. , et en même temps demandez à la classe de remettre les sujets pour approbation. Celui-ci devra être effectué quinze jours avant les travaux principaux, afin de permettre des changements de sujet, après concertation si nécessaire. En relation avec le chapitre II, il y aurait des exercices de synthèse d'un ou plusieurs des arguments à la fin du livre ou d'autres fournis a cet effet. Vient ensuite le travail préliminaire du mémoire, l'introduction du mémoire. Il est avantageux de traiter cela comme un travail séparé, avec une note qui lui est propre. C'est à ce stade qu'auront lieu les exercices d'utilisation d'ouvrages de référence, qui conduiront naturellement à la recherche de la matière du mémoire. Si possible , une conférence devrait être donnée sur l'introduction du mémoire. Vient ensuite la prochaine étape principale du travail, le brief. Ce travail serait naturellement accompagné de l'étude du chapitre III et de tels exercices de correction des mauvais briefings et de correction des erreurs pour lesquels l'instructeur trouve le temps. Il devrait y avoir une autre conférence sur le mémoire, et il devrait être réécrit si nécessaire. Les instructeurs qui ont étudié le sujet sauront par une triste expérience qu'une réécriture et une conférence ne peuvent être qu'un début. Vient ensuite l'argument lui-même : cela devrait être le point culminant, et pas simplement un résumé superficiel du mémoire. Si cela est possible, l'argumentation devrait être réécrite après une conférence, et la conférence ne peut guère être trop longue. Si l'argumentation compte mille cinq cents ou deux milles mots, une demi-heure sera trouvée, ce qui est peu de temps pour examiner l'ensemble avec minutie. Aucun professeur d'anglais n'a besoin de se faire remarquer que les conférences sont son moyen d'enseignement le plus efficace.

Notes de bas de page

1-[Voir le discours de Lincoln à Galesburg et à Quincy, dans les débats Lincoln-Douglas.]

2-[OW Holmes, Jr., The Common Law, Boston, 1881, p. 35.]

3-[Pour de tels changements de mode dans la littérature, voir Gossip on Romance et A Humble Remonstrance de Stevenson dans "Memories and Portraits", et The Lantern Bearers dans "Across the Plains".]

4-[Extrait du discours sur l'abrogation de l'union avec l'Irlande ; cité par WT Foster, Argumentation and Debating, Boston, 1908, p. 90.]

5-[A. Sidgwick, The Application of Logic, Londres, 1910, pp. 40, 44.]

6-[Extrait du discours du sénateur Depew, 24 janvier 1911.]

7-[CR Woodruff, City Government by Commission, New York, 1911, p. 11.]

8-[A. Sidgwick, The Application of Logic, Londres, 1910, p. 248.]

9-[W. Bagchot , La base métaphysique de la tolérance, « Works », Hartford, Connecticut, 1889, Vol. II, p. 339.]

10-[Extrait de la première conférence de Huxley sur l'évolution (voir p. 233).]

11-[CR Woodruff, City Government by Commission, New York, 1911, p. 6.]

12-[Voir le discours de Lincoln à Ottawa.]

13-[The Outlook , 20 novembre 1909. Voir aussi l'exemple cité à la page 180, tiré de Will to Believe de William James.]

14-[Un compte rendu complet et très lisible de la croissance du droit de la preuve et des changements intervenus dans le système de procès par jury se trouve dans le Preliminary Treatise on the Law of Evidence de JB Thayer, Boston, 1896.]

15-[George Bemis, Rapport sur le cas de John W. Webster, Boston, 1850, p. 462. Cité en partie par AS Hill, Principles of Rhetoric, p. 340.]

16-[H. Münsterberg . À la barre des témoins, New York, 1908, p. 51.]

17-[La Nation , New York, Vol. XCI, p. 603, dans une revue de la campagne de Chancellorsville de J. Bigelow, Jr..]

18-[M. Gardiner répondait au livre du Père Gérard sur la Conspiration des Poudres.]

19-[SR Gardiner, What Gunpowder Plot Was, Londres, 1897, p. 4 et suiv.]

²⁰[Vins et Koren , Le problème de l'alcool. Publié par le Comité des Cinquante, Boston, 1897.]

²¹[Réimprimé dans Educational Reform, New York, 1898. Voir p. 381.]

²²[Un comité nommé par la National Educational Association pour recommander un programme d'études pour les écoles secondaires.]

²³[H. Münsterberg , À la barre des témoins, New York, 1908, p. 39.]

²⁴[W. James, Psychology, New York, 1890, Vol. II, p. 330 ; BH Bode, Un aperçu de la logique, New York. 1910, p. 216.]

²⁵[BH Bode, An Outline of Logic, New York , 1910, p. 170.]

²⁶[CR Woodruff, Gouvernement municipal par commission, p. 184.]

²⁷[Professeur John Trowbridge, dans le *Harvard Graduates Magazine* , mars 1911.]

²⁸[W. James, Human Immortality, Boston, 1898, p. 11.]

²⁹[BH Bode, An Outline of Logic, New York, 1910, p. 162.]

³⁰[L'origine des espèces, Londres, 1875, p. 63.]

³¹["Il n'y a qu'un seul but dans toute généralisation : trouver des signes dignes de confiance, de sorte que, étant donné un fait, un autre puisse être déduit." - A. Sidgwick, Le processus d'argumentation, Londres, 1893, p. 108.]

³²[W. James, Psychology, New York, 1890, Vol. II, p. 342.]

³³[Voir B. Bosanquet, The Essentials of Logic, Londres, 1895, p. 162 ; A. Sidgwick, The Process of Argument, Londres, 1893, chap. vi; BH Bode, An Outline of Logic, New York, 1910, p. 234.]

³⁴[A. Sidgwick, Fallacies, New York, 1884, p. 342.]

³⁵[A. Sidgwick, Fallacies, New York, 1884, p. 345.]

³⁶[A. Sidgwick, The Use of Words in Reasoning, Londres, 1901, p. 91.]

³⁷[JS Mill, Un système de logique, Livre III, chap. III, sect. 2 ; cité par EH Bode, An Outline of Logic, New York, 1910, p. 109.]

³⁸[Cité par A. Sidgwick, The Use of Words in Reasoning, Londres, 1901, p. 28, note.]

³⁹[Voir aussi l'avant-dernier paragraphe de l'argumentation sur The Workman's Compensation Act, p. 268.]

⁴⁰[New York, 9 mars 1911, p. 241.]

⁴¹[BH Bode, An Outline of Logic, New York, 1910, p. 71.]

⁴²[W. James, Psychology, New York, 1890, Vol. II, p. 365.]

⁴³[Abraham Lincoln, Complete Works, édité par Nicolay et Hay, New York, 1894, p. 445.]

⁴⁴[CR Woodruff, City Government by Commission, New York, 1911, p. 186.]

⁴⁵[BH Bode, An Outline of Logic, New York, 1910, p. 86. Pour un autre exemple, voir Luc XX, I 8.]

⁴⁶[Tiré de l'Essai sur Warren Hastings, The Works of Lord Macaulay, Londres, 1879, Vol. VI, p. 567.]

⁴⁷[Les Œuvres de Daniel Webster, Boston, 1851, Vol. VI, p. 62.]

⁴⁸[BH Bode, An Outline of Logic, New York, 1910, p. 30.]

⁴⁹[Sidgwick, L'utilisation des mots dans le raisonnement, Londres, 1901, p. 192.]

⁵⁰[Voir, par exemple, son Apologia pro Vita Sua , Londres, 1864, pp. 192, 329.]

⁵¹[Newman, L'idée d'une université, Londres, 1875 ;, p. 20.]

⁵²[Félix Adler; cité par Foster. Argumentation et débat, Boston, 1908, p. 168.]

⁵³[Tiré de l'Essai sur Milton, The Works of Lord Macaulay, Londres, 1879, Vol. V, p. 28.]

⁵⁴[CW Eliot, Réforme de l'éducation, New York, 1898, p. 375.]

⁵⁵[W. James, The Will to Believe, New York, 1897, p. 3.]

⁵⁶[L'*Atlantique mensuel* , Vol. CVII, p. 14.]

⁵⁷[Il a été inventé et développé par le professeur George P. Baker dans la première édition de ses Principes d'Argumentation, Boston, 1895.]

⁵⁸[Lamont, Spécimens d'exposition.]

⁵⁹[Voir le passage de James's Psychology, p. 150.]

⁶⁰[Réimprimé dans Baker's Specimens of Argumentation, New York, 1897.]

⁶¹[L'*Œuvre dans le monde* , Vol. XXI, p. 14242.]

⁶²[Extrait du rapport sténographique de la plaidoirie ; réimprimé dans Forms of Prose Literature de l'auteur, New York, 1900, p. 316.]

⁶³[W. James, The Will to Believe, New York, 1897, p. 7.]

⁶⁴[Voir Baker et Huntington, Principles of Argumentation, Boston, 1305, p. 415.]

⁶⁵[Une discussion plus complète des règles de répartition des orateurs et du temps de parole se trouve dans Baker et Huntington, Principles of Argumentation, p. 415 ; et un ensemble d'instructions élaborées, presque légales, destinées aux juges, ainsi que l'accord d'une ligue tricollégiale , dans Foster, Argumentation and Debating, Boston, 1908, pp. 466, 468.]

⁶⁶[Des suggestions de points à considérer par les juges se trouvent dans Pattee , Practical Argumentation, p. 300 ; et les instructions de format dans Foster, Argumentation and Debating, Boston, 1908, p. 466.]

⁶⁷[Conférence I de trois conférences sur l'évolution. Extrait d'American Addresses, Londres, 1877.]

⁶⁸[Le diagramme, qui n'est pas reproduit ici, donne une coupe idéale de la croûte terrestre, montrant les différentes strates situées les unes sous les autres. Les strates sont divisées par les géologues en trois groupes : la Primaire, qui est la plus ancienne et la plus profonde ; le Secondaire, au-dessus ; et le Tertiaire et le Quaternaire en haut. Le Crétacé est la strate la plus basse du Tertiaire.]

⁶⁹[Une des strates supérieures des roches primaires.]

⁷⁰[Les roches siluriennes se trouvent à peu près au milieu des formations primaires. Certains géologues considéraient autrefois l' *éozoön comme une forme de fossile.* Les roches laurentiennes constituent les strates les plus basses des formations primaires.]

⁷¹[La formation jurassique se situe vers le milieu, le Trias, juste en dessous, dans la moitié inférieure des roches secondaires. Le Dévonien se trouve juste au-dessus du milieu du Secondaire, entre le Carbonifère en haut et le Silurien en bas.]

⁷²[Tiré de *The Popular Science Monthly* , juillet 1901.]

⁷³[Connaissance de la cause.]

⁷⁴[Prévention.]

⁷⁵[*The Outlook* , 29 avril 1911.]

⁷⁶[La raison pour laquelle cette loi n'a pas encore été adoptée par la Suisse est probablement que ses industries manufacturières organisées sont si peu nombreuses qu'aucune pression n'a été exercée sur l'État pour qu'il modifie la loi.]

⁷⁷[Robertson *c* . Baldwin, États-Unis, 281.]

78 [Noble State Bank *c* . Haskell ; Shallenberger *contre* . Bank of Holstein, 3 janvier 1911. Lawyers' Cooperative Publishing Company, Rochester, New York.]

79 [Foster, Argumentation et débat, p. 281.]

Milton Keynes UK
Ingram Content Group UK Ltd.
UKHW010709240424
441619UK00004B/393

9 789359 250045